财政学课程
思政设计

许玉红◎主编

中国财经出版传媒集团
中国财政经济出版社
·北京·

图书在版编目（CIP）数据

财政学课程思政设计 / 许玉红主编.--北京：中国财政经济出版社，2023.12

ISBN 978-7-5223-2610-8

Ⅰ.①财…　Ⅱ.①许…　Ⅲ.①高等学校－思想政治教育－研究－中国　Ⅳ.①G641

中国国家版本馆CIP数据核字（2023）第236284号

责任编辑：张晓丽　　　　责任印制：史大鹏
封面设计：孙俪铭　　　　责任校对：胡永立

财政学课程思政设计
CAIZHENGXUE KECHENG SIZHENG SHEJI
中国财政经济出版社 出版
URL：http：//www.cfeph.cn
E-mail：cfeph@cfeph.cn

社址：北京市海淀区阜成路甲28号　邮政编码：100142
营销中心电话：010-88191522
天猫网店：中国财政经济出版社旗舰店
网址：https：//zgczjjcbs.tmall.com
中煤（北京）印务有限公司印刷　各地新华书店经销
成品尺寸：185mm×260mm　16开　14印张　246 000字
2023年12月第1版　2023年12月北京第1次印刷
定价：68.00元
ISBN 978-7-5223-2610-8
（图书出现印装问题，本社负责调换，电话：010-88190548）
本社图书质量投诉电话：010-88190744
打击盗版举报热线：010-88191661　QQ：2242791300

本书为山东省高等学校课程思政教学改革研究项目《以教材建设为引领的经管专业课程思政教学改革路径研究》（项目编号：SZ2023095）和山东省本科教学改革研究重点项目《以“问题思维训练”为引领的高校课堂教学模式创新研究与实践》（项目编号：Z2022301）的阶段性研究成果

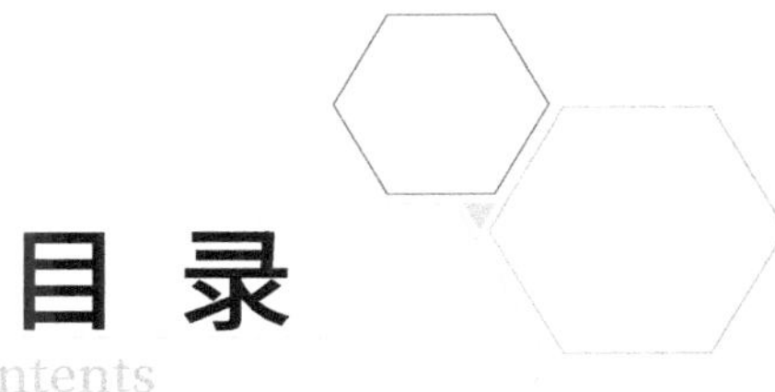

目录

Contents

第一部分

课程思政整体设计

一、课程思政建设目标要求

教育部印发的《高等学校课程思政建设指导纲要》要求全面推进高校课程思政建设，围绕立德树人这一目标，将价值塑造、知识传授和能力培养三者融为一体，寓价值观引导于知识传授和能力培养之中，帮助学生塑造正确的世界观、人生观、价值观，培养学生的专业素养、家国情怀、人文精神和世界胸怀。以爱党、爱国、爱社会主义、爱人民、爱集体为主线，重点推进习近平新时代中国特色社会主义思想进教材进课堂进头脑，培育和践行社会主义核心价值观，加强中华优秀传统文化教育，深入开展宪法法治教育，深化职业理想和职业道德教育。

二、财政学的课程思政目标

《高等学校课程思政建设指导纲要》要求，专业教育课程要根据不同学科专业的特色和优势，深入研究不同专业的育人目标，深度挖掘提炼专业知识体系中所蕴含的思想价值和精神内涵。经济学、管理学、法学类专业课程要在课程教学中坚持以马克思主义为指导，加快构建中国特色哲学社会科学学科体系、学术体系、话语体系。帮助学生了解相关专业和行业领域的国家战略、法律法规和相关政策，引导学生深入社会实践、关注现实问题，培育学生经世济民、诚信服务、德法兼修的职业素养。

财政学是经济学专业、各财经类专业和工商管理类专业必修的8—10门核心课程之一。党的十八届三中全会明确提出，财政是国家治理的基础和重要支柱。这说明以往作为经济范畴的财政，已经延伸到经济、政治、社会等多个领域，上升至国家治理层面（见图1）。因此，财政学课程具有显性的思政特征，思政教育渗透力强。新时代财政致力于打造民生财政、阳光财政、大国财政，本身就在传递国家的大政方针、弘扬社会主义核心价值观，更容易实现立德树人的课程思政目标。

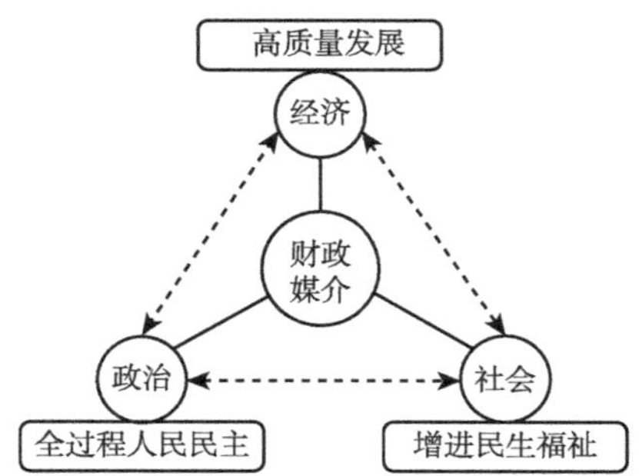

图1　财政是经济、政治、社会三个子系统的媒介

原山东大学校长、国内著名财政学专家樊丽明指出，财政学类专业课程思政建设要遵循中央对课程思政建设的总体要求，从学科属性、专业定位、培养目标出发，结合专业课程特点进行探索。应重点关注四个方面：一是加强国情教育，重点加强现实国情教育和中国历史教育，激发学生强烈的爱国情怀和担当意识；二是强化法治意识，尤其注重强化行使公权力教育和加强权力监督教育；三是培养公共意识，增强公共责任和公共管理能力；四是培育人类命运共同体理念，以此作为研究国际财政理论与实践问题的价值导向[①]（见图2）。

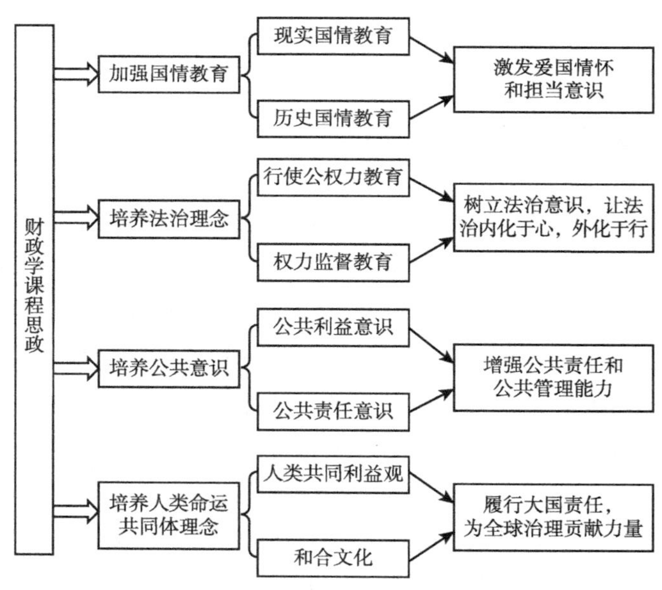

图2　财政学课程思政的四个重点

① 樊丽明. 财政学类专业课程思政建设的四个重点问题［J］. 中国高教研究，2020（9）：4-8.

三、财政学课程思政设计思路

财政学课程以高等教育出版社出版的马克思主义理论研究和建设工程重点教材《公共财政概论》为基础建立课程基本框架。《公共财政概论》致力于构造能够体现中国政治经济制度本质和反映中国财政运行特殊规律的中国特色社会主义公共财政学体系，内容包括公共财政基础理论（第一—第二章）、财政支出（第三—第六章）、财政收入（第七—第十章）、财政管理和运行（第十一—第十二章）、宏观视野和全球视角考察财政问题（第十三—第十四章）五大部分，充分体现了以人民为中心的财政理念（见图3）。

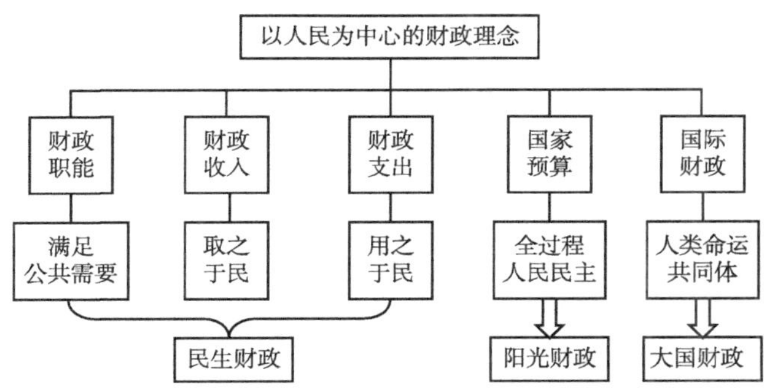

图3　中国特色社会主义公共财政

遵循“章章有思政，覆盖教学全过程”的基本思路，从两个层面融入课程思政设计：一是专业类课程思政融入，以财政学课程专业知识为思政素材、以思政案例为依托，挖掘专业内容蕴含的思政元素；二是时政类课程思政融入，以现实发生的时政事件为切入点、以相关专业知识为基础，有机融入思政元素。

课程思政案例是课程思政建设的重要载体。在具体设计中，每章精选两个典型课程思政案例，案例的选取主要考虑以下四个方面：一是案例主题与思政目标、课程内容高度契合，克服专业教育与思政教育“两张皮”现象；二是案例选题新，具有较强的时代意义；三是案例涉及国内国际领域的重要现实问题，具有全球视野和实践意义；四是案例具有启发性和开放性。

具体课程思政设计如表1和表2所示。

表1　财政学专业类课程思政融入设计

专题	章节内容	思政元素	思政案例	思政目标	方法
课程导入	导论	民生财政；治国理政；构建新时代中国特色社会主义财政学	案例一：“加减乘除”里的国计民生——数读2023年预算报告 案例二：构建新时代中国特色社会主义财政学	增强政治认同、理论自信（习近平新时代中国特色社会主义思想）；培养公共意识	引导启发式；案例讨论
公共财政基础理论	第一章 公共财政与公共财政思想	中国特色社会主义公共财政；中国共产党财政思想	案例一：中国共产党百年财政思想与实践 案例二：全球治理背景下的大国财政	增强政治认同、理论自信、道路自信；加强历史教育，培养爱国情怀；培养公共意识	讲授与渗透；研究式教学
	第二章 公共财政职能	有效市场与有为政府；财政职能	案例一：在高质量发展中扎实推动共同富裕 案例二：美国政府“关门”	培养公共意识；增强制度自信、文化自信	互动式；案例讨论
财政支出	第三章 财政支出总论	公共产品的提供、生产、公共定价；基本公共服务均等化；优化财政支出结构；财政支出绩效评价	案例一：面向共同富裕的基本公共服务均等化 案例二：公共定价之居民阶梯电价	培养公共意识；强化法治意识；社会主义核心价值观	引导启发式；问题探究法
	第四章 政府消费支出	节约型政府；军民融合发展战略、科教兴国战略、人才强国战略、创新驱动发展战略	案例一：花钱更问效——102家中央部门公开2022年度部门决算 案例二：4%：这个数字，守望教育公平与质量	增进民生福祉；增强文化自信	任务驱动法；调研实践
	第五章 政府投资支出	政府投资引导和示范作用；基础设施投资；乡村振兴	案例一：更好发挥投资关键作用 案例二：全面推进乡村振兴　财政如何“开源”“撬动”	加强现实国情教育，激发学生经国济世的社会责任感和担当意识	任务驱动法；调研实践
	第六章 社会保障支出	中国特色的社会保障制度	案例一：健全覆盖全民、统筹城乡、公平统一、安全规范、可持续的多层次社会保障体系 案例二：建立生育支持政策体系	增进民生福祉；加强现实国情教育，增强制度自信；国际化视野	问题探究法；调研实践

续表

专题	章节内容	思政元素	思政案例	思政目标	方法
财政收入	第七章 财政收入总论	为公共支出筹集资金；减税降费政策	案例一： 减税降费的重大成效和重要意义 案例二： 法国大革命的财政原因	培养公共意识；强化法治意识	案例讨论；调研实践
	第八章 税收	税收“取之于民、用之于民”；税收法定；宏观税负要适度；税收的经济影响；税制改革	案例一： 稳定宏观税负势在必行 案例二： 对涉税违法犯罪零容忍，维护公平税收秩序	培养公共意识；强化法治意识；增强社会责任感	引导启发式；案例讨论
	第九章 非税收入	土地财政问题；国有资本经营收入用之于民	案例一： 土地财政转型势在必行 案例二： 国有资本经营应实现“社会分红”	加强现实国情教育；培养问题意识	问题探究法；调研实践
	第十章 公债	公债的政策功能；政府的公债负担；防范化解地方政府债务风险	案例一： 防范化解地方政府债务风险 案例二： 美国第103次调整债务上限	加强现实国情教育；培养问题意识；强化公共风险意识	问题探究法；案例讨论
财政管理和运行	第十一章 政府预算	预算法修订；预算公开；预算管理制度改革	案例一： 健全现代预算制度，推进中国式现代化目标的实现 案例二： 人大预算监督视域下的全过程人民民主——基于乳山市人大常委会民生实事项目“代表全程问效制”的调研	加强现实国情教育；培养公共意识；强化法治意识；加强权力监督教育	问题探究法；调研实践
	第十二章 财政体制	政府间转移支付的功能；分税制改革；中央对地方的转移支付	案例一： 立足中国式现代化的财税体制改革 案例二： 约14万亿元中央财政资金怎么花？中央转移支付首次突破10万亿元	加强现实国情教育；培养公共意识；强化法治意识	引导启发式；问题探究法

续表

专题	章节内容	思政元素	思政案例	思政目标	方法
从宏观视野和全球视角考察财政问题	第十三章 财政平衡与财政政策	财政赤字的国际比较；我国财政政策的实践运用	案例一：我国的积极财政政策实践	加强现实国情教育；国际化视野	任务驱动法；案例讨论
			案例二：惠誉调降美国主权信用评级预计未来3年美国财政状况恶化		
	第十四章 国际财政	国际公共产品的提供；中国的国际财政支出；国际税收问题及协调	案例一：全球财经治理体系变革对中国财政的挑战	国际视野；大国担当；培养人类命运共同体理念	引导启发式；小组讨论
			案例二：携手构建人类命运共同体：中国的倡议与行动		

表2　财政学时政类课程思政融入设计

时间	事件	相关专业知识	思政元素	思政目标	实施
1月	“中央一号”文件	“三农”支出	乡村振兴	培养学生的“大国三农”情怀，引导学生以强农兴农为己任	学生学习文件，课堂讨论
3月初	全国“两会”	国家预算	人民代表大会制度	提高民主法制意识，增强制度自信	体验式
3月15日	国际消费者权益日	市场失灵之信息不对称	维护消费者权益	保护消费者权益，提振消费者信心	学生主导，课堂展示
3月下旬	中央部门预算公开	预决算公开	政府透明度	强化公权力监督，树立服从监督、依法行政意识	问题探究
7月下旬	中央部门决算公开				
4月7日	世界卫生日	医疗卫生支出	健康中国	提高人口素质，推进健康中国建设	体验式
4月	税收宣传月	税收	税收意识	增强法治意识，自觉学法守法、严格执法、公正司法、维护法律尊严	参与式
5月1日	国际劳动节	基本公共服务，社会保障	维护劳动者权益	弘扬劳动精神、高树劳动价值、激发奋斗热情	行动式
5月30日	全国科技工作者日	科技支出	科教兴国	实施科教兴国战略、创新驱动发展战略，培育创新文化	行动式

续表

时间	事件	相关专业知识	思政元素	思政目标	实施
5月31日	世界无烟日	市场失灵之外部性、偏好不合理	纠正不合理偏好，减少负外部性	减少烟草，保护环境，促进人类健康	行动式
6月5日	世界环境日	外部性、环境支出、环境保护税	保护环境	提高环境意识，增强社会责任感，促进可持续发展	行动式
3–6月	个人所得税申报综合所得汇算清缴	税收制度	依法纳税	依法诚信纳税，提高税收遵从，增强社会责任感	体验式
8月1日	八一建军节	国防支出、社会优抚	国家安全	走中国特色强军之路，维护国家安全	行动式
9月5日	国际慈善日	三次分配、社会保障支出	调节收入分配	缩小收入分配差距，保护公民基本权利，增强社会责任感	行动式
9月10日	教师节	教育支出	尊师重教	实施科教兴国战略、人才强国战略，弘扬尊师重教的社会风尚	参与式
10月16日	世界粮食日 全国粮食安全宣传周	“三农”支出	粮食安全 乡村振兴	培养学生的公共风险意识，增强社会责任感	学生主讲，课堂讨论
12月中旬	中央经济工作会议	财政政策	高质量发展	党治国理政的重要制度安排，推进高质量发展	学习会议精神，课堂讨论

第二部分

课程思政具体设计

导 论

<table>
<tr><td rowspan="3">课程思政具体设计</td><td>思政导航</td><td>现实生活中有哪些财政现象和财政问题？为什么说“财政是国家治理的基础和重要支柱”？如何构建新时代中国特色社会主义财政学？</td></tr>
<tr><td>课程内容</td><td>第一节　财政学简介
第二节　构建新时代中国特色社会主义财政学</td></tr>
<tr><td>课程思政案例</td><td>案例一　“加减乘除”里的国计民生——数读2023年预算报告
案例二　构建新时代中国特色社会主义财政学</td></tr>
</table>

第一节　财政学简介

一、现实生活中的财政学

（一）现实生活中的财政现象

财政学与人们的实际生活息息相关，现实生活中处处有财政问题。可以说：生老病死，从摇篮到坟墓，都与政府和财政公共服务息息相关。

1.政府提供的产品和服务——财政支出。对居民个人而言，从出生的医院到接受教育的学校，主要由政府出资兴办，退休后可以依靠政府提供的社会保险安度晚年。此外，政府还承担了诸多政治职能和社会职能，为居民和企业提供行政、国防、治安、义务教育、基础科研、公共卫生、基础设施、社会保险等公共服务。政府主要为社会公众提供公共产品，一般通过财政支出来安排。

2.政府的收入来源——财政收入。居民和企业一方面享受政府提供的各种产品和服务，另一方面要缴纳各种税收，对政府提供的某些特定服务也要支付一定的费用。如果政府收入小于支出，意味着出现财政赤字。就现代市场经济国家而言，财政赤字已经是一种世界性经济现象，政府通常会发债来弥补财政赤字。

3.政府的收支安排——国家预算。财政收支是通过国家预算来安排的，国家预算的编制和执行要经过全国人民代表大会及其常务委员会的审核和批准。我国的政府预算包括一般公共预算、政府性基金预算、国有资本经营预算、社会保险基金预算（见图0–1）。

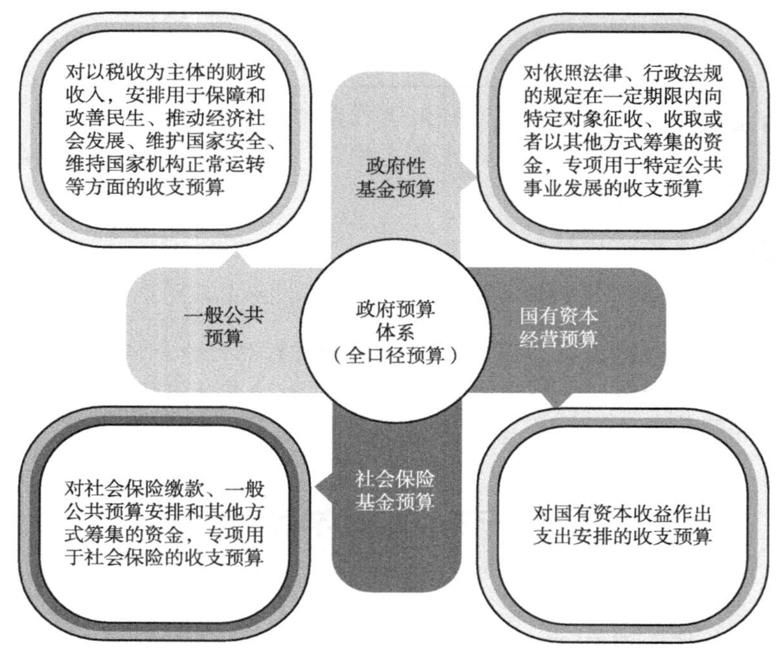

图0–1　我国政府预算体系的构成

（二）财政问题

诸多财政现象反映了一系列涉及国计民生的财政问题：政府收支的适度规模是多大，如何优化政府支出的结构；财政运行中为什么会出现财政赤字，财政赤字对社会经济发展有什么影响；财政赤字如何弥补，不断累积的政府债务是否会形成财政风险；如何运用财政政策实施宏观调控；等等。

二、财政学的研究对象和研究方法

（一）财政学的研究对象

“财”者是指政府收支，“政”者是指政府收支的治理，财政学主要研究政府收支及其治理。

英国古典经济学家亚当·斯密曾说：“财政乃庶政之母。有政必有财，财为政之资。”财政实际上是经济与政治的“二元”结合体，须从经济学与政治学的结合和交叉的角度研究财政问题。

（二）财政学的研究方法

财政学研究应坚持以马克思主义政治经济学理论为引领的分析方法，具体分析方法有理论与实际相结合、实证分析与规范分析相结合、定性分析与定量分析相结合、纵向对比与横向对比相结合、行为财政学实验方法、案例研究方法等。

第二节　构建新时代中国特色社会主义财政学

一、深学笃用，坚持习近平新时代中国特色社会主义思想

习近平新时代中国特色社会主义思想是构建中国新时代中国特色社会主义财政学的总指导思想。党的十九大把习近平新时代中国特色社会主义思想确立为党的行动指南，党的十九大报告提出的“八个明确”和“四个坚持”构成了习近平新时代中国特色社会主义思想的主要内容。

二、全面贯彻党的十八大以来的新理念、新战略及重大方针和举措

党的十八大以来的新理念、新战略及重大方针和举措为构建中国新时代中国特色社会主义财政学提供了科学理论指导和行动指南。构建中国新时代中国特色社会主义财政学，必须认真理解并全面贯彻党的十八大以来的新理念、新战略及重大方针和举措，改革和完善财政政策和财政制度，并灵活运用各种财政措施，充分发挥财政的职能作用。

三、明确财政的地位和作用，加快建立现代财政制度

党的十八届三中全会明确提出，“财政是国家治理的基础和重要支柱，科学的财税体制是优化资源配置、维护市场统一、促进社会公平、实现国家长治久安的制度保障”。建立现代财政制度是发挥财政在国家治理体系中的基础、支柱和保障作用的实体和制度保障。在党的十九届四中全会所勾勒的中国特色社会主义制度“图谱”中，财税体制跨越了基本制度和重要制度两个系列：预算制度、中央和地方财政关系位居政府治理体系，被纳入中国特色社会主义行政体制系列；税收、社会保障和转移支付位居再分配调节机制，被纳入中国特色社会主义基本经济制度系列。

四、体现新时代中国特色社会主义财政学的特征

习近平总书记指出，构建中国特色哲学社会科学要把握三个特点，即体现继承性、

民族性；体现原创性、时代性；体现系统性、专业性。2022年4月25日，习近平总书记在中国人民大学考察时强调，加快构建中国特色哲学社会科学，归根结底是建构中国自主的知识体系。这也是构建中国新时代中国特色社会主义财政学必须把握的原则和准绳。

五、有鉴别地吸收西方对我国有用的某些理论观点和制度设计

2016年5月，习近平总书记在全国哲学社会科学座谈会上明确指出："当代中国的伟大社会变革，不是简单延续我国历史文化的母版，不是简单套用马克思主义经典作家设想的模板，不是其他国家社会主义实践的再版，也不是国外现代化发展的翻版。"哲学社会科学要有批判精神，对西方的理论、概念、话语、方法，要有分析、有鉴别地吸收对我国有用的理论观点和制度设计。

六、百花齐放、百家争鸣，弘扬优良学风

百花齐放，百家争鸣，是繁荣发展我国哲学社会科学的重要方针。坚持和发扬学术民主，尊重差异，包容多样，提倡不同学术观点、不同风格学派相互切磋、平等讨论，正确区分学术问题和政治问题，共同推动学术繁荣。同时，要大力弘扬优良学风，推动形成崇尚精品、严谨治学、注重诚信、讲求责任的优良学风，营造风清气正、互学互鉴、积极向上的学术生态。

七、重视财政学教材建设

构建中国新时代中国特色社会主义财政学，离不开教材建设。习近平总书记在哲学社会科学工作座谈会上的讲话中提指出，"学科体系同教材体系密不可分。学科体系建设上不去，教材体系就上不去；反过来，教材体系上不去，学科体系就没有后劲。……要抓好教材体系建设，形成适应中国特色社会主义发展要求、立足国际学术前沿、门类齐全的哲学社会科学教材体系"。习近平总书记的讲话，不但揭示了学科体系同教材体系的辩证关系，而且还具体指出了教材建设的要求：既要遵循马克思主义基本原理，紧密结合中国实际，又要立足国际学术前沿。

案例一：

"加减乘除"里的国计民生——数读2023年预算报告

【案例导引】

《中华人民共和国预算法》第四十三条规定："中央预算由全国人民代表大

会审查和批准。地方各级预算由本级人民代表大会审查和批准。”2023年3月11日，十四届全国人大一次会议通过了《关于2022年中央和地方预算执行情况与2023年中央和地方预算的决议草案》，预算的审查和批准体现了我国财政的法治化和民主化。毛泽东同志曾经指出：“国家的预算是一个重大的问题，里面反映着整个国家的政策，因为它规定政府活动的范围和方向。”预算报告是国家财政活动的缩影，财政资金取之于民、用之于民，每年预算报告的数里行间折射出的是一个国家的国计民生，体现的是“以人民为中心”的国家治理理念。从预算报告中，你读到了什么？

财政，夯实国家治理基础。为国理财，为民服务。研读2023年这份政府预算报告和预算草案，数里行间折射新时代新征程的国计民生。

“加减乘除”之间，彰显理财之道。

一个“加”字，显示2023年积极财政政策的扩张态势。

赤字，简单说就是财政支出总额大于财政收入总额的部分。赤字占当年预计GDP的比重叫作赤字率。

2023年，我国适当提高赤字率，保持必要支出力度，发挥财政逆周期调节作用，有利于提振市场信心。同时，赤字率不超过3%，有利于防范政府债务风险，为应对新的困难挑战预留政策空间。

加力，还表现在地方政府专项债券持续发力，同时加大中央对地方转移支付力度，更好促进地方经济社会发展。

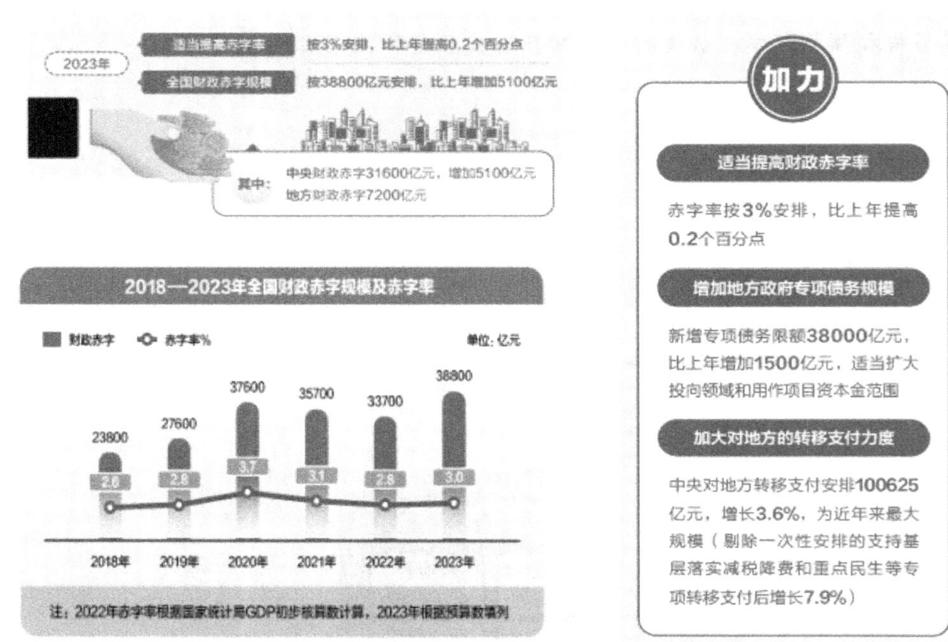

一个“减”字，显示政府为经营主体进一步减负的决心。

2022年，税费优惠政策这样发力

2022年，财政部门有效实施减税退税降费等各项政策措施，新的组合式税费支持政策、稳经济一揽子政策以及接续政策分批推出，全年新增减税降费和退税缓税缓费超过4.2万亿元，其中增值税留抵退税2.46万亿元

2023年，减税降费举措继续发力，助力提振经营主体发展信心。

◆ 将小规模纳税人增值税征收率阶段性降至1%，继续对月销售额10万元以下的小规模纳税人免征增值税，对生产、生活性服务业纳税人分别实施5%、10%增值税加计抵减

◆ 适当延长个人所得税优惠等到期政策实施期限，结合实际新增出台针对性的减税降费政策

◆ 根据企业困难程度，对及时纳税存在困难的制造业中小微企业适当延长缓税时间，缓解企业集中缴税压力

◆ 及时解决市场主体反映的突出问题，持续整治违规涉企收费，防止乱收费、乱罚款、乱摊派

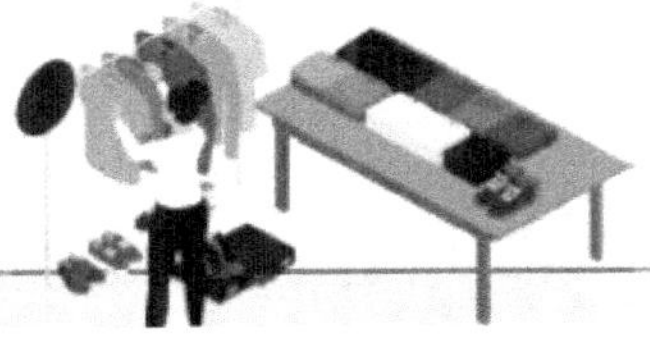

一个“乘”字，显示财政助力高质量发展，撬动社会资本“四两拨千斤”。

高质量发展是全面建设社会主义现代化国家的首要任务。推进高质量发展，加快构建新发展格局，都离不开财政政策的支持。

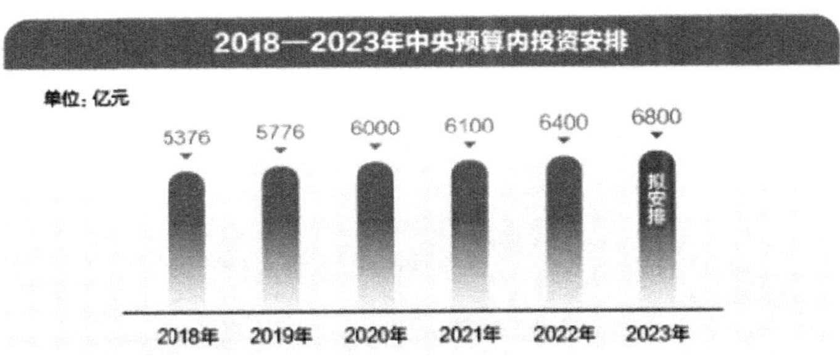

创新是引领发展的第一动力，在我国现代化建设全局中居于核心地位。2023年，国家财政深入推进高水平科技自立自强。

协调重在解决发展的不平衡不充分问题。2023年，国家财政持续助力区域协调发展迈向新高度。

推动实施区域重大战略

◆ 强化资金和政策支持，推动实施京津冀协同发展、长江经济带发展、长三角一体化发展、粤港澳大湾区建设、黄河流域生态保护和高质量发展等区域重大战略，推动高水平高质量建设海南自由贸易港

深入实施区域协调发展战略

◆ 继续对革命老区、边疆地区、资源枯竭地区以及担负国家国防安全、能源安全等职责的功能区域予以积极支持，加强对地方指导，不断促进区域协调发展迈向新高度

海南洋浦经济开发区拍摄的洋浦国际集装箱码头

绿水青山就是金山银山。2023年，国家财政扎实推动绿色低碳转型。

2023年，中央财政将落实党中央、国务院决策部署，积极主动作为，充分发挥财政政策和资金的引领和推动作用，助力改善生态环境质量。

持续深入打好蓝天、碧水、净土保卫战

◆ 安排大气污染防治资金330亿元，重点支持北方地区冬季清洁取暖，深入推进细颗粒物（PM2.5）和臭氧（O_3）协同治理，持续支持抓好大气污染治理重点领域和重大工程

◆ 安排水污染防治资金257亿元，增加20亿元。支持地方突出流域保护的整体性、系统性、协同性，统筹水资源、水环境、水生态治理开展水污染防治相关工作

◆ 安排土壤污染防治专项资金44亿元。深化应用土壤污染状况详查成果，继续以涉重金属历史遗留尾矿库治理为重点支持开展土壤污染源头风险防控

◆ 安排农村环境整治资金40亿元。继续以农村生活污水垃圾治理为重点推动农村环境保护工作，扩大农村黑臭水体治理试点范围，提升农村地区生态环境基础设施水平

稳步推进碳达峰碳中和

◆ 落实财政支持做好碳达峰碳中和工作的意见，建立健全促进资源高效利用和绿色低碳发展的财税政策体系

◆ 通过国家科技计划等，支持碳达峰碳中和领域科技创新

◆ 加强绿色低碳重大科技攻关和推广应用，促进工业、交通等重点行业和领域绿色低碳发展转型

◆ 推动农业绿色发展，支持农作物秸秆综合利用、地膜科学使用回收等

◆ 扩大政府绿色采购范围，加大相关产品采购力度

◆ 用好清洁能源发展专项资金，鼓励非常规天然气开采增产上量。发挥清洁发展机制基金作用，引导更多资源助力绿色低碳发展

提升生态系统多样性、稳定性、持续性

◆ 中央财政重点生态保护修复治理资金安排172亿元，推动加快实施山水林田湖草沙一体化保护和修复工程、历史遗留废弃矿山生态修复示范工程

◆ 按照国家公园空间布局要求和设立标准，坚持成熟一个设立一个的原则，推进国家公园建设，构筑生物多样性保护网络

◆ 继续支持森林、草原、湿地、海洋等生态系统保护修复，科学开展大规模国土绿化行动

一个更加开放的中国，将为世界提供更多机遇。2023年，国家财政推动外贸外资稳中提质，更好发挥关税宏观调控职能。

降低关税总水平，彰显对外开放大国担当

◆ 2018年，我国对药品、汽车及零部件等3000多个税目自主降低最惠国实施税率，平均降幅达23%，当年关税总水平由9.8%降至7.5%。这是我国自2010年完成入世关税减让承诺以来，第一次较大幅度地降低关税总水平，适应了我国经济和贸易地位的提升，服务于国内发展和消费升级的需要，也显示了坚定不移深化改革开放的决心

◆ 2021年7月1日起，我国对信息技术产品的最惠国税率实施第六步降税，关税总水平降至7.4%

◆ 2023年7月1日起，随着信息技术产品最惠国税率的最后一步降税，关税总水平将降至7.3%

增进福祉，是发展的根本目的。2023年，国家财政“真金白银”不断加强和改善民生，扎实推进共同富裕。

2023年，财政部门将持续强化基本公共服务，扎实做好民生保障：

推动建设高质量教育体系

坚持加大力度和优化结构并举，加快补齐义务教育短板弱项，扩大普惠性学前教育资源供给，改善普通高中学校办学条件，提升现代职业教育质量，支持中国特色、世界一流的大学和优势学科建设，落实学生资助补助政策

支持提高医疗卫生服务能力

安排财力补助支持地方做好疫情防控等工作。支持新冠感染“乙类乙管”平稳有序实施。提高城乡居民基本医疗保险人均财政补助标准和基本公共卫生服务经费人均财政补助标准，重点支持地方开展0—6岁儿童、孕产妇、65岁及以上老年人、慢性病患者等重点人群的健康服务

健全社会保障体系

深入实施企业职工基本养老保险全国统筹，适当提高退休人员基本养老金标准，健全基本养老服务体系。落实社会救助政策，切实保障困难群众基本生活

完善住房保障体系

支持发展以公租房、保障性租赁住房和共有产权房为主体的住房保障体系，有效扩大保障性租赁住房供给，推进“保交楼、保民生、保稳定”等工作

推动文化事业和文化产业发展

健全现代公共文化服务体系，创新实施文化惠民工程，提升公共文化设施免费开放水平。支持广泛开展全民健身活动，加快建设体育强国

财政支出取之于民、用之于民。公共财政的根本目的，就是让全体人民共享发展成果。

一个“除”字，强调做好重点领域风险防范化解工作。

面对仍然复杂严峻的国内外形势，防范化解财政领域重大风险，确保财政运行可持续，尤为关键。

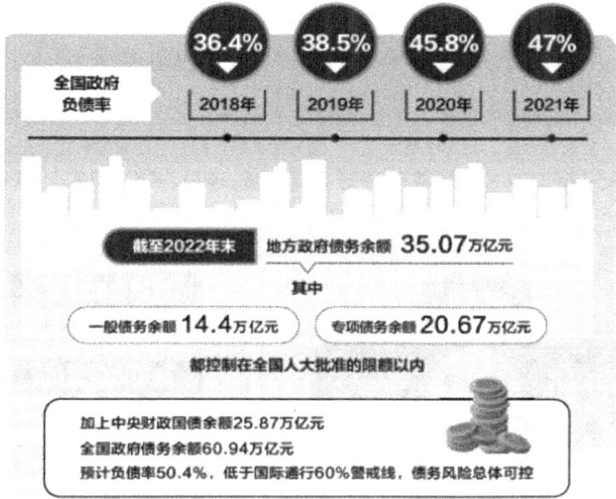
36.4%
38.5%
45.8%
47%
全国政府负债率
2018年
2019年
2020年
2021年
截至2022年末
地方政府债务余额 35.07万亿元
其中
一般债务余额 14.4万亿元
专项债务余额 20.67万亿元
都控制在全国人大批准的限额以内
加上中央财政国债余额25.87万亿元
全国政府债务余额60.94万亿元
预计负债率50.4%，低于国际通行60%警戒线，债务风险总体可控

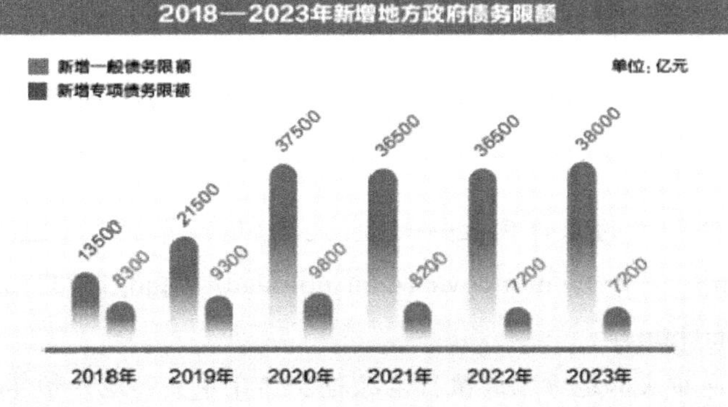
2018—2023年新增地方政府债务限额
新增一般债务限额
新增专项债务限额
单位：亿元
13500
8300
21500
9300
37500
9800
36500
8200
36500
7200
38000
7200
2018年
2019年
2020年
2021年
2022年
2023年

新增专项债务资金重点投向于
交通基础设施、能源、农林水利、生态环保、社会事业、仓储物流基础设施、市政和产业园区基础设施、国家重大战略项目、保障性安居工程、新能源项目、新型基础设施等
党中央、国务院确定的11大重点领域，一大批补短板、增后劲、惠民生项目开工建设，为高效统筹疫情防控和经济社会发展提供了必要的财力支撑

人大代表，代表人民行使预算审查监督权力。加强人大对政府预算的全口径审查、全过程监管，正是推进全过程人民民主的重要体现。

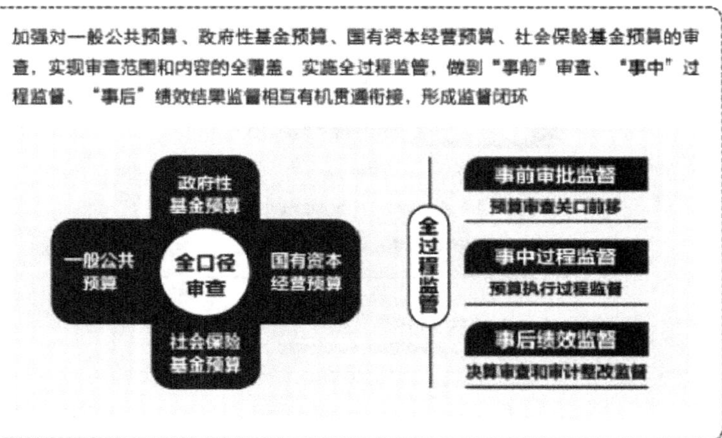

以高质量预算审查监督，推进高水平全过程人民民主。给政府花钱戴上“紧箍咒”，经济社会发展就多一道“安全阀”，就能更好为实现高质量发展守牢安全底线。

资料来源：

1.“加减乘除”里的国计民生——数读2023年预算报告［EB/OL］. 财政部网站2023-03-07.http：//www.mof.gov.cn/zhuantihuigu/ysbgjd_15733/mtbd2022/202303/t20230307_3871060.htm.

2. 关于2022年中央和地方预算执行情况与2023年中央和地方预算草案的报告［EB/OL］. 财政部网站，2023-03-16.http：//www.mof.gov.cn/gkml/caizhengshuju/202303/t20230316_3872867.htm.

思考与讨论：

1. 如何理解2023年预算报告里的“加减乘除”？

2. 2023年预算报告是如何体现民生财政的？

案例二：

构建新时代中国特色社会主义财政学

【案例导引】

2016年5月，习近平总书记在哲学社会科学工作座谈会上提出要加快构建中国特色哲学社会科学，强调中国特色哲学社会科学具有三个特点：一是要体现继承性、民族性。二是要体现原创性、时代性。三是要体现系统性、专业性。中国特色社会主义财政学是中国特色哲学社会科学的重要组成部分，以上三点也是构建新时代中国特色社会主义财政学必须把握的原则和准绳。其基本思路和方向是：以马克思主义基本原理为指导，借鉴西方财政学，从中国实际出发，继承、发展和创新，构建中国财政学自主知识体系，提升国际学术话语权。

党的十八大以来，财政已深度嵌入、全面参与国家治理的全过程和各领域。财政事业的发展会产生与之相伴且亟待总结的特征事实与一般规律，同时也需要与之相适应的财政理论作为基础用于预判、规划。构建新时代中国特色的财政学理论，要深刻领会习近平总书记在哲学社会科学工作座谈会上提出的“原创性、时代性”会议精神，贯彻落实“在指导思想、学科体系、学术体系、话语体系等方面充分体现中国特色、中国风格、中国气派”的总体要求，全面把握习近平总书记在中国人民大学考察时所强调的“加快构建中国特色哲学社会科学，归根结底是建构中国自主的知识体系，要以中国为观照、以时代为观照，立足中国实际，解决中国问题”的思想内涵，牢固树立“在研究解决事关党和国家全局性、根本性、关键性的重大问题上拿出真本事、取得好成果”的奋斗目标。为此，要深刻认识当前财政学理论研究的现状和问题，全面把握财政学理论的基本特征，着力解决财税改革中的关键性实际问题，积极探索财政学基础理论创新的实现路径。

深刻认识财政学理论研究的现状和问题

新中国成立以来，我国财政学理论研究的特征主要包括两点：一是适应特定时期的财政实践与体制的发展，二是充分借鉴和吸收了当时国际上的主要财政学理论成果。新中国成立初期，由于缺乏经济管理经验和“一边倒”的外交政策，我国曾以苏联为模板，学习了苏联的财政经验，并由此产生了“国家分配论”。该理论对财政行为主体这一核心问题的解释，与苏联的货币关系论的国家观如出一辙：都认为国家是阶级统治的工具，对经济社会具有管控职能。“国家分配论”在计划经济时期与市场化改革前期的影响力巨大，在学术界占据主流地位，原因是该理论与当时高度集中的计划经济体制相适应，能够较好地指导国家通过财政计划来安排生产和分配。20世纪90年代中期，我国推行社会主义市场经济体制改革后，确立了构建公共财政框架的财政改革目标。当时国内缺乏与公共财政相适应的财政理论，所以学术界较为直接地引入以盎格鲁—撒克逊学派为主导的“公共财政学”。事实上，我国较多地吸收继承“公共财政学”，并用其诠释我国具体的财政现象，形成了当前主流的财政学观点和理论，基本特点是以“市场失灵”为理论起点，以当代西方经济科学的研究方法作为范式基础，将矫正市场失灵作为市场经济条件下政府财政活动的重要目标。然而，随着新时代“构建现代财政制度”的提出，“公共财政学”的概念和范畴已经难以回答我国改革实践中出现的一系列亟须解决的财政问题，诸如财政的行为主体是国家、政府还是公共部门，政府与市场是否存在明确的边界，以及这种边界如何确定与动态调整，如何定位财政部门在货币调控领域的重要角色等。

时代是思想之母、实践是理论之源，不同历史阶段的财政理论和观点分别代表着对我国财政发展和实践不同阶段的理论认识。已有财政理论难以回答“时代之问”的原因主要有二：第一，无论“国家分配论”还是“公共财政学”都是对特定时期财政实践的理论总结、抽象和概括。在构建现代财政制度的当下，两种理论的解释力和预测力逐步减弱是理论发展的自然规律。“国家分配论”是对我国社会主义计划经济时期的财政实践进行总结和概括结果，强调国家的分配主体作用，思想内核适用于计划经济，难以解释市场经济制度下的财政现象。“公共财政学”适应了我国社会主义市场经济体制改革时期财政从集中化向公共化转型的目标，但是理论基础——市场失灵理论本身具有严重的实用主义本质与偏狭的政策导向功能，严重损害对财政实践的解释力和预测力。第二，现有财政学理论较多地依赖外国财政理论与研究范式，缺乏自主知识体系。我国当前财政学理论研究的概念和范畴是由“公共财政学”发展而来的，“公共财政学”本身就存在着重大理论局限性，如市场失灵理论中福利经济学的基本假设并非财政学研究的最优基准，帕累托最优的评价标准不能准确地概括集体行动的逻辑等。更为重要的是，“公共财政学”与西方国家的基本制度背景、历史文化传统、市场经济发展程度高度共生，在理论发展、模型构建中已经设定了某些关键的制度条件和约束，简单“借用”这些缺乏中国政治制度、历史传统、社会共识，缺乏中国特色社会主义政治经济学指导的相关理论，自然无法回答当前我国深度攻坚期的财政改革实践所提出的“时代之问”。

全面把握财政学理论的基本特征

随着财政的定位上升到国家治理的高度，现有的主流财政学理论的解释力在逐步减弱。财政学理论的创新和发展需要更加宏大的视角，即基于中国的时代问题和历史方位。因此，在建构新时代自主知识体系过程中，财政学理论体系建设转变为以满足国家治理活动中的社会共同需要为逻辑起点，以财政资金运行服务“治国理政”为根本任务，应重点把握以下三个基本特征。

一是把握财政学理论的天然政治属性和时代特征。习近平总书记指出，“经济学虽然是研究经济问题，但不可能脱离社会政治，纯而又纯”。财政作为

“财”和“政”的结合，必须坚持党的领导，以政领财，以财辅政。财政不仅体现为一个国家在资源管理和配置层面的经济活动，更体现了国家意志和政治意图。建构中国财政学的自主知识体系，必须坚持以中国共产党的领导为根本保证，以人民为中心的发展思想为行动指南，以立足我国实际国情为内在要求，以改革创新、自我完善为持续动力，围绕重大基础理论问题，揭示财政运行中的新特点、新规律，将财政实践经验上升为系统性的财政学理论，从而构建服务国家政治、彰显时代精神的财税体制和财政学理论。

二是把握财政学理论研究范式的科学性特征。财政学作为一门实践性特征突出的社会科学学科，应对财政历史经验具有解释能力，对财政一般规律具有概括和总结能力，对财政现象的发展趋势具有预测能力。在服务实践和探索研究过程中，财政学理论应当坚持以经验事实为基础，将循证和可重复性的科学工具体系贯穿其中。循证是“发现问题—寻找证据—解决问题”的科学决策方法，可重复性是“归纳逻辑—科学假说—实证验证”的可靠方法论。财政学理论结合证据与推理的分析范式，不仅具有公理化的逻辑体系，还具备实证主义的经验分析，使财政决策的发起、制定和执行成为拥有科学研究范式的系统工程。财政学理论的自主知识体系构建通过从财政现象中抽象出财政活动的本质和经济关系，从财政运行过程中揭示出财政活动的内在规律和外部联系，从不同主体财政行为中挖掘出问题与矛盾并找到解决路径，为财政管理乃至整个国家治理实践提供理性认识基础和行动指南。

三是把握财政学理论概念体系与方法论的多学科综合性特征。随着财政与国家治理体系和治理能力的现代化相衔接，财政不再仅是一个经济范畴，而是跨越经济、政治、文化、社会、生态文明和党的建设等多个领域。国家治理是一个相互联动、相互适应、相互演化的综合系统工程，财政就是维持、体现和保障系统工程“平衡”的公共行为。因此，财政学理论具有涵盖“民情”“政情”和“社情”等多个领域的“跨界”特征，所研究对象既包含财政行为的政治动机、行政流程、法律规范等规范性问题，也涉及财政行为的经济效益、社会效果等实证性问题。财政学理论的自主知识体系构建应当以财政实际问题为本体，汲取经济学、法学和社会学等多学科的概念体系和方法论，通过全面性思维和系统性知识的融合和重构，回应新时代财政实践层面的立体性问题，为国家治理现代化提供有效行政管理手段和工具。

着力解决财税改革中的关键性实际问题

党的十八届五中全会提出建立健全现代财政制度、税收制度，习近平总书记指出财税体制改革是着眼长远机制的系统性重构。深化财税改革，事关党和国家事业发展全局，是高质量发展的内在要求和重要保障。因此，未来很长一段时期，财政学的理论研究应始终以此为目标，着力解决以下财税改革过程中的关键性理论问题，面向改革，研究实际问题。

例如在预算管理制度方面，如何统筹财政资源，强化对预算编制的宏观指导；如何将财政支出标准化，发挥标准在预算管理中的基础性作用；如何强化预算约束和绩效管理，提升财政资源配置效率和资金使用效益等；如何加强中期财政规划管理，为国家重大战略任务提供财力保障等。在政府间财政关系方面，如何更好发挥中央和地方两个积极性，如何进一步明确中央和地方政府事权与支出责任，理顺中央和地方收入划分；如何优化中央对地方转移支付制度，健全省以下财政体制。在税收制度方面，在保持现阶段流转税、所得税双主体税制基本稳定基础上，如何更好发挥税收功能的作用。具体而言，如何完善地方税税制，培育地方税源，健全地方税体系；如何健全以所得税和财产税为主体的直接税体系，逐步提高其占税收收入比重；如何深化税收征管制度改革，以税制优势促进现代化建设。在政府债务方面，如何完善政府债务管理体制机制，根据跨周期与逆周期调节的需要以及财政可持续的要求，合理确定政府债务规模；如何强化财政与金融系统的协同合作，如何看待并应对财政和货币之间的双向影响等诸多方面，不一而足。这些问题都是当前财税改革和财政工作中的关键点，自然也应该成为理论界着力破解的实际难题。财政学理论研究除了传统的“从文献到文献”的“书斋式”研究外，也应更多瞄准财税体制改革中的顶层设计、系统集成、关键步骤、堵点难点等实际问题，逐步形成“从实践到文献，从文献到文件，从文件再到文献”的理论提出与升华的循环往复。

积极探索财政学基础理论创新的实现路径

为了突出财政工作的政治属性，建立财政研究的科学范式，体现财政学科的跨学科特点，呼应中国特色社会主义财政事业发展的时代需求，当前的财政研究首要任务就是对财政基础理论进行重构和创新，具体的实现路径主要包括以下四个方面。

第一，坚持以重大现实问题研究为研究导向。形成解决重要实际问题的科研风气，全面贯彻“破五唯”的政治要求，树立“不唯书，不唯上，只唯实”的原则。财政理论研究只有来源于实践、作用于实践，才会焕发出财政理论的学科生命力、现实解释力和未来预测力。当前我国财政改革已经进入攻坚阶段，一系列重大实践问题迫切需要理论解答和指引：如何客观看待政府和市场之间的关系，如何厘清纵向和横向政府间财政关系，如何协调财政部门和金融部门之间的联系等。事关中国特色社会主义财政事业建设的中国之问、时代之问，不能简单停留在从西方学术文献的“边际贡献”中“构建问题”，而应该扎根中国财政的改革实践，通过深入财政实践发现问题、解决问题。

第二，构建开放、多元、科学的概念体系和方法论。财政学的产生和财政理论的演变都是源于财政实践的现实需要，因此财政理论研究要积极服务于生产生活中的实际问题，而现实问题的解决是不会区分学科的。一方面，财政学自身带有鲜明的经济学属性，因此要根据所研究的对象和问题，合理使用基于现实数据的实证分析和数理模型的理论分析等主流经济学方法，突出循证科学的重要性，增强财政研究的科学性和严谨性。另一方面，作为一门应用型学科，财政学应注重吸收和借鉴政治学、管理学、社会学等学科的概念体系和研究方法，突破不同学科之间的学术藩篱，拓宽财政学的研究视野，丰富财政学的研究方法。

第三，统筹推进财政学人才队伍建设。在校学生是财政理论研究的后备军，在人才培养过程中，要坚持秉承“质量优先，规模适当”的培养原则，牢固树立熟悉中国基本财政事实的教育目标，夯实学生的财政基础理论，强调学生的跨学科知识积累。科研人员是财政理论研究的智囊团，要积极发挥专家工作室、财政人才库、专家人才池和复合人才池等智库作用，引导科研人员聚焦中央重大决策部署，提升服务党和国家财政事业发展的能力。

第四，加快推进科学完善的评价体系建设。把切实服务党和国家的财政需要作为重要评价依据，以为人民服务、为社会主义服务为科研导向，以彰显中国之路、中国之治、中国之理为思想追求，结合财政学理论研究的特点和发展规律，克服传统评价体系中重论文、重数量、重头衔等顽瘴痼疾，完善和推广基于代表作和实际贡献的多元评价方法，逐步建立一套科学综合的成果评价体系。让坚持为人民做学问的科研人员留得住、用得好，把服务国家财税体制改革的研究成果评得出、推得开。

资料来源：

1. 马海涛，姚东旻. 构建中国财政学自主知识体系［N］. 中国社会科学报，2022-11-01（001）.

2. 白彦锋，贾思宇. 全球财经治理体系变革下中国特色社会主义财政学的构建［J］. 财政研究，2018（11）：17-22.

思考与讨论：

1. 当前我国财政学理论研究的现状和问题。

2. 当前我国财税改革中面临哪些关键性实际问题？

3. 如何推动我国财政学基础理论创新？

第一章

公共财政与公共财政思想

<table>
<tr><td rowspan="3">课程思政具体设计</td><td>思政
导航</td><td>中国特色社会主义公共财政有什么特色？中国共产党百年财政思想与实践。如何理解全球治理中中国的大国财政？</td></tr>
<tr><td>课程
内容</td><td>第一节　公共财政概述
第二节　公共财政思想</td></tr>
<tr><td>课程思政
案例</td><td>案例一　中国共产党百年财政思想与实践
案例二　全球治理背景下的大国财政</td></tr>
</table>

第一节　公共财政概述

一、财政的起源与概念

（一）财政的起源

财政是一个历史范畴，从财政的起源上考察，财政是伴随国家的产生而产生的。随着生产力的不断提高，人类社会出现了私有财产，社会分裂为阶级才产生了国家。国家一旦产生，就必须从社会产品分配中占有一部分国民收入来维持国家机构的存在并保证实现其职能，于是产生了财政这种特殊的经济行为和经济现象。

恩格斯对财政与国家的关系有明确的论证，恩格斯在研究国家起源的时候，同时论述了财政的起源："国家是社会在一定发展阶段上的产物，……这种从社会中产生但又自居于社会之上并且日益同社会相异化的力量，就是国家。"①"为了维持这种公共权力，就需要公民缴纳费用——捐税。……随着文明时代的向前发展，甚至捐税也不够了；国家就发行期票，借债，即发行公债。"②被恩格斯誉为创建了财政学的亚当·斯

① 马克斯，恩格斯.马克思恩格斯文集：第4卷［M］.北京：人民出版社，2009：189.

② 马克斯，恩格斯.马克思恩格斯文集：第4卷［M］.北京：人民出版社，2009：190-191.

密在其所著的《国民财富的性质和原因的研究》一书中，专门论述财政问题的第五篇被冠以“论君主或国家的收入”的标题。

（二）财政的概念

财政是以国家或政府为主体的分配活动，是国家（政府）在社会再生产过程中，通过多种收入形式，集中一部分国民生产总值或国民收入，用于满足实现其职能需要的收支活动。

财政可以从一般属性和特殊属性两个层面来理解。从一般属性来看，财政是国家为实现其职能，凭借政治权力参与一部分社会产品或国民收入分配所进行的一系列经济及形成的特殊分配关系，它涵盖了一切在历史上存在过的国家及其财政最基本的和共同的属性。就特殊属性而言，财政是与具体政治经济制度密切相关的财政模式，是由特定国家在某一特定历史时期的社会形态、政治制度、经济体制和法律文化等诸多因素决定的。

二、公共财政与国家财政

（一）公共财政的含义

公共财政是在市场经济条件下，主要为满足社会公共需要而进行的政府收支活动模式或财政运行机制模式。国家以社会和经济管理者身份参与社会分配，并将收入用于政府公共活动支出，为社会提供公共产品和公共服务，以保障和改善民生，保证国家机器正常运转，维护国家安全和社会秩序，促进经济社会协调发展。

（二）公共财政与国家财政的关系

公共财政是国家财政的一种具体表现形式和运行方式。公共财政与国家财政可以被描述为“被包容”与“包容”、“个性”与“共性”、“特殊”与“一般”的关系。公共财政是在资本主义生产方式确立以后，实行了市场经济体制的国家普遍采用的财政模式，它虽然必定和某个具体的国家相联系，也具有国家的阶级属性，但是更多的是强调它是一种与市场经济体制相伴随行的财政模式和运行方式。

（三）中国特色社会主义公共财政的特色

中国特色社会主义公共财政的特色主要体现在四个方面：第一，是人民性与公共性相统一的财政。第二，是与社会主义市场经济体制相适应的现代财政。第三，是与国家治理相适应的民主法治财政。第四，是开放包容、推动构建人类命运共同体的大国财政。

第二节　公共财政思想

一、西方经济学中的财政思想

（一）古典经济学派的财政思想

亚当·斯密是古典经济学最杰出的代表和开拓者，他在1776年出版的代表作《国民财富的性质及其原因的研究》第五篇中，专门研究了财政问题。斯密提出了税收的“公平、确定、简便和征收费用最小”四原则，支出方面厉行节约、“量入为出”原则，“廉价政府”成为财政追求的目标。

斯密把财政学融于政治经济学之中，从流通领域到生产领域，从现象到本质，揭示了财政与经济的内在联系，建立了较为系统的财政理论体系。

（二）近代西方财政思想

1.凯恩斯主义的财政思想。凯恩斯在其《就业、利息和货币通论》一书中对自由经济提出质疑，主张国家对经济进行全面干预，财政政策成为国家干预经济的重要工具。凯恩斯认为经济衰退、就业不足的根本原因是社会有效需求不足，提出政府增加支出、减少税收来增加政府需求，大量举债来弥补财政赤字为主要内容的赤字财政政策，即扩张性财政政策。1954年萨缪尔森在《公共支出的纯理论分析》一文中明确提出公共产品的概念，提供了一个判别政府和市场活动边界的规范标准。

凯恩斯学派从传统的财政收支扩展到对经济的管理和调控，关于政府财政的理论、理念、内容及分析方法均发生了重大变革，极大地扩展了公共财政学的研究领域。

2.后凯恩斯主义的财政思想。20世纪70年代，西方资本主义国家的经济陷入“滞胀”，货币主义、供给学派、理性预期学派等新保守主义经济学反对凯恩斯主义的政策主张，认为政府宏观干预的能力是非常有限的。

新凯恩斯主义对传统凯恩斯主义的理论和政策主张进行了修正，认为当代市场经济是一种混合经济，政府与市场是互补而不是替代关系。

近几十年来，西方经济学特别是宏观经济学、微观经济学、福利经济学、公共选择理论的发展在一定程度上为公共财政学提供了理论支持。公共财政学不仅在内容上比传统财政学有很大拓展，研究方法的改进使财政理论研究更为具体和深化。

二、马克思主义的财政思想

（一）马克思恩格斯的财政思想

马克思和恩格斯曾对国家以及财政与国家的关系有过明确的论述，提出财政是国家为了维护并依靠它所拥有的公共权力，强制地占有一部分社会产品，从而从整个社会产品的分配中独立出来的一种以国家为主体的分配活动。资本主义国家财政反映了资本主义的分配关系和剥削本性。

在谈到未来社会主义国家的分配问题时，马克思在《哥达纲领批判》一书中，设想政府对社会总产品和国民收入实行“先扣后分”的方式，社会总产品在分配之前，先经过“六项扣除”。马克思恩格斯预见性地指出，在建立社会主义社会以后，国家的经济职能将有所扩展，国家的财政收支活动将更多地包含经济建设方面的收支内容。马克思恩格斯的财政理论，成为社会主义国家构建财政体系的理论基础。

（二）列宁的财政思想

列宁把马克思主义的经济理论与俄国的具体实际相结合，在没有先例借鉴的情况下进行艰辛的探索，把社会主义财政由设想变成了现实。

列宁领导的苏维埃政权曾一度实行“战时共产主义”政策，国家财政实行高度集中的“供给制”模式。之后建立起了全能型计划财政模式，这是一种以国家统收统支、集中分配社会资源为基础，将全社会的经济活动和公共产品提供全部纳入国家统一的财政计划的财政模式。这一模式深刻地影响了此后建立的许多社会主义国家的财政制度建设。

（三）毛泽东的财政思想

毛泽东极为重视党领导下的根据地的财政工作，强调要开源节流，认为经济决定财政。新中国成立以后，毛泽东提出应当把价值规律作为计划工作和财经工作的工具，“处理好生产与生活、积累与消费、经济建设与国防建设等方面的关系”等与财政相关的重要政策问题。

毛泽东指出经济与财政存在辩证关系，在强调经济对财政的决定性作用的同时，也决不能忽视财政对经济的反作用。毛泽东同志的财政思想，涉及财政基础、财源建设、财政收支、财政平衡和财政政策等重要的财政理论和实践问题。

三、新中国成立以来的财政思想演进

（一）计划经济时期的财政思想

新中国诞生后，围绕财政的本质和社会主义财政的性质等问题，出现了“国家分配论”“国家资金运动论”“价值分配论”“剩余产品（价值）决定论”“共同需要论”等代表性理论。

这些理论从不同角度对国家财政的内涵与外延进行了探索，都承认财政是一种国家的经济行为，是一个分配范畴，必须从社会再生产出发，即以财政与经济的关系为基本线索研究财政问题。但在财政分配主体、财政分配对象（客体）、财政分配形式上等问题的看法上，存在一定差异，体现出各自的特点。

（二）建立社会主义市场经济体制以来的公共财政思想

党的十四大提出建立社会主义市场经济体制，1994年我国进行了分税制改革，财政模式由“生产建设型财政”向“公共财政”转型。1998年12月15日召开的全国财政工作会议，明确提出建立公共财政的基本框架，2003年党的十六届三中全会作出了进一步健全和完善公共财政体制的战略部署。党的十七大报告提出，围绕推进基本公共服务均等化和主体功能区建设，完善公共财政体系。

在中国特色社会主义理论指导下，公共财政的理论创新和制度创新取得了明显进展。遵循公共财政运行规律，以市场机制在资源配置中发挥基础性作用的理念来定位公共财政的职能和作用；以财政职能的新定位确定财政支出的规模与结构；以财政支出的需要规定财政收入的规模与形式；以对经济形势及经济运行态势的正确判断来确定公共财政政策与财政收支平衡状态等，体现了对财政运行规律的新认识、新理解和新运用，具有理论创新意义。

（三）新时代的公共财政思想

1.财政职能界定和作用定位。基于对政府与市场关系的新认识，党的十八届三中全会明确提出了财政的职能定位，即财政是国家治理的基础和重要支柱。这充分表明，以往作为经济范畴的财政，已经延伸到经济、政治、文化、社会、生态文明和党的建设各个领域，上升至国家治理层面。相应地，应构建中国特色的公共财政体系，以适应新时代中国特色社会主义的新要求。

2.建立现代财政制度。党的十八届三中全会强调，科学的财税体制是优化资源配置、维护市场统一、促进社会公平、实现国家长治久安的制度保障，提出建立“完善立法、明确事权、改革税制、稳定税负、透明预算、提高效率”的现代财政制度，发挥中央和地方两个积极性。要改进预算管理制度，完善税收制度，建立事权和支出责任相适应的制度。这为我国财政改革指明了方向。

3.全球治理中的大国财政思维。当前，中国在国际事务中扮演着越来越重要的角色。2013年，习近平主席首次提出构建人类命运共同体的倡议。中国作为负责任的大国，应主动履行大国责任，承担国际义务，配合中国在全球治理中的角色定位，充分发挥财政在全球治理中的重要支撑作用。

案例一：

中国共产党百年财政思想与实践

【案例导引】

2021年7月1日，中国共产党走过了百年历程。百年来，中国共产党面对不同时期的历史任务，始终将“以人民为中心”理念贯彻到财政实践和理论建设过程中。闫坤主编的《新中国财政学研究70年》提出，中国共产党在革命时期树立的“以人民为中心的财政理念与当前满足社会公共需要的公共财政理念、与以新发展理念为引领的现代财政制度有异曲同工之处”。对中国共产党百年的财政思想和实践进行历史和学理考察，可为新时代中国特色社会主义财政理论创新提供更为自觉的思想资源。

以人民为中心、统筹人民长远利益与当前利益，是中国共产党百年财政思想与实践的主线。无论是在新民主主义革命时期，还是在社会主义革命和建设时期、改革开放和社会主义现代化建设新时期，以及进入中国特色社会主义新时代之后，中国共产党都始终坚持以人民为中心，充分运用财政工具，发挥财政综合平衡的政府职能作用，努力改变中国面貌和改善人民生活。

一、中国共产党的创建与财政目标

中国共产党成立伊始，就把谋求民族独立和人民幸福的奋斗目标，鲜明地体现在自己的财政政策上。1922年6月，中共中央发表《中国共产党对于时局的主张》，系统提出了中国共产党的财政主张。该主张提出，“改正协定关税制，取消列强在华各种治外特权，清偿铁路借款，完全收回管理权”，“肃清军阀，没收军阀官僚的财产，将他们的田地分给贫苦农民”，“定限制租课率的法律”，“废止厘金及其他额外的征税”，“征收累进率的所得税”等。

在革命斗争过程中，中国共产党的财政思想逐步从反对苛捐杂税、领导人民抗税，发展到争取无产阶级对革命的领导权，建立工农民主政府，废除旧的苛捐杂税，建立新的财税制度和机构。

二、根据地财政实践与财政思想的初步构建

1934年在中华苏维埃第二次全国代表大会上，中华苏维埃共和国中央政府主席毛泽东系统总结了根据地财经工作，并对财政思想进行了初步提炼，提出通过促进经济发展、增加财税收入并节省使用的大政方针。在发展经济的同时，中国共产党还大力兴办各种社会事业，如创办红军教导队、列宁小学、养老院、救济委员会等。在财政收支严重不平衡的情况下，根据地政府想方设法减少机关支出，同时努力从各方面减少农民的税收负担。在以人民为中心的财政理念下，中央苏区的生产发展了，财政收入也增长了。

1942年，在边区财政最困难的时刻，毛泽东发表《经济问题和财政问题》，提出“发展经济，保障供给”的财经工作总方针。并指出，财政工作第一位的是予，第二位才是取。为解决财政困难，中国共产党坚持“取之于己”，即从自身想办法，实行精兵简政，开展大生产运动。中国共产党通过减少行政支出和生产自给的办法，减轻了人民负担，凝聚了民心。

考虑革命根据地多为贫困地区，中国共产党从发展国民经济的角度增加财政收入，通过发展生产、开辟财源，再通过财政政策帮助人民提高生活水平，促进经济更好发展。中国共产党提出节省方针，以“取之于己”之道减轻人民负担，进一步发展为“精兵简政”，通过财政管理促进行政的统一和高效，全面提升了政府治理能力。

三、新中国成立后的财政建设与社会主义财政思想的探索

新中国成立后，统一了全国财经，从中央到地方建构了统一、完整、高效的财政体系。在改革开放前的30年间，适应计划经济体制的生产建设型财政，在恢复经济、保障国家安全、建立独立的比较完整的工业体系和国民经济体系的进程中发挥了重要作用。

新中国财政的变化，首先反映在预算结构上，经济建设经费和科教文卫事业费占比明显提高。“一五”计划时期，为尽快实现工业化，国家财政的重点是为工业化和国防建设提供保障。如何解决人民长期利益与当前利益的矛盾，处理好国民收入分配中积累与消费的比例关系，成为当时财政理论探讨和财政实践的重要问题。

新中国成立后，加快建设重工业和现代国防工业成为最紧迫的历史任务。中国共产党将国家安全和发展视为“大仁政”，不得不采取高积累政策压低消费，通过人民节衣缩食发展重工业和国防工业。我国在这一时期不仅建立起独

立和相对完整的工业体系和国民经济体系，还在国防尖端技术方面取得了重大成就，进而在政治、经济和国防建设等领域全方位地增强了综合国力。

四、改革开放以来公共财政基本框架的构建与民生财政理念的践行

在改革开放和社会主义现代化建设新时期，我国逐步推进经济社会发展转型，确立了社会主义市场经济体制及与其相匹配的公共财政框架模式，财政体制逐渐转向适应公共财政需要、全方面改进民生。

改革开放初期，财政体制改革为经济社会转轨作出了重要贡献。为提高人民生活水平，国家提高城镇职工的工资水平，持续提高部分农副产品的收购价格，国家财政拿出大量补贴稳定物价。通过利润留成、企业基金制给企业放权让利，再通过两步“利改税”、承包制、利税分流，逐步理顺国家和企业的关系。通过“分灶吃饭”激发地方财政活力，逐步理顺中央和地方的关系。

党的十四大明确了社会主义市场经济的改革目标，1994年的分税制改革初步搭建起适应社会主义市场经济体制的财政管理体制和税收制度。1998年，全国财政工作会议正式提出构建公共财政基本框架的奋斗目标，公共财政开始从理念走向现实。在社会主义市场经济体制下，重新界定政府与市场的边界、优化支出结构成为可能，国家财政逐步从生产及竞争领域转移至社会公共领域，科教文卫和社会保障等支出不断扩大。2006年10月，党的十六届六中全会进一步提出健全公共财政体制，逐步缩小地区间基本公共服务差距，调整财政收支结构，把更多财政资金投向公共服务领域。

五、新时代以人民为中心的财政理念与扎实推进共同富裕

党的十八大提出，完善促进基本公共服务均等化和主体功能区建设的公共财政体系，构建地方税体系，形成有利于结构优化、社会公平的税收制度。党的十八届三中全会将财政定位提高到“国家治理的基础和重要支柱”的历史新高度，提出建立现代财政制度。

这一时期是我国全面建成小康社会的关键时期。财政在有序推动税收、预算、财政事权与支出责任划分等各项改革，加快现代财政制度建设的同时，加大了民生领域的投入，不断增进人民福祉。随着国家财政能力的增长，我国逐步加大对收入分配差距的调节力度。党中央将消除农村绝对贫困，上升到必须解决的首要重大问题，开展“精准扶贫”。同时，财政在民生领域的投入不断扩大，基本实现了幼有所育、学有所教、劳有所得、病有所医、老有所养、住有所居、弱有所扶。

资料来源：

1.闫坤，史卫.中国共产党百年财政思想与实践［J］.中国社会科学，2021（11）:

95–114.

2.闫坤.新中国财政学研究70年[M].北京：中国社会科学出版社，2019.

3.韩保江，许诗源.中国共产党财政思想逻辑的百年演变与历史启示［J］.财政研究，2021（7）：3–11.

思考与讨论：

1.中国共产党百年财政思想和实践贯穿的基本逻辑是什么？

2.联系实际分析新时代中国共产党如何贯彻以人民为中心的财政理念？

3.中国共产党百年财政思想与实践对当代财政有什么启示？

案例二：

全球治理背景下的大国财政

【案例导引】

党的十八大以来，习近平总书记从把握人类历史发展规律、推动人类社会发展进步的高度，提出了“世界百年未有之大变局”的重大论断。在当今不稳定性和不确定性突出的世界格局中，建设人类命运共同体是世界各国的共同责任。随着国家综合实力的增强，中国在全球治理和国际事务中扮演着越来越重要的角色。新时代的中国财政，是开放包容、促进全球治理体系和国际秩序变革的大国担当财政，在国际公共产品供给和国际经济协调中将承担更多更重要的大国国际责任。

在全球经济治理背景下，在人类命运共同体理念、中国梦与各国梦共同实现的愿景下，大国财政的建设具有重要的战略意义。中国作为一个“大国”，怎样通过“大国财政”解决全球化背景下经济社会的矛盾，以实现持续快速发展、提高国际地位和影响力的目标，是值得深入研究的一个命题。

一、全球治理与大国财政

大国财政是大国治理的基础，中国大国财政建设应服从和服务于国家崛起的总体战略，夯实财政硬实力，提升财政软实力。

（一）大国财政与国际公共产品供给

中国正在发展强大，在国际舞台上发挥自身作用的需要增大，要想成为国际秩序新的倡导者和维护者，就必须在联合国争取拥有更多话语权。近年来，随着中国自身的崛起，在国际社会中开始兴起一种“中国责任论”，主张应当由中国在国际事务中承担更多责任，尤其是应当在国际公共产品的供给方面做出更积极的贡献，诸如加强国际合作打击反恐的力度、在反核扩散问题上对朝鲜施加更多压力、更多的承担联合国会费摊派、减少温室气体排放，制定针对气候变化的战略框架并加大节能减排政策实施力度等。

国际公共产品供给增加以及会费大国的地位为中国实现具有中国特色的大国外交提供了重要物质基础和必要条件，有利于中国加强同世界各国的沟通，增强交流与互信，有利于中国为世界各国共同发展谋福利，让世界各国共享中国改革开放的成果。然而联合国会费大幅增长将不可避免地增加中国的财政负担，同时对参与联合国管理的中国籍工作人员的需求上升，也对中国这些人员的专业素质等方面有了更高要求。在国际重大事务决策方面，中国的表现与所期望的还有较大的差距，中国还有很长一段时间才能缩小差距。

（二）大国财政与政府采购市场开放

政府市场开放，既是大国财政的体现，更是建设大国财政的重要内容之一。从世界范围看，世界贸易组织（WTO）框架下《政府采购协议》（GPA）是大国财政开放政府采购市场的最重要的国际规则，也是覆盖范围最广的实体性的国际政府采购市场开放规则。我国于2007年开始申请加入GPA，并积极推进政府采购领域的全球化，彰显了大国财政担当。

2013年习近平总书记提出“一带一路”伟大构想，当前在“一带一路”沿线国家开放政府采购市场已经具备了经济基础、外交基础、共同愿景基础、货币基础和文化基础，可以在借鉴其他区域政府采购共同体（如欧盟）经验的基础上，考虑构建“一带一路”沿线国家政府采购命运共同体。

（三）大国财政与国际税收治理

伴随全球经济一体化的进程，国际税收领域也出现了一些新特点，如国际避税和跨境税源管理问题愈发突出，互联网技术和数字经济的兴起对国际税收管理提出了前所未有的挑战等。税基侵蚀和利润转移（BEPS）行动计划的提出，标志着国际税收规则正进入近百年来最大规模的重塑时期。中国作为第二大经济体、发展中大国，在国际税收规则重塑过程中应当拥有重大话语权，重视国际税收治理的建设性作用。因此，在大国财政的视角下，以BEPS行动计划和“一带一路”倡议作为切入点，深入研究国际税收协调与合作问题，具有重要的现实意义。

从大国财政建设和国际税收治理的角度来看，我国的国内税制改革应侧重于加强国际反避税与促进企业“走出去”这两个战略层面。加强国际反避税的改革，主要体现为完善、制定国内反避税法规等举措，积极参与BEPS行动计划合作。促进企业“走出去”的改革，则是从财税支持的角度给予国内企业一定的政策支持，促进企业参与国际经济竞争。

二、建设大国财政的路径

建设大国财政，一方面，要立足国内治理能力的提升，构建完善的现代财政制度体系，根据制度演进的次序有效地推动现代财政制度建设，提升国家财政治理水平；另一方面，立足发展和转型阶段，积极参与国际事务，承担大国国际责任，踊跃投身国际财经治理体系的构建，进一步扩大中国的影响力和话语权。

（一）构建完善财政制度体系，强化财政职能

1.明确财政转型的目标。构建大国财政，要充分考虑我国发展的历史节点，立足于我国特有的大国国情，明确新阶段大国财政转型的主要目标。进一步改善财政宏观调控以应对经济运行中的新问题，依靠改革创新来稳增长、调结构、防风险，在区间调控基础上，加强定向调控、相机调控。一是针对大量国有企业、国有土地、国有资源，做好国家财富管理。二是在全面深化改革背景下，适应经济社会转型，做好提供公共服务的财政制度安排。三是服务于国家治理能力现代化建设的要求，协调经济、政治、文化、社会、生态文明建设。

2.处理好政企、央地以及国内国际公共品供应的关系。构建大国财政，需要处理好中央与地方的关系，政府与市场的关系，国内公共服务与参与国际公共品供给的关系等。首先，实现政府职能从经济干预型向经济服务型的转变。其次，实现政府职能从投资主导型向公共服务型的转变。改革政府投资倾向，需要多角度、系统化的改革，不仅需要转变政府职能，更需要改革行政管理体制，减少政府对经济的干预行为；改革财政收入模式，从重GDP总量到重经济发展质量、重科学发展。再次，转变经济发展方式，缩小收入分配差距。最后，合理地确定中央财政与地方财政的支出范围。健全财权财力与事权相匹配的财政体制，统筹政府“大口径”财力，在此基础上合理界定各级政府间的财力。

3.提高财政的可持续性。提高大国财政的可持续性，要重点关注地方财政的可持续性。当前对于地方财政，尤为关键的是应当寻找到地方财政债务的产生根源，以此找到控制地方财政债务规模的有效治理措施。经济发展过程中，地方政府受到的财政激励、财政体制中地方债务管理的缺失，导致地方政府不断追求基础设施建设和不彻底财政分权体制下地方建设资金不足的矛盾。因此解决地方债务问题、化解地方政府债务风险的对策应主要是构建遏制地方过度投资的决策机制。

（二）加强全球经济治理，提升我国财经话语权

1.积极开展对外交流合作。积极推动现有国际组织改革，构建与中国大国

地位相匹配的国际经济新秩序，发挥大国市场和经济优势，为国内企业争取有利的国际环境。更为重要的是要主动作为，构建多边开发机构。推动组建中国主导的多边开发机构，实施我国对外政策主张，体现大国政治意图，如积极推进“一带一路”倡议，推动组建亚洲基础设施投资银行，金砖国家开发银行，上海合作组织银行等。通过主动设置议题，积极参与多边和双边对话，展示中国理念，展现大国风范。

2. 讲好中国财政故事，让更多国家从中国模式和经验中受益。大国财政不仅要有雄厚的基础，还要有内外协调的能力。在实践大国财政理念方面，我国财政已经取得了重要的阶段性成果，这既体现在我国坚持了大国财政构建的中国特色，又体现在构建过程中与时俱进地融合了新时期的时代特征。近年来，在国内财政不断发挥作用的支持下，涉外财政更有效地服务于国家战略，作为财政重要组成部分的税收也提出了“大国税务”口号，即努力把握总体发展趋势，树立大国税收理念。与此同时，金融部门谋划“与大国经济相匹配的大国金融”的发展，已经在实践着“大国金融”的理念。通过总结并宣传这些年的经验，讲好中国财政故事，我们可以让更多的国家从中国模式和中国经验中受益，从而承担起一个大国应有的义务和责任。

3. 推进供给侧结构性改革，做全球财经治理的引领者。推进供给侧改革，树立当今财政改革的新模式。积极参与国际税收规则制定，做国际税收治理的引领者。随着“一带一路”倡议的实施，越来越多的中国企业“走出去”，中国逐渐成为净资本输出国，这要求有与此相适应的国际税收规则，过去国际税收管理定位需要作出适当的调整。参与国际金融规则的制定，做金融新秩序的制定者。为了满足亚洲基础设施建设的巨大融资需求，以及推动亚洲的共同发展，中国倡议并建立了亚洲基础设施投资银行（AIIB）。财政部作为我国在亚投行的实际出资人，通过发行特种国债购买外汇储备来筹集所需资金，积极地参与国际金融机构的建立，参与全球规则制定，提升中国的世界话语权。

资料来源：

1. 马海涛，陈宇. 全球治理背景下的大国财政研究［J］. 山东财经大学学报，2019（6）：5–11.

2. 刘尚希，李成威. 大国财政：理念、实力和路径［J］. 地方财政研究，2016（1）：9–14.

思考与讨论：

1. 全球治理背景下如何发挥我国的大国财政担当？

2. 我国应如何提升国际财经话语权？

第二章

公共财政职能

<table>
<tr><td rowspan="3">课程思政具体设计</td><td>思政导航</td><td>如何促进有效市场与有为政府更好地结合？如何发挥财政的各项职能？财政如何促进共同富裕？财政如何促进高质量发展？</td></tr>
<tr><td>课程内容</td><td>第一节　政府与市场
第二节　财政职能</td></tr>
<tr><td>课程思政案例</td><td>案例一　在高质量发展中扎实推动共同富裕
案例二　美国政府“关门”</td></tr>
</table>

第一节　政府与市场

一、公共产品

（一）公共产品的界定

公共产品（Public Goods）是与私人产品相对的产品。1954年萨缪尔森在《公共支出的纯理论》一文中提到，公共产品是一个人的消费不会影响其他人的消费的产品。

区分公共产品与私人产品的标准是受益的排他性和消费的竞争性。纯粹的公共产品具有非排他性和非竞争性。非排他性是指一些人在享用某种产品带来的利益时，无法排除其他人同时从此种产品中获得利益。非竞争性是指增加一个消费者不会减少任何一个人对该产品的消费量。

纯私人产品和公共产品可以用以下公式表示：

纯私人产品：$X_j = \sum_{i=1}^{n} x_j^i$

式中，X_j为商品或服务的总量；X_j^i为第i个消费者对这种商品或服务的消费（拥有）量。

此公式表明：（1）商品或服务X_j的总量等于每一个消费者i对这种商品或服务的

消费（拥有）数量之和；（2）私人物品在个人之间是可分的。

纯公共产品：$X_{n+j}=X^{i}_{n+j}$

此公式说明：（1）任何一个消费者i都可以支配公共物品的总量X_{n+j}；（2）公共物品在个人之间是不可分的。

（二）公共产品的分类

根据公共产品的性质，可分为纯公共产品和准公共产品，准公共产品又可进一步细分为公共资源和俱乐部产品（见表2–1）。

表2–1　　公共产品、私人产品的划分

特征	排他性	非排他性
竞争性	纯私人产品	公共资源
非竞争性	俱乐部产品	纯公共产品

根据公共产品的受益范围，分为全球性公共产品、地区性公共产品、全国性公共产品和地方性公共产品。

二、市场有效性

（一）市场与资源配置效率

市场机制的基本规律是供求规律。在完全竞争市场上，通过价格和产量不断地变动，可以达到供给和需求的均衡（见图2–1）。

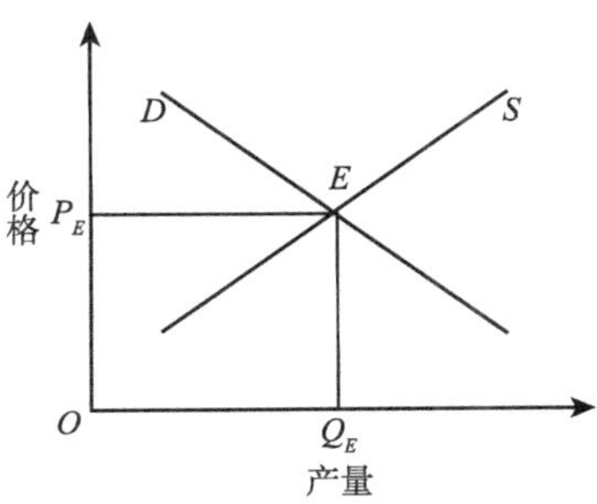

图2–1　完全竞争市场中均衡价格和均衡产量的决定

在福利经济学中，一般以“帕累托最优”来表述资源的最优配置状态。帕累托最优是指这样一种状态：任何一种改变都不可能使一个人的境况变好而又不使别人的境况变坏。

（二）市场机制有效的条件

完全竞争市场附加了种种严格假设条件（见图2–2），只有具备了这些条件，市场机制的作用才能有效发挥。

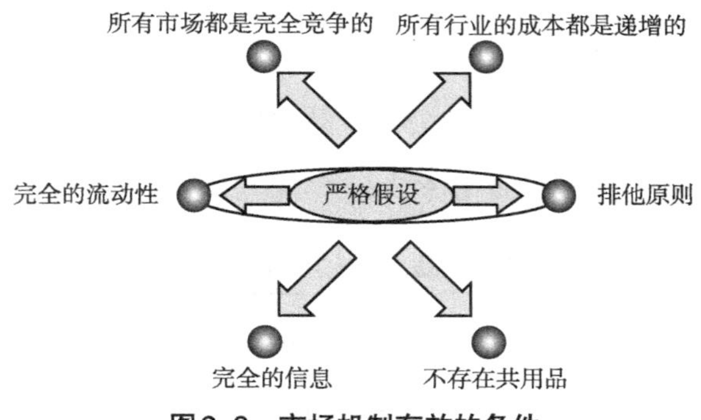

图2–2　市场机制有效的条件

三、市场失灵

市场失灵可分为两种情形：一种是市场低效，是指现实市场中因存在不符合完全竞争假定条件的方面，使市场机制无法实现对资源的高效配置，如垄断、公共产品、外部性和信息不对称等。另一种是市场无效，是指即使现实的市场严格符合完全竞争的所有条件，其运行结果也存在缺陷，不符合整个社会要求，如收入分配不公、宏观经济波动等。

市场失灵主要有以下表现。

（一）公共产品的提供

瑞典经济学家林达尔对公共产品有效供给进行了研究，提出了“林达尔均衡”模型。如果每位社会成员都能自觉地按照其从公共产品中获得的边际收益相应地承担公共产品的成本，那就自然地实现了公共产品的有效供给。但由于“搭便车”问题，市场机制在公共产品的供给中失效。

（二）外部性

外部性是指某经济主体的行为对其他经济主体带来利益或损失，但没有因此而取得报酬或提供补偿。外部性包括正外部性和负外部性，当存在正外部性时，边际社会收益大于边际私人收益，导致产品或劳务供给不足；而当存在负外部性时，边际社会成本大于边际私人成本，导致产品或劳务供给过多。

（三）垄断

市场效率是以完全自由竞争为前提的，但现实市场却存在不同程度的垄断。垄断者往往通过限制产量，提高价格，获得额外利润。垄断限制了竞争，造成资源配置效率低效率。

（四）信息不对称

现实市场中，市场交易各方不可能获取所有的信息，信息不对称会产生逆向选择和道德风险问题。逆向选择是由事前信息不对称引起的，容易出现劣质品驱逐优质品的现象。道德风险是由事后的信息不对称引起的，即在合同签订一方做出另一方不可观察的行为，对居于信息劣势的一方带来不利影响。

（五）偏好不合理

基于消费者的偏好不合理，马斯格雷夫将物品分为有益品和有害品。有益品对消费者有益但由于消费者的无知而消费不足，有害品对消费者有害但由于消费者的无知而消费过度。

（六）收入分配不公平

由于各经济主体拥有的生产要素在质和量上有很大差别，收入分配会形成“马太效应”：穷者越来越穷，富者越来越富。收入差距过大，会引发许多社会问题，进而影响经济效率。

（七）宏观经济波动

在自由放任的市场经济中，自发的过度竞争会导致商品与要素市场的供求失衡，进而导致社会总供求的长期失衡，产生宏观经济波动、通货膨胀、高失业、国际收支失衡等宏观经济问题。

四、政府和市场的关系

（一）政府和市场的关系是财政学的核心问题

在市场经济体制下，市场与政府共同构成社会资源配置体系。财政是一种政府的经济行为，是政府配置资源的经济活动，明确政府与市场的关系是研究财政问题的基本理论前提。

新凯恩斯主义学派综合西方经济学关于政府和市场关系的传统观点，提出一种新型的政府—市场观，认为现代经济是一种混合经济（指私人经济和公共经济），政府和市场之间不是替代关系，而是互补关系。

有政府介入的市场，政府与家庭、企业之间的收支循环流程可以通过图2–3来表示。

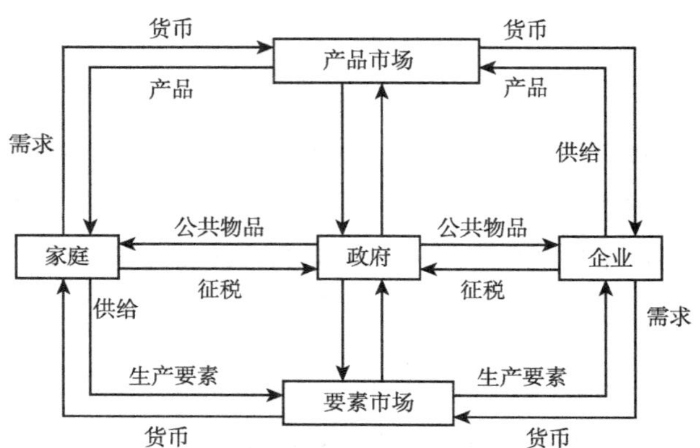

图2–3　政府与家庭、企业之间的收支循环流程

（二）社会主义市场经济体制下政府与市场的关系

党的十八届三中全会提出，经济体制改革是全面深化改革的重点，核心问题是处理好政府和市场的关系，使市场在资源配置中起决定性作用和更好发挥政府作用。党的二十大报告指出，充分发挥市场在资源配置中的决定性作用，更好发挥政府作用。

1.市场在资源配置中起决定作用。1992年，党的十四大提出，我国经济体制改革的目标是建立社会主义市场经济体制，要使市场在国家宏观调控下对资源配置起基础性作用。这一重大理论突破，对我国改革开放和经济社会发展发挥了极为重要的作用。党的十六大提出“在更大程度上发挥市场在资源配置中的基础性作用”，党的十七大提出“从制度上更好发挥市场在资源配置中的基础性作用”，党的十八大提出“更大程度更广范围发挥市场在资源配置中的基础性作用”。2013年，党的十八届三中全会提出“使市场在资源配置中起决定性作用”，党的二十大提出“充分发挥市场在资源配置中的决定性作用”。从“市场在资源配置中起基础性作用”到“市场在资源配置中起决定性作用”，对政府和市场关系的认识在不断深化。

2.更好发挥政府作用。政府的职责和作用主要是保持宏观经济稳定，加强和优化公共服务，保障公平竞争，加强市场监管，维护市场秩序，推动可持续发展，促进共同富裕，弥补市场失灵。

3.有效市场与有为政府协调配合。党的十九届五中全会提出，推动有效市场和有为政府更好结合。有效市场要求建设高标准市场体系，主要表现在高效配置生产要素资源、促进市场主体形成、推动企业技术创新和推进高水平对外开放等方面。有为政府要求完善宏观经济治理，包括建立宏观调控体系、提供公共服务、强化市场监管、防范化解各种风险挑战等。

第二节　财政职能

一、资源配置职能

资源配置职能是政府将一部分社会资源集中起来，形成财政收入，然后通过财政支出活动，由政府提供公共物品或服务，引导社会资金流向，弥补市场缺陷，从而优化全社会的资源配置。

（一）提供公共产品

政府供给公共产品，主要是通过公民或代表的集体选择程序，以强制征税为主要手段筹集资金，安排政府支出以供给公共产品。

（二）矫正外部性

矫正外部性的基本思路是外部性内在化，使产品、服务的价格能反映全部的边际社会收益或成本。

1.政府征税。政府征税主要用来矫正负外部性。庇古指出政府可以对产生负外部性的企业征收一种惩罚性的税收或收费，故这种矫正性税收被称为“庇古税”。

2.政府补贴。政府补贴主要用来矫正正外部性。对有正外部性的产品按照其边际外部收益的大小发放补贴，实现外部收益内在化。

3.明确和界定产权。科斯定理指出，只要产权是明确的，并且交易成本为零或很小，经济的外部性可以通过当事人的谈判而得到纠正。对于因产权不明确造成的外部性问题，可通过立法以明确各经济主体权益的方法来解决。

4.政府管制。政府对生产消费行为做出某些限制，主要适合对负外部性的矫正。

（三）治理垄断

垄断的治理措施包括：通过反垄断立法，对垄断经营者处以罚款；对垄断企业征收超额的税收；建立公共企业组织公共生产；采用公共定价实施价格管制等。

二、收入分配职能

收入分配职能是指政府通过财政收支活动对各个社会成员收入在社会财富中所占份额施加影响，以公平收入分配。

正确处理效率和公平的关系，构建初次分配、再分配、三次分配协调配套的基础性制度安排：一是提高劳动报酬在初次分配中的比重。健全劳动、资本、土地、知识、技术、管理、数据等生产要素由市场评价贡献、按贡献决定报酬的机制；二是健全以税收、社会保障、转移支付等为主要手段的再分配调节机制，强化税收调节，完善直接税制度并逐步提高其比重；三是重视发挥三次分配作用，发展慈善等社会公益事业。

三、经济稳定与发展职能

经济稳定与发展职能是指通过实施特定的财政政策，促进较高的就业水平、物价稳定和经济增长等目标的实现。作用机制和手段包括：（1）运用相机抉择的财政政策，逆经济风向调节，促进社会总供求的平衡。（2）通过财政收支的制度性安排，发挥“自动稳定器”的作用。（3）通过合理安排财政收支结构，促进经济结构优化，保证民生性的社会公共需要。

案例一：

在高质量发展中扎实推动共同富裕

【案例导引】

党的二十大报告指出，中国式现代化是全体人民共同富裕的现代化。共同富裕意味着，既要以高质量发展做大做好“蛋糕”，又要通过一系列制度安排切好分好“蛋糕”。2021年8月召开的中央财经委员会第十次会议强调，在高质量发展中促进共同富裕，正确处理效率和公平的关系，构建初次分配、再分配、三次分配协调配套的基础性制度安排。资源配置、收入分配、经济稳定与发展是财政的基本职能，如何通过构建基础性制度安排，充分发挥财政在初次分配、再分配、三次分配领域的调节作用是当前财政面临的重要问题。

共同富裕是社会主义的本质要求，是中国式现代化的本质特征。共同富裕是全体人民共同富裕，是人民群众物质生活和精神生活都富裕。推动共同富裕，就是在坚持党的领导下，通过全体人民共同奋斗，以高质量发展做大做好“蛋糕”，通过一系列制度安排切好分好“蛋糕”。

我国的收入差距仍然较大

基尼系数是国际上用来综合考察居民内部收入分配差异状况的一个重要分析指标。一般认为，基尼系数小于0.2时，显示居民收入分配过于平均，0.2—0.3较为平均，0.3—0.4比较合理，0.4—0.5差距过大，大于0.5时差距悬殊。从图2–4可以看出，我国基尼系数总体呈波动下降态势。全国居民人均可支配收入基尼系数在2008年达到最高点0.491后，2009年至今呈现波动下降态势，2021年降至0.466，反映出收入差距仍然较大（见图2–4）。

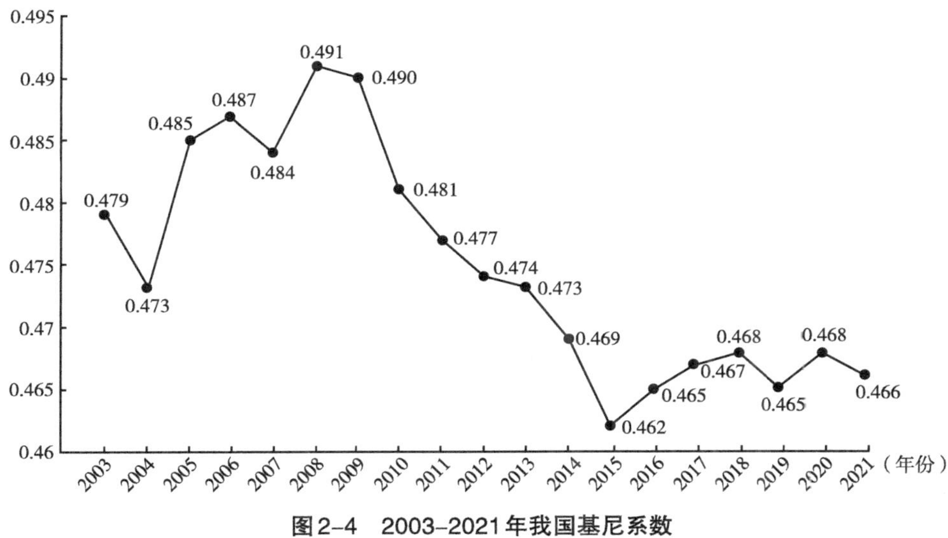

图2–4　2003–2021年我国基尼系数

资料来源：《中国统计年鉴》。

完善分配制度　扎实推动共同富裕

实现中国式现代化，应坚持以人民为中心的发展思想，在高质量发展中促进共同富裕，正确处理效率和公平的关系，构建初次分配、再分配、三次分配协调配套的基础性制度安排，加大税收、社保、转移支付等调节力度并提高精准性，扩大中等收入群体比重，增加低收入群体收入，合理调节高收入，取缔非法收入，形成中间大、两头小的橄榄型分配结构，促进社会公平正义。

初次分配领域，坚持多劳多得，着重保护劳动所得，增加劳动者特别是一线劳动者劳动报酬，提高劳动报酬在初次分配中的比重。健全劳动、资本、土地、知识、技术、管理、数据等生产要素由市场评价贡献、按贡献决定报酬的机制。再分配领域，健全以税收、社会保障、转移支付等为主要手段的再分配调节机制，强化税收调节，完善直接税制度并逐步提高其比重。完善相关制度和政策，合理调节城乡、区域、不同群体间分配关系。三次分配领域，重视发挥三次分配作用，发展慈善等社会公益事业。

第一，提高发展的平衡性、协调性、包容性。要增强区域发展的平衡性，实施区域重大战略和区域协调发展战略，健全转移支付制度，缩小区域人均财政支出差异，加大对欠发达地区的支持力度。要强化行业发展的协调性，加快垄断行业改革，推动金融、房地产同实体经济协调发展。要支持中小企业发展，构建大中小企业相互依存、相互促进的企业发展生态。

第二，着力扩大中等收入群体规模。要精准施策，推动更多低收入人群迈入中等收入行列。高校毕业生是有望进入中等收入群体的重要方面，要提高高等教育质量，做到学有专长、学有所用，帮助他们尽快适应社会发展需要。技术工人也是中等收入群体的重要组成部分，要加大技能人才培养力度，提高技术工人工资待遇，吸引更多高素质人才加入技术工人队伍。中小企业主和个体工商户是创业致富的重要群体，要改善营商环境，减轻税费负担，提供更多市场化的金融服务，帮助他们稳定经营、持续增收。进城农民工是中等收入群体的重要来源，要深化户籍制度改革，解决好农业转移人口随迁子女教育等问题，让他们安心进城，稳定就业。要适当提高公务员特别是基层一线公务员及国有企事业单位基层职工工资待遇。要增加城乡居民住房、农村土地、金融资产等各类财产性收入。

第三，促进基本公共服务均等化。低收入群体是促进共同富裕的重点帮扶保障人群。要加大普惠性人力资本投入，有效减轻困难家庭教育负担，提高低收入群众子女受教育水平。要完善养老和医疗保障体系，逐步缩小职工与居民、城市与农村的筹资和保障待遇差距，逐步提高城乡居民基本养老金水平。要完善兜底救助体系，加快缩小社会救助的城乡标准差异，逐步提高城乡最低生活保障水平，兜住基本生活底线。要完善住房供应和保障体系，坚持房子是用来住的、不是用来炒的定位，租购并举，因城施策，完善长租房政策，扩大保障性租赁住房供给，重点解决好新市民住房问题。

第四，加强对高收入的规范和调节。在依法保护合法收入的同时，要防止两极分化、消除分配不公。要合理调节过高收入，完善个人所得税制度，规范资本性所得管理。要积极稳妥推进房地产税立法和改革，做好试点工作。要加大消费环节税收调节力度，研究扩大消费税征收范围。要加强公益慈善事业规范管理，完善税收优惠政策，鼓励高收入人群和企业更多回报社会。要清理规范不合理收入，加大对垄断行业和国有企业的收入分配管理，整顿收入分配秩序，清理借改革之名变相增加高管收入等分配乱象。要坚决取缔非法收入，坚决遏制权钱交易，坚决打击内幕交易、操纵股市、财务造假、偷税漏税等获取非法收入行为。

第五，促进人民精神生活共同富裕。要强化社会主义核心价值观引领，加强爱国主义、集体主义、社会主义教育，发展公共文化事业，完善公共文化服务体系，不断满足人民群众多样化、多层次、多方面的精神文化需求。

第六，促进农民农村共同富裕。要巩固拓展脱贫攻坚成果，对易返贫致贫人口要加强监测、及早干预，对脱贫县要扶上马送一程，确保不发生规模性返贫和新的致贫。要全面推进乡村振兴，加快农业产业化，盘活农村资产，增加农民财产性收入，使更多农村居民勤劳致富。要加强农村基础设施和公共服务体系建设，改善农村人居环境。

资料来源：

1. 习近平：扎实推动共同富裕［EB/OL］. 新华网，2021-10-15. http：//www.news.cn/politics/leaders/2021-10/15/c_1127961225.htm.

2. 叶兵. 扎实推进全体人民共同富裕的着力点［N］. 中国社会科学报，2023-05-25（006）.

思考与讨论：

1. 如何认识我国的收入分配差距？

2. 如何更好地发挥财政的收入分配职能？

案例二：

美国政府“关门”

【案例导引】

美国政府关门是指由于美国国会未能批准预算拨款，美国政府没有钱花，政府机构因此被迫关闭。自美国国会预算程序于1976年正式执行以来，美国政府一共停摆过21次。最近的一次是在2018年12月到2019年1月特朗普执政时期，当时由于两党在边境墙修建上的分歧导致了35天的政府关门，也是美国历史上最长一次政府“关门”。2023财年结束之际，美国政府又陷入差点“停摆”的窘境。美国政府关门会对美国社会经济产生深刻的影响，美国政府关门表面上看是财政问题，实质上是美国两党政治的必然体现。

美国2023财年于9月30日结束，国会民主、共和两党此前一直围绕新财年联邦预算拨款法案争论不休。联邦政府因资金耗尽而“关门”的风险又在上升。如果两党不能在最后几天达成协议，美国联邦政府即将陷入历史上第22次“停摆”的窘境。届时，联邦政府会暂时关闭非核心部门。

“关门”危机暂时缓解　美两党争斗仍在继续

就在政府面临“关门”的最后一刻，美国国会批准了一项短期拨款法案，暂时避免了部分机构因资金问题“停摆”。这项法案的有效期只有45天，只为联邦政府提供支持其运转至11月17日的资金。但是，临时拨款法案不包括众议院共和党保守派此前要求的大幅削减联邦开支、加强边境管控的条款，也不包括民主党提出的对乌克兰的资金支持。两党之间的争斗仍在继续。

美国众议院议员、民主党人黛比·沃瑟曼·舒尔茨：政府没有“关门”是因为，民主党人是众议院里负责任的成年人，在这个过程中，我们一直都在那里，确保我们不会因为打破债务上限，使我们的经济陷入悬崖，确保我们不会因为政府“关门”导致经济崩溃。我们不会不负责任地削减开支。

美国前总统、共和党人特朗普：我们必须让政府继续维持运转，但我认为共和党人得到的很少。我认为他们原本可以达成更好的协议，我认为共和党原本可以得到更多。

除了民主、共和两党之间针锋相对外，共和党内部意见也不统一。共和党内强硬派将矛头指向了众议院议长、共和党人麦卡锡。众议院议员、共和党人安迪·比格斯10月1日在社交媒体上指责说：“今天凯文·麦卡锡没有站在自己的政党这边，而是和209名民主党人站在了一起。他应该继续担任众议院议长吗？”同一天，众议院议员、共和党人马特·盖兹公开表示，计划在未来一周内提出动议，寻求罢免麦卡锡的议长职位。

美分析人士：权宜之计未解决任何深层问题

尽管美国国会两党在最后时刻表决通过了短期拨款法案、避免了部分联邦政府机构陷入“停摆”的窘境，但有分析人士指出，这最后一分钟的权宜之计没有解决美国社会的任何深层面问题。

路透社10月1日报道说，过去一周美国国会两党围绕新财年联邦预算拨款法案的争斗，暴露了美国政坛功能失调的程度之深。

美国乔治·华盛顿大学政治学教授萨拉·宾德：国会现在面临的基本情况，首先就是党派分化加剧，大多时候都是按照党派立场行事。我不知道选民和美国民众对国会这种最后一刻才解决问题的行为，评价会有多高。我认为更大的问题仍然存在，比如医保、移民、气候变化。我认为对所有关心公共问题的人来说，在最后一分钟通过了用来保持政府运转的权宜之计，这没有解决任何问题。

美媒：议员为自身利益拿国家事务“要挟”

美国《华尔街日报》10月1日报道称，尽管美国国会通过批准短期拨款法案，暂时避免了联邦政府“停摆”，但该法案搁置的两党分歧接下来将变得更加突出。美国国会没有采取任何行动来解决围绕支出水平、对乌支持以及移民政策等方面的争斗，而仅是推迟解决问题。国会将在四十多天后短期拨款法案到期后再度面临窘境。

美国《华盛顿邮报》分析称，此次联邦政府面临“关门”威胁，体现了美国政治体制的功能失调。除了两党间的争斗外，这次众议院共和党内部也分歧严重，无法就党内目标达成一致。报道称，国会中的一些人士为了自身利益，拿国家事务来“要挟”，完全不顾及这会对国家造成的伤害。报道援引参议院2019年的报告指出，仅在经济方面，2013年以来的三次政府“停摆”就导致了约40亿美元的损失。

有美国媒体评论员表示，面对债务危机与财政拨款问题，美国两党没有人拿出真正的解决方案，反而在继续加剧债务问题。

《华盛顿邮报》评论员凯瑟琳·兰佩尔：我们已经有太多积压的无法负担的债务了，但我们又让情况变得更加糟糕，因为没有哪一个党派提出了真正意义上的解决方案来解决问题。事实上他们还恶化了现状，并且还在继续增加支出。

美国政府关门可能的经济影响

国金证券首席经济学家赵伟表示，政府短期关门对美国经济影响或将有限，但如果两党僵局持续较长时间，政府关门的影响将会凸显。一方面，被强制休假的联邦政府工作人员可能会减少支出，从而拖累消费增长；另一方面，政府也会暂时减少购买商品和服务。据美国旅游业协会估计，如果政府关门，旅游业每天可能损失约1.4亿美元。预计政府每停摆一周，美国季度GDP年化增长率就会下降0.2%。长达一个月的政府停摆则有可能暂时将10月的失业率推高至4%。

美联储主席鲍威尔在被问及可能影响美国经济的因素时，他把政府关门与汽车工人罢工、长期利率上升、油价冲击等一同列入其中。《华尔街日报》报道认为，美国经济现在面临着一系列可能引发更多动荡的危险。单一因素或许不会造成太大伤害，但这些因素叠加在一起可能更具破坏性，尤其是在经济面临高利率影响的情况下。

国际评级机构穆迪投资者服务公司表示，如果美国政府关门，美国信用评级可能受到负面影响。穆迪在一份声明中说："与许多获得'AAA'评级的国家相比，美国的财政决策不够稳健，政府再次关门将进一步证明这一弱点。"穆迪分析师威廉·福斯特表示，在利率上升令美国政府债务负担能力面临日益增大的压力之际，可能出现的政府停摆将进一步证明华盛顿的政治两极化正在削弱财政决策能力。"如果没有有效的财政应对措施来缓解这些压力，那么就有可能对信用状况产生越来越大的负面影响。如果这些压力得不到缓解，这可能会导致负面前景，甚至美国可能在某个时候被下调评级。"

如果美国政府最终停摆，也会对金融市场产生影响。渣打中国财富管理部首席投资策略师王昕杰分析称，今年美国发生了一系列风险事件，包括银行倒闭风波、债务上限危机、美国主权评级下调和美债发行增加，都会通过美债收益率的上升来反映"风险溢价"。此前惠誉下调了美国的信用评级，如今穆迪又警告美国政府停摆恐影响信用评级。可以肯定的是，如果未来风险升级，债券市场会受到冲击，美债收益率或将上升。

当地时间9月25日，10年期美债收益率上涨10.4个基点至4.539%，刷新2007年10月以来最高。30年期美债收益率涨逾13个基点至4.66%，创下2011年4月以来最高水平。

放眼未来，美国财政前景不容乐观。随着美债继续飙升，美联储过去一年多猛烈加息带来的高利率也推高了利息负担。彼得·彼得森基金会的数据显示，当前美国每天在债务利息上的支出近20亿美元，在未来十年内，联邦政府的利息支出将超过美国政府传统投入研发、基础设施、教育上的开支总和。

资料来源：

1. 美国政府"关门"危机暂时缓解，"有效期"45天［EB/OL］. 光明网，2023-10-03. https：//m.gmw.cn/2023-10/03/content_1303530572.htm.

2. 方彬楠，赵天舒. 财政预算难通过 美国政府又陷"关门"危机［N］. 北京商报，2023-09-28（008）.

3. 金宽. 美国政府"关门"与两党政治［N］. 中国科学报，2013-10-21（007）.

思考与讨论：

1. 收集历史上美国政府关门的资料，分析美国政府"关门"的原因。

2. 美国政府"关门"有哪些影响？

第三章

财政支出总论

<table>
<tr><td rowspan="3">课程思政具体设计</td><td>思政导航</td><td>如何理解公共提供、公共生产与公共定价？如何实现基本公共服务均等化？新冠疫情对我国财政支出产生了什么影响？如何优化我国的财政支出结构？如何提高财政支出绩效？</td></tr>
<tr><td>课程内容</td><td>第一节　财政支出基本理论
第二节　财政支出的规模与结构
第三节　财政支出绩效管理</td></tr>
<tr><td>课程思政案例</td><td>案例一　面向共同富裕的基本公共服务均等化
案例二　公共定价之居民阶梯电价</td></tr>
</table>

第一节　财政支出基本理论

一、财政支出的概念及分类

（一）财政支出的概念

财政支出是政府把筹集的财政资金用于社会生产和生活各个方面的分配活动，是政府配置社会资源的重要手段。

财政支出有广义和狭义之分，广义的财政支出是指各级政府所安排的全部资金，包括全口径财政预算的所有支出，即一般公共预算支出、政府性基金预算支出、国有资本经营预算支出和社会保险基金预算支出。狭义的财政支出仅指一般公共预算支出。

财政支出可以从静态和动态两个方面来理解。从静态来看，财政支出是指各级政府通过预算形式安排、支配的资金量，这个资金量是指一个预算年度终了时政府所累积支出的总量。从动态来看，财政支出是各级政府在一个预算年度内持续分配预算资金的活动过程。财政支出规模是否适度、财政支出结构安排合理与否，直接关系政府能否充分、有效地履行其职能。

（二）财政支出的分类

1.《政府收支分类科目》的财政支出分类。2007年我国进行了政府收支分类科目改革。新的《政府收支分类科目》的财政支出分类包括支出功能分类和支出经济分类。（1）支出功能分类。支出功能分类反映政府各项职能活动，设置类、款、项三级科目。《政府收支分类科目》支出功能分类的类级科目包括一般公共服务支出、外交支出、国防支出、公共安全支出、教育支出等30多类。（2）支出经济分类。支出经济分类反映各项支出的经济性质和具体用途，设类、款两级科目。支出经济分类根据政府预算和部门预算的特点和管理要求，分设政府预算经济分类和部门预算经济分类两套科目，两套经济分类之间保持一定的对应关系。

2.按经济性质分类。财政支出按经济性质分为购买性支出和转移性支出。购买性支出是政府购买商品和服务而发生的支出，包括政府消费支出和政府投资支出。转移性支出是政府资金无偿地、单方面地转移，包括社会保障支出、财政补贴支出等。从经济影响来看，购买性支出对社会生产和就业产生直接影响，转移性支出直接影响收入分配。

3.按行政级次分类。按行政级次分，财政支出可分为中央财政支出和地方财政支出。省级及省级以下的财政支出统称为地方财政支出。

二、公共产品的提供、生产和定价

（一）公共产品的提供方式

1.纯公共产品的提供方式。公共产品的非竞争性和非排他性决定了竞争性的市场机制不适于提供纯公共产品。从公共产品提供的角度看，非竞争性意味着如果按边际成本定价，私人部门无法得到期望的最大利润，私人投资者不愿提供公共产品。从公共产品消费的角度看，非排他性容易导致免费搭车现象，消费者不愿花钱去购买公共产品，只想免费搭车从中受益。

政府的性质和运行机制决定了它可以解决市场提供公共产品存在的难题。政府是一个公共权力机构，政府拥有向社会成员征税的权力，税收是保证纯公共产品供给成本得到补偿的最好途径。如图3-1所示，价格P即为全社会为公共产品支付的价格——税收。

2.准公共产品的提供方式。准公共产品兼备公共产品和私人产品的性质，可以采取公共提供方式或市场提供方式，也可以采取混合提供方式。

对于具有非竞争性又具有排他性的准公共产品，以公路为例，公路成本可以通过两种方式弥补：一是通过征税弥补，免费使用，这是公共提供方式；二是通过以过往车辆收费弥补，这是市场提供方式。

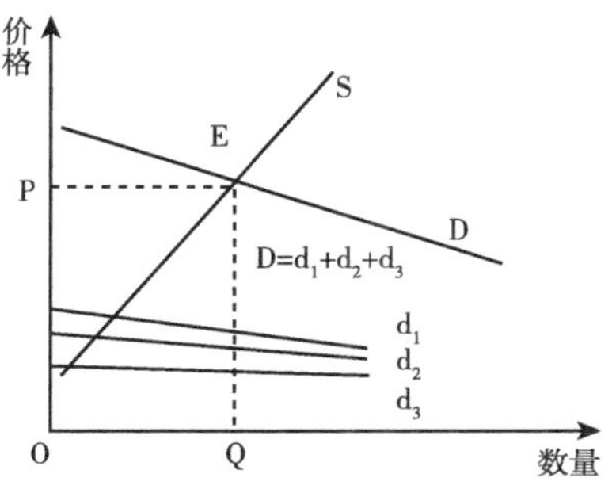

图3-1　公共产品的市场均衡

对于具有外部效应的准公共产品，一般采取混合提供的方式。外部效应越大，政府提供的比例越高。如教育，一部分由政府提供，另一部分向学生收取学费。当采取收费方式时，政府所要关心的问题是合理制定收费标准。

（二）公共生产

公共产品可以由政府直接组织生产，即公共生产，也可以由私人生产，政府来购买。公共生产是指由政府出资兴办所有权归政府所有的工商企业和单位。

国有经济对经济发展起主导作用，应加快国有经济布局优化和结构调整。国有资本投资运营要服务于国家战略目标，更多投向关系国家安全、国民经济命脉的重要行业和关键领域，重点提供公共服务、发展重要前瞻性战略性产业、保护生态环境、支持科技进步、保障国家安全。

（三）公共定价

公共定价是指政府相关管理部门通过一定程序和规则制定提供公共物品的价格和收费标准，即公共物品价格和收费标准的确定。根据《中华人民共和国价格法》，下列商品和服务价格，政府在必要时可以实行政府指导价或者政府定价：与国民经济发展和人民生活关系重大的极少数商品价格；资源稀缺的少数商品价格；自然垄断经营的商品价格；重要的公用事业价格；重要的公益性服务价格。

公共定价方法包括平均成本定价法、二部定价法、负荷定价法等。

1.平均成本定价法。平均成本定价法是指在保持公共物品的企业和事业对外收支平衡的情况下，采取尽可能使经济福利最大化的定价方式。在成本递减行业，公共定价一般采取按高于边际成本定价的平均成本定价法，如图3-2所示。

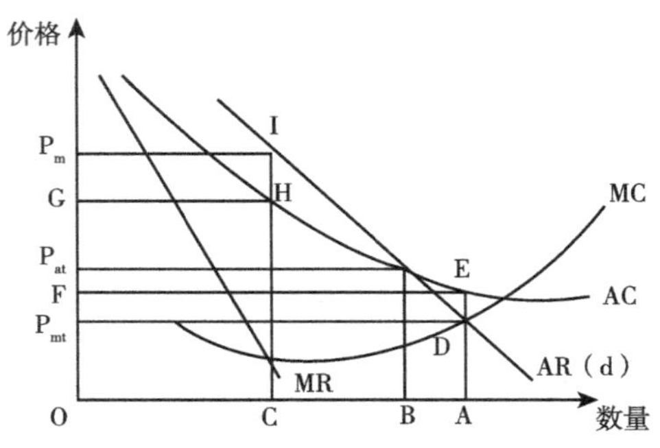

图3-2 自然垄断行业的公共定价

2.二部定价法。二部定价法是由两种要素构成的定价体系：一是与使用量无关的按月或按年支付的“基本费”；二是按使用量支付的“从量费”。二部定价法的“基本费”是不管使用量多少而收取的固定费，有助于企业财务的稳定。

3.负荷定价法。负荷定价法是指按不同时间段或不同时期的需要制定不同的价格。在电力、煤气等行业，按需求高峰时段和非高峰时段，有系统地制定不同的价格，以平衡需求状况。

三、财政支出的原则

（一）效率原则

1.财政支出的配置效率。财政支出的配置效率是指政府与市场在资源配置上的组合，即确定财政支出占GDP的比重。确定财政支出的规模是一个公共选择过程，需要规范政府和市场的关系以及提供公共产品的政治决策程序，通过改进政治决策来优化公共产品的配置效率。

2.财政支出的预算效率。财政支出是通过预算来安排的。财政支出的预算效率包括预算编制效率和预算执行效率。严格执行预算法及其实施条例，一方面，要优化政府预算的编制方法，编制科学合理的预算；另一方面，要硬化预算约束，先有预算后有支出，严格按预算执行，强化预算执行监督。

3.财政支出的决策效率。财政支出的决策效率是指政府在进行支出特别是项目决策时，通过成本—收益分析等方法进行公共支出决策，提高财政支出的使用效益。成本—收益分析法最早产生于美国《1936年防洪法案》，目前在许多国家的政府及世界银行等国际组织得到广泛应用。通过对项目的总成本与总收益进行对比分析，选择最优的支出方案。

4.财政支出的制度效率。政府在支出的执行过程中，要有效地使用财政资金，需要有相应的制度保障。一方面，完善政府采购制度是提高预算资金使用效率的重要方式。建立规范化、程序化的政府采购法律制度和规则，提高政府采购的性价比。另一方面，要强化预算绩效管理，完善财政支出绩效评价机制。更加注重结果导向、强调成本效益、硬化责任约束，做到花钱要问效、无效要问责。

（二）公平原则

1.基本公共服务均等化。享有基本公共服务是公民的基本权利，保障人人享有基本公共服务是政府的重要职责。基本公共服务均等化是指全体公民都能公平可及地获得大致均等的基本公共服务，其核心是促进机会均等，重点是保障人民群众得到基本公共服务的机会，而不是简单的平均化。

基本公共服务是保障全体人民生存和发展基本需要、与经济社会发展水平相适应的公共服务，由政府承担保障供给数量和质量的主要责任，引导市场主体和公益性社会机构补充供给。《“十三五”推进基本公共服务均等化规划》从供给侧和需求侧两端建立了国家基本公共服务制度框架（见图3–3）。

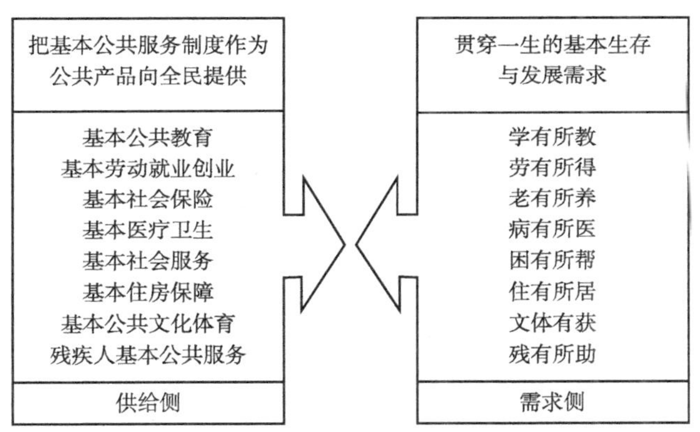

图3–3　国家基本公共服务制度框架

2023年7月，国家发展和改革委员会等部门印发了《国家基本公共服务标准（2023年版）》，明确了国家向全民提供基本公共服务的底线范围，为政府履行职责和公民享有相应权利提供了依据。内容涵盖幼有所育、学有所教、劳有所得、病有所医、老有所养、住有所居、弱有所扶、优军服务保障、文体服务保障等领域的公共服务。

2022年1月发布的《“十四五”公共服务规划》指出，我国城乡区域基本公共服务均等化水平不断提高。基本公共服务资源持续向基层、农村、边远地区和困难群众倾斜，城乡区域人群间基本公共服务差距不断缩小。中西部地区公共服务设施条件明显改善，部分指标逐步追平东部地区。城乡之间制度性差异明显减少，基本公共服务逐步覆盖全部城镇常住人口，农村基本公共服务供给持续改善。

但我国公共服务发展不平衡不充分的问题仍然比较突出。基本公共服务还存在规模不足、质量不高、发展不平衡等短板，区域间、城乡间、人群间的基本公共服务仍有差距，均等化水平尚待进一步提高。突出表现在：城乡区域间资源配置不均衡，硬件软件不协调，服务水平差异较大；基层设施不足和利用不够并存，人才短缺严重；一些服务项目存在覆盖盲区，尚未有效惠及全部流动人口和困难群体；体制机制创新滞后，社会力量参与不足。

2.缩小收入分配差距。通过社会保障、财政补贴、税收支出、转移支付等支出方面的制度安排，缩小城乡区域发展差距和居民生活水平差距。

第二节　财政支出的规模与结构

一、财政支出规模分析

（一）财政支出规模的衡量指标

财政支出规模可以用绝对指标和相对指标来表示，绝对指标是指某一财政年度的财政支出总额，相对指标是财政支出占GDP的比重。由这两个基本指标又可以衍生出反映财政支出增长变化的三个指标。

1.财政支出增长率。财政支出增长率表示当年财政支出总额比上年同期财政支出总额增长的百分比，用ΔG（%）表示。其计算公式为：

$$\Delta G(\%)=\frac{\Delta G}{G_{n-1}}=\frac{G_n-G_{n-1}}{G_{n-1}}$$

其中，ΔG为当年财政支出总额比上年同期财政支出总额的增减额，G_n为当年财政支出总额，G_{n-1}为上年财政支出总额。

2.财政支出增长弹性系数。财政支出增长弹性系数是财政支出增长率与国内生产总值增长率之比，以E_g表示。弹性系数大于1，表明财政支出增长速度快于国内生产总值增长速度。其计算公式为：

$$E_g=\frac{\Delta G(\%)}{\Delta GDP(\%)}$$

3.财政支出增长边际倾向。财政支出增长边际倾向是财政支出增长额与国内生产总值增长额之比，以MGP表示。表明国内生产总值每增加一个单位的同时财政支出增加多少。其计算公式为：

$$MGP=\frac{\Delta G}{\Delta GDP}$$

（二）财政支出规模变化趋势

无论从发达国家还是发展中国家来看，财政支出规模总体上都呈现出一定的上涨趋势。我国财政支出占GDP的比重自改革开放以来经历了一个从逐渐降低到逐渐升高的翻转趋势，这主要是由于改革开放初期计划经济条件下，在财政管理上政府集中度较高，随着改革开放和市场经济体制改革的深入，政府集中度逐渐下降。

国际经验表明，一般发达国家财政支出的规模要高于发展中国家财政支出的规模。

（三）财政支出规模变化的理论解释

1.瓦格纳法则。19世纪德国经济学家瓦格纳提出了财政支出扩张论，后人将其称为“瓦格纳法则”。瓦格纳法则可以表述为：随着人均收入的提高，财政支出占GDP的比重也相应提高。

瓦格纳认为工业化是财政支出规模上升的基本原因，并从政治因素和经济因素做了进一步分析。

2.梯度渐进增长理论。20世纪60年代，英国经济学家皮科克和威斯曼根据他们对1890—1955年英国的公共部门成长情况的研究，提出了导致财政支出增长的内在因素与外在因素，并认为外在因素是说明财政支出增长速度超过GDP增长速度的主要原因。

财政支出的内在因素是指公民可以忍受的税收水平的提高。随着经济的发展和人均收入水平的提高，即使税率保持不变，税收收入也会随之增加，财政支出便与经济总量同步增长。财政支出增长的外在因素，是指社会动荡对财政支出造成压力。外在因素对财政支出的影响具体表现为置换效应、审视效应和集中效应。

3.经济发展阶段论。马斯格雷夫和罗斯托用经济发展阶段论解释财政支出增长的原因。在经济发展的早期阶段，由于公共产品尤其是经济发展所必需的社会基础设施供给不足，政府公共投资往往在社会总投资中占较高比重。当经济社会发展进入中期阶段后，政府公共投资的比重可能降低，但政府对经济干预范围的扩大和干预力度的加大会导致财政支出的增长。在成熟阶段，公共财政支出转向以教育、保健和社会福利为主的支出结构，购买性支出相对下降，转移性支出相对上升，导致财政支出规模扩大。

4.非平衡增长理论。美国经济学家鲍莫尔认为，政府财政支出增长也可以从私人部门与公共部门平均劳动生产率的增长差别（非平衡增长）的角度得到解释。公共部门生产率较低，为维持两个部门平衡增长，必须不断增加政府部门的开支，财政支出不断增长。

以上理论从不同视角分析了财政支出增长的原因，但探究财政支出的原因，应运用马克思主义的唯物辩证法，用全面的、发展的眼光来分析，充分考虑一国国情，综合考虑经济发展的不同阶段、政府职能的变化、政府部门的效率以及偶然因素的影响等，才能找到影响一国财政支出增长的真正原因，从而评判其财政支出增长规模是否合理。

二、财政支出结构分析

（一）财政支出结构类型

财政支出结构分析建立在财政支出分类之上，其实质是财政支出的分类组合和配置比例，目标是确定科学、合理和优化的财政支出结构。

收集世界主要国家的财政支出的数据，运用横向比较与纵向比较相结合的方法，对比分析世界各国财政支出的结构及动态变化趋势，探寻各国财政支出结构变化的原因，为调整优化我国财政支出结构提供依据。

（二）调整优化我国财政支出结构

目前我国经济事务支出仍然较大，一般公共服务支出仍有压缩空间，教育、医疗卫生、社会保障等民生支出不足。因此，应围绕推动高质量发展，持续优化财政支出结构。

1.严格控制一般性支出，强化“三公”经费预算管理。

2.发挥政府投资对全社会投资的引导带动作用，加强交通、能源、水利、农业、信息等基础设施建设，鼓励和吸引更多民间资本参与。

3.加大对经济社会发展薄弱环节和关键领域的投入，积极支持科技攻关、乡村振兴、区域重大战略、教育、基本民生、绿色发展等重点领域。

第三节　财政支出绩效管理

党的十九大报告提出，要建立全面规范透明、标准科学、约束有力的预算制度，全面实施绩效管理。2018年9月，中共中央、国务院发布了《关于全面实施预算绩效管理的意见》。2020年2月，财政部在《财政支出绩效评价管理暂行办法》的基础上，修订形成了《项目支出绩效评价管理办法》，为加强财政支出绩效管理提供了依据。

一、财政支出绩效管理的重点

财政支出绩效管理重点关注预算资金配置效率、使用效益，特别是重大政策和项目实施效果，其中转移支付预算绩效管理要符合财政事权和支出责任划分规定，重点关注促进地区间财力协调和区域均衡发展。同时，积极开展涉及财政资金的政府投资基金、主权财富基金、政府和社会资本合作（PPP）、政府采购、政府购买服务、政府债务项目绩效管理。

二、项目支出绩效的评价方法

项目支出绩效评价是指财政部门、预算部门和单位，依据设定的绩效目标，对项目支出的经济性、效率性、效益性和公平性进行客观、公正的测量、分析和评判。

（一）绩效评价的对象

绩效评价分为单位自评、部门评价和财政评价三种方式。单位自评的对象包括纳入政府预算管理的所有项目支出。部门评价对象应根据工作需要，优先选择部门履职的重大改革发展项目，随机选择一般性项目。原则上应以5年为周期，实现部门评价重点项目全覆盖。财政评价对象应根据工作需要，优先选择贯彻落实党中央、国务院重大方针政策和决策部署的项目，覆盖面广、影响力大、社会关注度高、实施期长的项目。对重点项目应周期性组织开展绩效评价。

（二）绩效评价指标

单位自评指标是指预算批复时确定的绩效指标，包括项目的产出数量、质量、时效、成本，以及经济效益、社会效益、生态效益、可持续影响、服务对象满意度等。原则上预算执行率和一级指标权重统一设置为：预算执行率10%、产出指标50%、效益指标30%、服务对象满意度指标10%。

财政和部门绩效评价指标应全面反映项目决策、项目和资金管理、产出和效益。财政和部门评价指标的权重根据各项指标在评价体系中的重要程度确定，应当突出结果导向，原则上产出、效益指标权重不低于60%。同一评价对象处于不同实施阶段时，指标权重应体现差异性，其中，实施期间的评价更加注重决策、过程和产出，实施期结束后的评价更加注重产出和效益。

评价指标体系可参考《项目支出绩效评价管理办法》附件中的《项目支出绩效自评表》和《项目支出绩效评价指标体系框架》。

（三）绩效评价标准和方法

绩效评价标准通常包括计划标准、行业标准、历史标准等，用于对绩效指标完成情况进行比较。

单位自评采用定量与定性评价相结合的比较法，总分由各项指标得分汇总形成。财政和部门评价的方法主要包括成本效益分析法、比较法、因素分析法、最低成本法、公众评判法、标杆管理法等。根据评价对象的具体情况，可采用一种或多种方法。

三、财政支出绩效评价的结果应用

财政支出绩效评价结果应与预算安排、政策调整、改进管理实质性挂钩，体现奖优罚劣和激励相容导向，有效要安排、低效要压减、无效要问责。

各部门应按要求将部门评价结果报送本级财政部门，评价结果作为本部门安排预算、完善政策和改进管理的重要依据；财政评价结果作为安排政府预算、完善政策和改进管理的重要依据。对使用财政资金严重低效无效并造成重大损失的责任人，要按照相关规定追责问责。

四、我国财政支出绩效管理的实施情况和完善措施

自主学习任务：通过深入调研，了解我国财政支出绩效管理的实施情况，分析当前财政支出绩效管理取得的成效和存在的问题，进而提出完善措施。

案例一：

面向共同富裕的基本公共服务均等化

【案例导引】

2021年8月17日，习近平总书记在中央财经委员会第十次会议上围绕“扎实推动共同富裕”作了系统阐述，并把“促进基本公共服务均等化”作为六条实现路径之一。2023年8月，国家发展与改革委员会等部门联合印发了《国家基本公共服务标准（2023年版）》，涵盖幼有所育、学有所教、劳有所得、病有所医、老有所养、住有所居、弱有所扶、优军服务保障及文体服务保障等九大领域。近年来，我国城乡区域基本公共服务均等化水平不断提高，但公共服务发展不平衡不充分的问题仍然比较突出。推动基本公共服务均等化、保障全体公民生存和发展的基本需要是我国财政支出安排的重要目标。

党的十九大报告指出，要履行好政府再分配调节职能，加快推进基本公共服务均等化，缩小收入分配差距。2021年8月17日，习近平总书记在中央财经委员会第十次会议上围绕“扎实推动共同富裕”作了系统阐述，并把“促进基本公共服务均等化”作为六条路径之一。这意味着，进入新发展时期，健全基本公共服务体系、推动基本公共服务均等化将被赋予“共同富裕”这一鲜明的时代特色。与实现共同富裕的要求相比，当前基本公共服务体系建设还存在诸多短板和差距。未来一个时期，仍需大力缩小城乡间、地区间、群体间享受的基本公共服务水平和质量的差距。

一、基本公共服务均等化与推动共同富裕的关系

根据中共中央、国务院印发的《关于支持浙江高质量发展建设共同富裕示范区的意见》，推动共同富裕的任务包括高质量发展、收入分配制度改革、公共服务优质共享、精神生活富裕、社会治理创新等。因此，推动基本公共服务均等化本身就是促进共同富裕的重要议程，而且促进基本公共服务均等化与共同富裕的其他议程也有着密切联系。

（一）兜底性基本公共服务对巩固脱贫攻坚成果有重要保障作用

共同富裕首先要富裕，这既有做大经济规模的含义，也有实现各群体增收能力提升的含义。对社会成员个体来说，在收入提高的过程中仍会遇到陷入贫困的风险。而保障困难群体、弱势群体的生存权益，推动困难群体摆脱贫困，是基本公共服务体系的重要内容。在消除绝对贫困后，相对贫困问题凸显出来。通过基本公共服务体系的建设，特别是强化“弱有所扶”相关服务，切实兜住兜牢基本民生保障底线，才能使共同富裕有更加坚实的基础。

（二）基本公共服务供给推动高质量发展

虽然建立基本公共服务体系主要是为了推动社会公平，使全体人民更多分享发展成果，但发展与共享始终是相辅相成的关系，通过基本公共服务的共享可以促进经济增长。首先，基本公共服务诸多项目能够提供稳定的安全预期，从而有助于刺激消费。其次，发展型的基本公共服务有助于人力资本积累，人力资本数量和质量提升促进创新驱动发展，进而推动经济增长。最后，基本公共服务的供给不完全由政府包办，推动政府和社会资本在公共服务领域的合作有助于培育经济增长新动力。

（三）基本公共服务促成更加合理的收入分配格局

面对收入差距过大的问题，需要构建初次分配、再分配、三次分配协调配套的基础性制度安排。事实上，基本公共服务在再分配、三次分配调节收入差距方面都能发挥作用，推动基本公共服务均等化对改善分配格局具有重要意义。

从再分配看，税收、社会保障、财政转移支付是主要实现形式，而社会保障是基本公共服务体系的重要构成，从三次分配看，慈善捐赠和志愿服务已然成为第三次分配的重要实现形式，推动慈善力量和志愿服务参与基本公共服务提供，有利于基本公共服务多元供给机制的形成。

（四）基本公共服务促进精神生活富裕

共同富裕是“全面富裕”，不只是生活的富裕富足，也包括精神的自信自强。高质量的基本公共服务供给，除了能够提供基本的生活物质保障，还能在推动全体人民精神生活富裕方面发挥积极作用。首先，从满足发展型需求出发，基本公共服务体系设置了公共文化体育服务项目，有效减轻了人民群众享有文化和体育服务成本，丰富了精神生活。其次，诸多基本公共服务厚植的价值理念有助于引领精神生活富裕。社会救助倡导的“扶危济困”理念、社会保险倡导的“公平共享”理念、残疾人服务倡导的“平等参与共享”理念等，丰富了传统文化中的民生观。最后，基本公共服务需求的满足推动物质富裕，进而有利于精神富裕。

图3-4示意了基本公共服务均等化与扎实推动共同富裕的关系。可以看出，基本公共服务所涉及的八个领域对推动共同富裕都有着重要作用，而通过高质量的发展又将为健全基本公共服务体系提供坚实物质基础。从这个意义看，国家基本公共服务制度将是实现共同富裕的基础性制度安排。

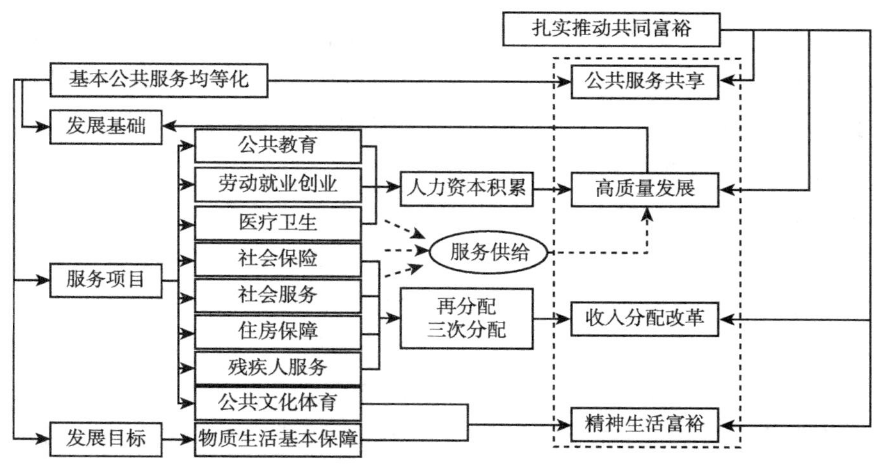

图3-4　基本公共服务均等化与推动共同富裕的关系示意

二、推动基本公共服务均等化的路径选择

（一）动态满足群众基本公共服务需要

基本公共服务是保障全体人民生存和发展基本需要、与经济社会发展水平

相适应的公共服务，人民群众对基本公共服务需求是动态变化的，出台完善基本公共服务体系的相关政策措施，都要将出发点和落脚点定位在基本公共服务对象基本需求回应上。如面向国家调整生育政策的背景，加快推进普惠型儿童福利体系建设；面向积极应对人口老龄化国家战略，建立面向全体老年人的基本养老服务制度等。另外，基本公共服务与非基本公共服务的边界也是动态变化的，随着生活水平的提升，兼顾经济发展和财力水平，可适时扩大基本公共服务范围，提升基本公共服务保障标准。

（二）扩大并优化配置各类资源

基本公共服务在城乡、区域和群体间有所差距，既有历史的原因，也有体制机制的问题。虽然这些年在基本公共服务领域增加了不少投入，但部分投入在城乡间、区域间和群体间是不均衡的，还有部分领域的投入是不充分的。因此，要在继续扩大资源总量的同时，注重资源的优化配置和体制机制的完善。基本公共服务的有效供给还需要有坚实的人、财、物等各类保障性资源。要努力把人、财、物更多引向落后地区和基层，加大各种资源对基层的倾斜力度，通过提升地区间财力均等化水平推动基本公共服务均等化。

（三）持续推动基本公共服务供给方式创新

把基本公共服务制度作为公共产品向全民提供，不等于基本公共服务全部由政府出资。实践证明，在部分服务领域引入社会资本，提升了基本公共服务的供给效率。因此，未来应该在确保政府投入的基础上充分发挥市场机制的作用，持续推动基本公共服务供给方式创新。要努力扩大基本公共服务面向社会资本开放的领域，拓宽基本公共服务资金保障渠道。例如，针对“一老一小”问题，在养老服务、义务教育托管服务、婴幼儿照料服务等领域，可以采取直接补需方的方式，增强居民享受服务的选择权和灵活性，并引入市场机制，通过购买服务提供普惠性照护服务。

（四）降低基本公共服务享有的户籍关联度

许多基本公共服务享有以当地户籍身份为条件，制约了流动人口实际生活水平的提高。近年来，诸多地区在兼顾当地财力的基础上逐步降低享有基本公共服务户籍关联度，推动基本公共服务向常住人口覆盖。如部分地区实行外来人口凭居住积分享受公共服务的模式，在公共资源相对紧缺的领域实行积分与公共服务挂钩，阶梯式享受基本公共教育、基本医疗卫生、就业扶持、住房保障、社会福利、社会救助、公共文化等方面的服务。通过完善配套政策措施，努力提升外来常住人口享有各类基本公共服务的可及性。

（五）发挥法治和数字化改革引领作用

法治引领和技术标准规范对推动基本公共服务均等化有重要作用。从国家层面看，支撑基本公共服务体系建设的标准化、信息化工作持续加强。要在现有技术规范和标准基础上，加快基本公共服务各领域法规建设，提高基本公共服务法治建设公众参与度。除了法治和技术标准，还需要发挥数字化改革的引领作用。积极利用互联网、大数据、云计算、人工智能等技术，推动教育、就业、社会保障、医疗卫生、公共文化等领域服务的智能化，加大各部门信息资源整合力度，加强统计数据资料综合分析和运用（如推动建立社会保险精算制度等），为完善基本公共服务均等化量化评价、更好为决策服务提供支撑和保障。

资料来源：

1.李实，杨一心.面向共同富裕的基本公共服务均等化：行动逻辑与路径选择［J］.中国工业经济，2022（2）：27–41.

2.《国家基本公共服务标准（2023年版）》［EB/OL］.中国政府网，2023–08–10. https：//www.gov.cn/zhengce/zhengceku/202308/content_6897591.htm.

3.《"十四五"公共服务规划》［EB/OL］.中国政府网，2022–01–10. https：//www.gov.cn/zhengce/zhengceku/2022–01/10/content_5667482.htm.

4.《"十三五"推进基本公共服务均等化规划》［EB/OL］.中国政府网，2017–03–01. https：//www.gov.cn/fuwu/cjr/2017–03/01/content_5219308.htm.

思考与讨论：

1.根据《国家基本公共服务标准（2023年版）》，基本公共服务涵盖哪些具体服务？

2.阐述基本公共服务均等化与推动共同富裕的关系。

3.如何对基本公共服务均等化进行测度？

4.如何推动基本公共服务均等化的实现？

案例二：

公共定价之居民阶梯电价

【案例导引】

居民电价是重要的民生问题。《中华人民共和国价格法》规定，重要的公用事业价格等商品和服务价格，政府在必要时可以实行政府指导价或者政府定价。

居民用电属于公共定价的范畴，我国自2012年起在全国范围内正式实施居民阶梯电价，在此基础上，全国多个省市又出台了居民分时电价政策。有全国人大代表在两会期间提出，经过10多年的运行，"现行政策已经不适应城乡居民需求，应当取消或是优化完善"。我国当前的居民阶梯电价政策存在哪些问题？如何在保障居民基本用电需要的基础上优化居民阶梯电价？

所谓居民阶梯电价，是指将居民电价按照用户消费的电量分段定价，用电价格随用电量增加呈阶梯状逐级递增的一种电价定价机制。该政策自2012年起在全国范围内正式实施，目的是一方面充分发挥价格杠杆的作用，引导用户特别是用电量多的居民用户调整用电行为，促进合理、节约用电；另一方面，兼顾不同居民承受能力，建立有利于节能减排、减少电价交叉补贴、促进公平负担的电价体系。

山东省居民阶梯电价

根据《关于居民阶梯电价制度有关事项的通知（鲁发改价格〔2019〕509号）》，山东省居民用户每月用电量划分为三档，电价实行分档递增。第一档：电量每户每月210度及以下，电价不变，执行每度0.5469元；第二档：电量每户每月210–400度，在第一档电价基础上，每度加价0.05元；第三档：电量每户每月400度以上，在第一档电价基础上，每度加价0.3元。对全省城乡"低保户"和农村"五保户"等困难群体设置每户每月15度免费用电基数。

根据《关于完善居民分时电价政策的通知（鲁发改价格〔2022〕158号）》，山东省实行居民分时电价政策。（1）居民家庭实行分时电价政策，时段划分：峰段8：00至22：00，谷段22：00至次日8：00；其中采暖期峰段8：00至20：00，谷段20：00至次日8：00。电价标准：在现行阶梯电价标准基础上，峰段电价每千瓦时提高0.03元；谷段电价降低0.17元。即第一档峰段电价为0.5769元、谷段电价为0.3769元，第二、第三档峰段、谷段电价分别在第一档峰、谷电价基础上加价0.05元、0.3元；其中采暖期谷段电价由降低0.17元调整至降低0.2元。即第一档峰段电价为0.5769元、谷段电价为0.3469元，第二、第三档峰段、谷段电价加价标准不变。（2）居民电动汽车充电桩分时电价政策，时段划分：峰段8：00至22：00，谷段22：00至次日8：00。电价标准。在现行电价标准（每千瓦时0.555元）基础上，峰段电价每千瓦时提高0.17元；谷段电价降低0.17元。即峰段电价0.725元，谷段电价0.385元。

根据《关于进一步完善居民电动汽车充电桩分时电价政策的通知（鲁发改价格〔2023〕594号）》，时段划分：2023年居民电动汽车充电桩峰谷时段由省发展改革委制定。自2024年1月1日起，除低谷时段23：00—7：00外，授权国网山东省电力公司根据山东电网电力供需状况、系统用电负荷特性、新能源装机占比、系统调节能力等因素确定其他峰谷各时段。电价标准：在现行电价标准（每千瓦时0.555元）基础上，深谷时段每千瓦时降低0.333元，低谷时段降低0.17元，高峰时段提高0.03元，尖峰时段提高0.333元。即深谷时段电价为每千瓦时0.222元、低谷时段为0.385元、平时段为0.555元、高峰时段为0.585元、尖峰时段为0.888元。自2023年9月1日起执行。

完善居民阶梯电价制度

2021年5月，国家发改委发布的《关于“十四五”时期深化价格机制改革行动方案的通知》提出，“十四五”时期将持续深化电价改革，加快理顺输配电价结构，完善居民阶梯电价制度。6月24日，国家发改委在回复一位网民提问时表示，长期以来，我国试行较低的居民用电价格，居民电价较大幅度低于供电成本，是因为工商用户承担了相应的交叉补贴。

全国人大代表宁雅秋在2022年两会期间提出，经过近10年的运行，阶梯电价政策已经完成了培养居民节约用电习惯的历史使命，同时严重不适应当前城乡居民用电需求，影响城乡居民幸福感获得感。“建议取消或优化完善现行阶梯电价政策，把自由用电的权利交还给城乡居民，满足城乡居民日益增长的用电需求。”通常情况下，用户用电越多，单位电价就越便宜。但现行阶梯电价政策之下，电用得越多，掏得钱越多，“与国家鼓励使用清洁能源的政策相悖。”“不仅如此，现行阶梯电价政策存在严重的地域不平衡性，经济越落后的地区，用电基数越低。且现行阶梯电价政策也并未随着群众用电量增加而调整用电基数。”

但有受访电力行业专家直言，取消阶梯电价会加剧交叉补贴，也不利于节能降耗。“政策不该取消，而是应当谨慎完善。”“长期以来，我国居民用电价格明显低于工商业企业用电价格。”2020年，国际上主要国家居民与工业用电价格之比为1.5左右，而我国仅为0.85，两类用户价格“倒挂”，存在明显的电价交叉补贴。

居民阶梯电价政策的最初逻辑是，第一阶梯享受交叉补贴，第二阶梯基本按用电成本确定价格，第三阶梯承担部分交叉补贴，将部分由工商业承担的居民交叉补贴，转变为由第三阶梯用户承担，不仅减轻了工商业用电成本，还在居民内部实现了“财富再分配”，这与国家推进“共同富裕”的目标相一致。

然而即便如此，相关数据显示，目前我国工商业每年补贴居民农业用电的金额达到近3000亿元。如此巨额的交叉补贴，一方面，制约了电力的商品属性还原，阻碍了电力市场化发展；另一方面，工商业用户会将较高的用电成本转移到终端产品价格中，最终仍由用户买单，同时削弱了我国工商业产品的国际竞争力。

随着人民财富日益增长，居民对用电价格变化越来越不敏感。优化阶梯电价具备现实条件。若要优化居民阶梯电价，一定要建立在保障居民基本用电需要的基础上。

资料来源：

1. 关于居民阶梯电价制度有关事项的通知（鲁发改价格〔2019〕509号）[EB/OL]. 山东省发改委网站，2019-05-31.http：//fgw.shandong.gov.cn/art/2019/5/31/art_91687_7368268.html.

2. 关于完善居民分时电价政策的通知（鲁发改价格〔2022〕158号）[EB/OL]. 山东省发改委网站，2022-03-04.http：//fgw.shandong.gov.cn/art/2022/3/4/art_91687_10343992.html.

3. 关于进一步完善居民电动汽车充电桩分时电价政策的通知（鲁发改价格〔2023〕594号）[EB/OL]. 山东省发改委网站，2023-07-31.http：//fgw.shandong.gov.cn/art/2023/7/31/art_91082_10408633.html.

4. 张胜杰，杨晓冉. 居民阶梯电价过时了吗[N]. 中国能源报，2022-03-21（012）.

5. 马晨晨. 今夏多地用电负荷破纪录 电价改革方向引热议[N]. 第一财经日报，2021-07-15（A06）.

思考与讨论：

1. 我国公共定价的适用范围。
2. 我国居民电价采用的是什么定价方法？有什么意义？
3. 如何完善居民阶梯电价制度？

第四章

政府消费支出

<table>
<tr><td rowspan="3">课程思政具体设计</td><td>思政导航</td><td>如何理解用政府“紧日子”换来百姓“好日子”？如何破解“黄油”与“大炮”的矛盾？政府为什么介入教科文卫支出？如何发展公平而有质量的教育？财政如何支持科技创新？</td></tr>
<tr><td>课程内容</td><td>第一节　行政管理支出
第二节　国防支出
第三节　教科文卫支出</td></tr>
<tr><td>课程思政案例</td><td>案例一　花钱更问效——102家中央部门公开2022年度部门决算
案例二　4%：这个数字，守望教育公平与质量</td></tr>
</table>

第一节　行政管理支出

一、行政管理支出的性质与内容

（一）行政管理支出的性质

行政管理支出是政府为履行社会管理职能所安排的开支，是财政用于国家各级权力机关、行政管理机关和外事机构行使其职能所需的费用。

行政管理支出具有公共性和非生产性：一方面，政府的行政管理属于典型的公共产品，具有较强的非竞争性和非排他性。另一方面，从直接生产与消费社会财富的角度看，行政管理支出属于非生产性的社会消费性支出。

（二）行政管理支出的内容和分类

1.按支出功能分，包括一般公共服务支出、公共安全支出、外交支出。按2007年后新的支出功能分类，主要包括现行《政府收支分类科目》中的三类科目：一是一般公共服务，包括人大、政协、党派团体、政府各部门等；二是公共安全，包括武装警察、公安、检察、司法等；三是外交，包括外交管理事务、驻外机构、对外援助、对外合作交流等。

2.按费用要素分，分为人员经费和公用经费。人员经费主要包括基本工资、津贴补贴、奖金、伙食补助费、绩效工资、机关事业单位基本养老保险缴费、职业年金缴费、职工基本医疗保险缴费、公务员医疗补助缴费、其他社会保障缴费、住房公积金、医疗费、其他工资福利支出、离休费、退休费、抚恤金、生活补助、医疗费补助、奖励金、其他对个人和家庭的补助。

公用经费主要包括办公费、印刷费、咨询费、手续费、水费、电费、邮电费、取暖费、物业管理费、差旅费、因公出国（境）费、维修（护）费、租赁费、会议费、培训费、公务接待费、专用材料费、劳务费、委托业务费、工会经费、福利费、公务用车运行维护费、其他交通费用、税金及附加费用、其他商品和服务支出、办公设备购置、专用设备购置、信息网络及软件购置更新、公务用车购置、无形资产购置、其他资本性支出。

其中，“三公”经费包括公务接待费、公务用车购置及运行维护费、因公出国（境）费。

3.按支出用途分，分为基本支出和项目支出。基本支出是指为保障机构正常运转、完成日常工作任务而发生的人员支出和公用支出。项目支出是指在基本支出之外为完成特定行政任务或事业发展目标所发生的支出。

二、行政管理支出规模变化的一般规律

从各国普遍情况看，行政管理支出的绝对规模不断增长，但行政管理支出占财政支出总额中的比重呈现下降趋势。行政管理支出的弹性系数（行政管理支出增长率/财政支出增长率）维持在0—1。

马克思在谈到共产主义第一阶段的社会产品分配时曾批出，与生产没有直接关系的一般管理费用“和现代社会比起来，这一部分将会立即极为显著地缩减，并将随着新社会的发展而日益减少”①。

三、我国的行政管理支出

（一）我国行政管理支出的规模

2007年政府收支分类改革后，财政支出统计口径有了明显变化，因此一般分两个阶段进行分析。2007年之前，财政支出按功能性质分为经济建设费、社会文教费经、

① 马克斯，恩格斯.马克思恩格斯全集：第19卷［M］.北京：人民出版社，1956：20.

国防费、行政管理费、其他支出五大类。2007年政府收支分类改革后，行政管理支出由一般公共服务支出、外交支出、公共安全支出构成。

自主学习任务：搜集数据资料，了解我国行政管理支出的规模变化，思考如何有效控制行政管理支出。

（二）影响行政管理支出规模的主要因素

影响行政管理费规模的主要因素有政府职能、机构设置、行政效率以及管理费本身的使用效率等。

四、我国的行政管理支出改革

（一）政府机构改革

我国于1982年、1988年、1993年、1998年、2003年、2008年、2013年进行了国务院机构改革，2018年和2023年进一步扩大为党和国家机构改革。

2023年《党和国家机构改革方案》提出，优化机构编制资源配置，精减中央和国家机关人员编制。中央和国家机关各部门人员编制统一按照5%的比例进行精减，收回的编制主要用于加强重点领域和重要工作。中央垂管派出机构、驻外机构不纳入统一精减范围，根据行业和系统实际，盘活用好存量编制资源。地方党政机关人员编制精减工作，由各省（自治区、直辖市）党委结合实际研究确定。县、乡两级不作精减要求。

（二）推动预算公开

2014年修订的《中华人民共和国预算法》规定：经本级人民代表大会或者本级人民代表大会常务委员会批准的预算、预算调整、决算、预算执行情况的报告及报表，应当在批准后20日内由本级政府财政部门向社会公开，并对本级政府财政转移支付安排、执行的情况以及举借债务的情况等重要事项作出说明。经本级政府财政部门批复的部门预算、决算及报表，应当在批复后20日内由各部门向社会公开，并对部门预算、决算中机关运行经费的安排、使用情况等重要事项作出说明。各级政府、各部门、各单位应当将政府采购的情况及时向社会公开。以上公开事项，涉及国家秘密的除外。

2020年修订的《预算法实施条例》进一步明确：一般性转移支付向社会公开应当细化到地区。专项转移支付向社会公开应当细化到地区和项目。政府债务、机关运行经费、政府采购、财政专户资金等情况，按照有关规定向社会公开。部门预算、决算应当公开基本支出和项目支出。部门预算、决算支出按其功能分类应当公开到项；按其经济性质分类，基本支出应当公开到款。各部门所属单位的预算、决算及报表，应当在部门批复后20日内由单位向社会公开。单位预算、决算应当公开基本支出和项目支出。单位预算、决算支出按其功能分类应当公开到项；按其经济性质分类，基本支出应当公开到款。

财政部网站专设了“中央预决算公开平台”专栏方便集中查阅。

（三）加强预算绩效管理

2018年9月发布的《中共中央、国务院关于全面实施预算绩效管理的意见》提出，构建全方位预算绩效管理格局，实施政府预算绩效管理，将各级政府收支预算全面纳入绩效管理；实施部门和单位预算绩效管理，将部门和单位预算收支全面纳入绩效管理；实施政策和项目预算绩效管理，将政策和项目全面纳入绩效管理。建立全过程预算绩效管理链条，建立绩效评估机制，开展绩效评价和结果应用。完善绩效管理的责任约束机制，切实做到花钱必问效、无效必问责。各级财政部门要建立绩效评价结果与预算安排和政策调整挂钩机制。

第二节　国防支出

一、国防的提供与国防支出的分类

（一）国防的提供与生产

国防作为纯公共产品，由政府无偿提供。但就生产方式而言，既可以公共生产，也可以私人生产。

国防的生产和提供有三种方式：第一种是政府生产、政府提供方式。第二种是私人生产、政府提供方式。第三种是整体上政府生产，但部分产品由私人生产、政府通过军事采购获得产品的政府提供方式。

第二次世界大战后，许多国家改革了军事产品的生产方式，加强军民合作。

（二）国防支出的内容和分类

为了便于国际比较，国际货币基金组织（IMF）在其《2014年政府财政统计手册》中，对国防支出的范围进行了统一，具体包括五个小类，分别为“军事防御”“民防”“对外军事援助”“国防的研究与开发”和“未另分类的国防”。

国际支出按用途划分，分为维持费和投资费两大部分。按支出项目划分，我国的国防支出包括人员生活费、活动维持费和装备费。

二、最优国防支出结构的理论分析

（一）国防支出与非国防支出

“黄油”（民用品）与“大炮”（军用品）的选择。习近平总书记在党的十九大报告中提出要坚定实施军民融合发展战略，“坚持富国和强军相统一，强化统一领导、顶层设计、改革创新和重大项目落实，深化国防科技工业改革，形成军民融合深度发展格局，构建一体化的国家战略体系和能力。”

（二）国防部门内部的支出结构

合理的国防支出结构的确定通常要处理好以下三个主要问题：一是人力投入和技术装备投入的合理比例，二是国防科研投入和生产投入的合理比例，三是作战系统投入和后勤保障系统投入的合理比例。

三、我国的国防支出

自主学习任务：收集数据资料，了解我国国防支出的历史变化，与世界主要国家的国防支出进行对比，结合国内外局势深入理解我国的国防支出安排。

第三节　教科文卫支出

党的二十大报告指出，教育、科技、人才是全面建设社会主义现代化国家的基础性、战略性支撑。必须坚持科技是第一生产力、人才是第一资源、创新是第一动力，深入实施科教兴国战略、人才强国战略、创新驱动发展战略。教科文卫服务大都属于准公共产品，对社会经济发展发挥的作用日益突出，成为各国政府优先发展的支出项目。

一、教科文卫支出的内容

教科文卫支出主要包括财政支出功能分类中的教育支出、科学技术支出、文化旅游体育与传媒支出、卫生健康支出。

二、政府介入教科文卫支出的理论基础

（一）政府介入教育领域的原因

第一，教育是具有较强效益外溢性的混合产品。第二，教育是社会价值容易被低

估的优值品。第三，教育具有公平社会分配的功能。第四，教育支出是重要的人力资本投资。

英国哲学家培根说过：“只要维持公平的教育机会，贫穷就不会变成世袭，就不会一代一代世世代代地穷。”

（二）财政投入科技领域的原因

第一，基础性科学研究成果具有公共产品的特性。第二，应用研究与技术开发具有外部性。第三，风险贷款市场的不完善。

（三）财政扶持文化产业的原因

第一，文化产业具有明显的效益外溢性。第二，大多数文化产品或服务具有纯公共产品或准公共产品特征。第三，部分文化产品或服务虽带有较强的私人产品特征，但往往具有弱质性。

（四）政府介入医疗卫生领域的原因

第一，医疗卫生领域的信息不对称性。第二，医疗卫生领域的竞争有限性。第三，医疗卫生领域的效益外溢性。第四，医疗卫生领域的公平性。

三、我国的科教文卫支出

（一）教育支出

1.政府提供教育服务的范围。一是，**义务教育。**义务教育按纯公共物品由政府提供。《中华人民共和国义务教育法》规定，国家实行九年义务教育制度。义务教育是国家统一实施的所有适龄儿童、少年必须接受的教育，是国家必须予以保障的公益性事业。实施义务教育，不收学费、杂费。国家建立义务教育经费保障机制，保证义务教育制度实施。二是，**义务教育之外的教育。**义务教育阶段以外的教育属于混合物品，采用混合提供方式。

2.财政性教育经费支出。1993年制定的《中国教育改革和发展纲要》中明确提出，“逐步提高国家财政性教育经费支出占国民生产总值的比例，在本世纪末达到4%”。2012年以来，我国国家财政性教育经费支出占国民生产总值的比例始终保持在4%以上。2021年，全国教育经费总投入为57873.67亿元，比上年增长9.13%。其中，国家财政性教育经费（主要包括一般公共预算安排的教育经费，政府性基金预算安排的教育经费，国有及国有控股企业办学中的企业拨款，校办产业和社会服务收入用于教育的经费等）为45835.31亿元，比上年增长6.82%。国家财政性教育经费占国内生产总值比例为4.01%。

（二）医疗卫生支出

1.政府提供医疗卫生服务的范围。一是，**公共卫生服务。**公共卫生服务成本低、效果好，社会效益回报周期相对较长，具有公共物品的属性。根据世界银行的标准，该类服务包括以下内容：计划免疫；以学校为基础的医疗卫生服务；计划生育和营养的信息及某些服务；减少烟草和酒精消耗的计划；为改善居民环境而采取的行为调控和信息服务；防治艾滋病。二是，**基本医疗服务。**基本医疗服务是基于政府为保障人民健康权而提供的服务，属于混合物品的范畴。根据世界银行的标准，基本医疗服务至少包括5个方面的内容：妇女怀孕方面的治疗服务、计划生育服务；肺结核控制；控制传染性疾病；治疗常见的婴幼儿严重疾病，如腹泻、急性呼吸道感染、麻疹、疟疾和急性营养不良等；轻微临床上的治疗、小手术以及对不能用现有医疗技术彻底解决的健康问题提供咨询等。

2.政府卫生支出。1997年我国颁布《中共中央、国务院关于卫生改革与发展的决定》，提出到本世纪末，争取全社会卫生总费用占国内生产总值的5%左右。2022年，全社会卫生总费用占国内生产总值的比重为7.0%。其中，政府卫生支出占卫生总费用的比重为28.2%（见表4–1）。

表4–1　　　　全国卫生总费用

指标	2021年	2022年
卫生总费用（亿元）	76845.0	84846.7
政府卫生支出	20676.1	23916.4
社会卫生支出	34963.3	38015.8
个人卫生支出	21205.7	22914.5
卫生总费用构成（%）	100.0	100.0
政府卫生支出	26.9	28.2
社会卫生支出	45.5	44.8
个人卫生支出	27.6	27.0
卫生总费用占GDP比重（%）	6.7	7.0
人均卫生总费用（元）	5440.0	6010.0

注：2022年系初步推算数。

资料来源：《2022年我国卫生健康事业发展统计公报》。

自主学习任务：收集数据资料，了解我国教科文卫支出的发展变化，与世界主要国家的支出进行对比，思考教科文卫支出存在的问题及完善。

案例一：

花钱更问效——102家中央部门公开2022年度部门决算

【案例导引】

2023年7月25日，102个中央部门集中公开2022年度部门决算，这已是中央部门自2011年连续第13年向社会公开预决算。近年来，中央部门“账本”晒得越来越细，查阅也更加便捷。中央部门公开的预决算信息除了发布在各部门官方网站外，公众还可以通过登录财政部网站“中央预决算公开平台”专栏集中查阅。在中央预决算公开中，“三公”经费的变化尤其引人关注。2010年中央本级“三公”经费决算支出94.7亿元，2022年中央本级“三公”经费财政拨款支出合计28.24亿元，比预算数减少24.76亿元。此外，还持续加大部门绩效信息和政府采购信息公开力度，加强社会公众监督，致力于打造透明政府、阳光财政。

2023年7月25日，102个中央部门集中公开2022年度部门决算，与同年度部门预算相对应，公开部门数量与2021年度保持一致。这也是中央部门连续第13年向社会公开决算。

中央部门决算公开内容包括部门概况、部门决算表、部门决算情况说明、名词解释4个部分。各部门均公开了收入支出决算总表、财政拨款收入支出决算总表等9张决算报表，全面反映部门所有预算收支和结余执行结果及绩效等情况。公众可通过各部门网站查阅，也可登录财政部官网“中央预决算公开平台”专栏集中查阅。

“三公”经费支出较预算下降近一半

“三公”经费包括纳入中央财政预决算管理的“三公”经费，指中央部门用财政拨款安排的因公出国（境）费、公务用车购置及运行维护费和公务接待费。

根据2022年度中央决算报告，总体上，2022年中央本级“三公”经费财政拨款支出合计28.24亿元，比预算数减少24.76亿元，下降约46.7%。主要原因是受疫情等因素影响，较多中央部门因公出国（境）、外事接待任务延后实施，公务用车和公务接待支出执行较大幅度低于正常水平。其中，因公出国（境）费2.94亿元，减少3.7亿元；公务用车购置及运行费24.72亿元，减少18.89亿元；公务接待费0.58亿元，减少2.17亿元。

“三公”经费信息公开进一步完善

今年将《一般公共预算财政拨款“三公”经费支出决算表》修改为《财政拨款“三公”经费支出决算表》，修改后，面向社会公开的“三公”经费资金来源不再只包括一般公共预算财政拨款部分，还纳入了政府性基金预算财政拨款部分，可以更加全面地反映“三公”经费支出的资金来源。

部门公开的说明中，“三公”经费支出既与全年预算数对比，还与上年决算数作对比。比如，2022年度商务部“三公”经费财政拨款支出预算为2689.08万元，支出决算为382.89万元，完成预算的14.2%；较上年增加42.89万元，增长12.6%。商务部解释，决算数小于预算数，一方面是过紧日子，从严控制“三公”经费开支；另一方面，受疫情影响，部分工作未能按计划开展。决算数较上年增加的主要原因是因公出国（境）费有所增长。

绩效评价公开范围进一步扩大

在绩效信息公开方面，中央部门继续加大绩效信息公开力度，增加了项目绩效自评结果公开数量。数据显示，今年随同中央决算向全国人大常委会报送的项目绩效自评表的数量增长到699个，比上年增加113个。这将更加充分展示预算资金的产出和效果，有利于促使各部门重视财政资金使用绩效。

在部门评价方面，财政部持续推动改进部门评价工作，督促部门加大对重点民生支出和体现核心职责的事业发展类项目评价力度，逐步实现部门评价重点项目全覆盖。

在财政评价方面，今年，财政部共确定52个项目开展财政重点评价；选择40个重点项目绩效评价报告，随同2022年度中央决算报告提交全国人大常委会参阅，报告数量比上年增加4个，涉及资金500多亿元。据了解，今年提交的绩效评价报告涵盖科技、教育、卫生健康、农业农村等领域，涉及国家发展改革委、教育部、水利部、农业农村部、税务总局、国家统计局、国家医保局、中国气象局、国家中医药局、中国科学技术协会等中央主管部门。

持续加大部门绩效信息公开力度，一方面是相关部门向老百姓交出“明白账”，打造透明政府的必要之举，可以说明本年度本部门财政资金使用与工作完成状况。另一方面，也是通过倒逼机制，让相关部门及其下属单位更加重视提升工作绩效，发现自身绩效管理的不足，并予以改进，提高财政资金的使用效率。

采购公开透明

政府采购是财政支出管理的重要内容，也是国家宏观调控的重要手段。今年是政府采购支出情况连续第8年向社会公开。比如，工信部披露在2022年度，政府采购支出总额571225.06万元，其中授予中小企业合同金额373336.86万元，占政府采购支出总额的65.4%。通过公开政府采购信息，有利于反映国家宏观政策落实情况，促进政府采购公开公平公正。

中央部门决算公开已连续进行13年，形成了较成熟规范的做法，也积累了大量丰富的信息。汪德华认为，下一步工作重点是通过社会各界努力，进一步利用公开信息，把对部门的公开监督落到实处，更好打造透明政府、阳光财政。

资料来源：

1. 花钱更问效——102家中央部门公开2022年度部门决算［EB/OL］.新华网，2023-07-25. http：//www.news.cn/fortune/2023-07/25/c_1129768092.htm.

2. 102个中央部门公开决算，“三公”经费支出较预算下降近一半［EB/OL］. 新京报，2023-07-25. https：//www.bjnews.com.cn/detail/1690285968129005.html.

3. 2022年“三公”经费支出比预算减少24.76亿元——中央部门晒出收支“明白账”［EB/OL］. 中国政府网，2023-07-26.https：//www.gov.cn/yaowen/liebiao/202307/content_6894353.htm.

思考与讨论：

1. 2010年中央本级“三公”经费决算支出94.7亿元。其中，因公出国（境）经费17.73亿元，公务用车购置及运行费61.69亿元，公务接待费15.28亿元。2022年中央本级“三公”经费财政拨款支出合计28.24亿元，其中，因公出国（境）费2.94亿元，公务用车购置及运行费24.72亿元，公务接待费0.58亿元。2010年以来，“三公”经费支出明显下降，为什么？

2. 如何进一步提高预决算公开的质量？

3. 如何提高财政支出绩效评价的有效性？

案例二：

4%：这个数字，守望教育公平与质量

【案例导引】

英国哲学家培根说过：“只要维持公平的教育机会，贫穷就不会变成世袭，就不会一代一代世世代代地穷。”党的十九大报告首次提出“公平而有质量的教育”，这是党中央对教育事业提出的新要求。二十大报告提出，坚持以人民为中心发展教育，加快建设高质量教育体系，发展素质教育，促进教育公平。学有所教是基本公共服务均等化的重要方面。从我国教育支出来看，落实“一个一般不低于、两个只增不减”的要求，财政性教育投入不断加大。从教育经费使用结构来看，应着力解决教育发展不平衡不充分问题，切实提高教育经费使用效益。

教育是国之大计、党之大计。党的二十大报告提出，教育、科技、人才是全

面建设社会主义现代化国家的基础性、战略性支撑。必须坚持科技是第一生产力、人才是第一资源、创新是第一动力，深入实施科教兴国战略、人才强国战略、创新驱动发展战略。坚持教育优先发展，加大教育投入，办好人民满意的教育。

“一个不低于”和“两个只增不减”

2016年，习近平总书记主持召开中央全面深化改革领导小组第三十一次会议，审议通过《关于清理规范重点支出同财政收支增幅或生产总值挂钩事项有关问题的通知》，明确了“一个不低于、两个只增不减”政策。“保证国家财政性教育经费支出占国内生产总值比例一般不低于4%，确保财政一般公共预算教育支出逐年只增不减，确保按在校学生人数平均的全国一般公共预算教育支出逐年只增不减。”

“公共教育支出占国内生产总值比例”是衡量一个国家财政教育投入水平和政府加大教育投入努力程度的重要指标。2012年，国家财政性教育经费支出为23147.57亿元，占GDP比例为4.3%。2012年以来，国家财政性教育经费支出占GDP比例连续10年保持在4%以上，这有力保障和推动了我国教育发展总体水平迈入世界中上行列。国家财政性教育经费由2011年的不到2万亿元提高到2021年的4.6万亿元，是2011年的2.5倍，年均增长9.4%。2017—2021年，全国一般公共预算教育支出分别约为3.02万亿元、3.22万亿元、3.48万亿元、3.64万亿元、3.76万亿元，呈现逐年增长趋势。2022年全国一般公共预算教育支出39455亿元，同比增长5.5%。

教育经费投入总量实现翻番的同时，生均经费水平也实现历史性跨越，生均财政保障水平大幅提高。2021年，全国按在校学生人数平均的一般公共预算教育支出，幼儿园为9506元、普通小学为12381元、普通初中为17772元、普通高中为18809元、中职学校为17095元、普通高等学校为22586元，分别是2011年的3.3倍、2.2倍、2.4倍、2.5倍、2.1倍、1.5倍。

我国教育投入的格局可以概况为“三个80%”：全国教育经费总投入中，80%来自国家财政性教育经费，政府投入是教育经费的第一大来源渠道；国家财政性教育经费中，80%来自一般公共预算教育经费，教育成为一般公共预算的第一大支出；全国一般公共预算教育经费中，80%来自地方，地方政府是教育支出的第一大主体。

“保基本、补短板、促公平、提质量”

从教育经费使用结构来看，教育经费特别是财政性教育经费的使用始终坚持“保基本、补短板、促公平、提质量”原则，资金分配重点向义务教育、中西部地区和“人”倾斜，着力解决教育发展不平衡不充分问题。

优先保障义务教育，2012年以来，国家财政性教育经费中用于义务教育的经费占比始终保持在一半以上，在各级教育中比重最大，2021年达2.3万亿元，有力推动城乡义务教育从基本均衡迈入优质均衡发展阶段。此外，中央设立专项资金，加大普通高中改造计划实施力度，重点支持中西部省份贫困地区普通高中改善办学条件，推动所有省份全部出台了生均拨款标准。被称为“短中之短”的学前教育也在加快补齐。据悉，学前教育财政性经费2020年达到2534亿元，是2011年的6.1倍，年均增长22.2%，在各级教育中增速最快；占国家财政性教育经费的比例2020年达到5.9%，比2011年提高了3.7个百分点，提高幅度最大。

在“促公平”上，2012—2020年各级政府用于学生资助的财政资金累计达到12530.16亿元，年资助金额从2011年的698.4亿元增长至2020年的1796.9亿元，翻了一番多。中央对地方教育转移支付资金80%以上用于中西部地区。在“提质量”上，支出项目之间，教职工人员支出占比最高，2020年达到61.6%，比2011年提高近13个百分点。支出重点逐步从投资于物向投资于人，国家财政性教育经费66%用于教师工资和学生资助。

2022年，我国学前教育毛入园率为89.7%，九年义务教育巩固率为95.5%，高中阶段毛入学率为91.6%，高等教育毛入学率为59.6%，进入普及化阶段。

关于“十四五”期间的教育投入布局，教育部财务司有关负责人表示，一是要完善教育投入保障机制。坚持财政资金优先保障教育投入，更加注重通过加强政策设计、制度设计、标准设计带动投入。二是优化教育投入结构。加大教育经费统筹力度，整合优化经费使用方向，推动教育经费使用结构重心从规模扩张向质量提升、结构优化转移。三是切实提高教育经费使用效益。全面实施预算绩效管理，建立覆盖教育经费投入和使用管理全过程的绩效管理机制，切实提高教育经费使用效益。

资料来源：

1.叶雨婷.4%：这个数字，守望教育公平与质量［N］.中国青年报，2022-05-18（003）.

2.吴月.国家财政性教育经费10年累计支出33.5万亿元［N］.人民日报，2022-10-08（001）.

3.孙春兰.办好人民满意的教育［EB/OL］.共产党员网，2022-11-09. https：//www.12371.cn/2022/11/09/ARTI1667948133017396.shtml.

思考与讨论：

1.如何实现公平而有质量的教育？

2.如何构建优质均衡的基本公共教育服务体系？

第五章

政府投资支出

<table>
<tr><td rowspan="3">课程思政具体设计</td><td>思政导航</td><td>政府投资有什么作用？政府投资的重点是什么？如何更好地发挥投资的关键作用？如何通过金融创新促进基础设施投资领域的政府与社会资本合作？财政资金如何助推乡村振兴？</td></tr>
<tr><td>课程内容</td><td>第一节　政府投资的一般分析
第二节　基础设施投资
第三节　“三农”支出</td></tr>
<tr><td>课程思政案例</td><td>案例一　更好发挥投资关键作用
案例二　全面推进乡村振兴　财政如何“开源”“撬动”</td></tr>
</table>

第一节　政府投资的一般分析

一、投资与经济发展

马克思在谈到货币资本的作用时把货币资本的投入看作经济增长的第一推动力，因为任何一项投资或生产活动首先都要从货币资本的投入开始。

凯恩斯主义关于投资对经济增长的乘数效应和加速原理，说明了投资对经济增长的重要作用。

投资对经济增长具有双重效应。作为拉动经济增长的“三驾马车”之一，投资可以直接增加总需求，又通过对资本形成的作用影响潜在生产能力和总供给，左右长期产出水平的增长趋势，拉动经济经济增长。表5-1反映了三大需求对我国经济增长的贡献率。

表5-1 2009—2022年三大需求对我国经济增长的贡献率

年份	GDP增速（%）	最终消费支出		资本形成总额		货物和服务净出口	
		贡献率（%）	贡献度（百分点）	贡献率（%）	贡献度（百分点）	贡献率（%）	贡献度（百分点）
2009	9.4	57.6	5.4	85.3	8.0	-42.8	-4.0
2010	10.6	47.4	5.0	63.4	6.7	-10.8	-1.1
2011	9.6	65.7	6.3	41.1	3.9	-6.8	-0.6
2012	7.9	55.4	4.4	42.1	3.3	2.5	0.2
2013	7.7	50.2	3.9	53.1	4.1	-3.3	-0.3
2014	7.4	56.3	4.2	45.0	3.3	-1.3	-0.1
2015	7.1	69.0	4.9	22.6	1.6	8.4	0.6
2016	6.8	66.0	4.5	45.7	3.1	-11.7	-0.8
2017	6.9	55.9	3.9	39.5	2.7	4.7	0.3
2018	6.7	64.0	4.3	43.2	2.9	-7.2	-0.5
2019	5.9	58.6	3.5	28.9	1.7	12.6	0.7
2020	2.2	-6.8	-0.2	81.5	1.8	25.3	0.6
2021	8.1	65.4	5.3	13.7	1.1	20.9	1.7
2022	3.0	32.8	1.0	50.1	1.5	17.1	0.5

资料来源：《中国统计年鉴2022》。

二、政府投资的特点和范围

政府投资，是指在中国境内使用预算安排的资金进行固定资产投资建设活动，包括新建、扩建、改建、技术改造等。与非政府投资相比，政府投资具有以下特点：一是不以盈利为目标，具有公共性和基础性；二是政府投资可以投资于大型项目和长期项目；三是注重社会效益。

政府投资的范围主要是具有公共性、外溢性、基础性的领域。国务院2019年发布的《政府投资条例》规定，政府投资资金应当投向市场不能有效配置资源的社会公益服务、公共基础设施、农业农村、生态环境保护、重大科技进步、社会管理、国家安全等公共领域的项目，以非经营性项目为主。表5-2是2008年四季度到2010年底，4万亿元投资的重点投向和资金测算。

表5-2　　4万亿元投资的重点投向和资金测算

重点投向	资金测算
廉租住房、棚户区改造等保障性住房	约4000亿元
农村水电路气房等民生工程和基础设施	约3700亿元
铁路、公路、机场、水利等重大基础设施建设和城市电网改造	约15000亿元
医疗卫生、教育、文化等社会事业发展	约1500亿元
节能减排和生态工程	约2100亿元
自主创新和结构调整	约3700亿元
灾后恢复重建	约10000亿元

资料来源：发展改革委通报4万亿元投资重点投向和资金测算［EB/OL］. 中国政府网，2009-03-06.https：//www.gov.cn/govweb/gzdt/2009-03/06/content_1252229.htm。

第二节　基础设施投资

一、基础设施的内涵

基础设施是指为社会生产和居民生活提供公共服务的工程设施，是用于保证国家或地区社会经济活动正常进行的公共服务系统，是社会赖以生存发展的物质基础条件，包括经济基础设施和社会基础设施两大基本类型。

经济基础设施（Economic Infrastructure），是用于提供经济性公共服务的基础设施。经济性公共服务是指政府为促进经济发展而提供的公共服务。经济基础设施主要包括能源、交通运输、电信、农业、林业、水利、城市建设和生态环保等领域的基础设施。在一个国家经济发展的初级阶段，经济发展占有特别重要的地位，基础设施建设在传统上主要指向经济基础设施的建设。

社会基础设施（Social Infrastructure），是用于提供社会性公共服务的基础设施。社会性公共服务是指为促进社会公正与和谐而为全社会提供的基本公共服务，包括基础教育、基本医疗、社会保障等服务。社会基础设施主要包括医疗卫生、基础教育、社会福利服务等设施。随着国家发展阶段的提升，将更加重视社会发展，社会基础设施在整个基础设施建设中的地位将不断提升。

二、政府介入基础设施领域的理论依据

一是，基础设施消费中存在外部效益。二是，基础设施的生产与消费有着与其他产品不同的特点：第一，基础设施的生产大都投资大、周期长、回收慢、风险高；第二，基础设施作为一种“先行资本”，是一种基础性产品，对整个国民经济的发展具有很强的制约作用；第三，基础设施具有地域性。三是，基础设施配置存在着地区公平问题。

三、政府参与基础设施投资的方式

从产品属性看，既有公共产品性质的基础设施，又有私人产品性质的基础设施，而更多的基础设施是介于二者之间的混合产品。图5-1反映了基础设施的产品属性。

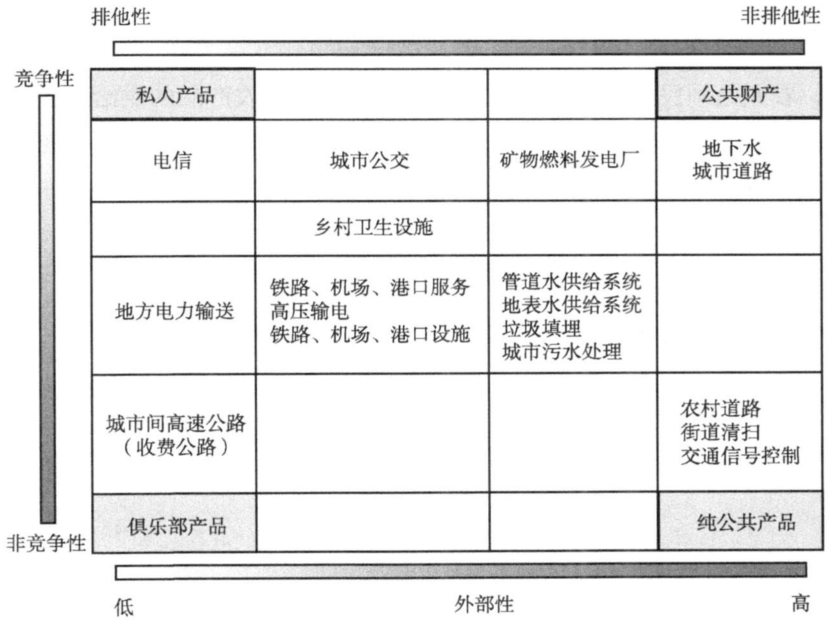

图5-1　基础设施的产品属性

资料来源：世界银行.1994年世界发展报告——为发展提供基础设施［M］. 毛晓威，等译，北京：中国财政经济出版社，1994：25。

基础设施类型的多样性，决定了其供给和生产方式必然是多增的，这为政府与市场在基础设施供给和生产上的分工与合作提供了广阔空间。具体方式包括：政府投资，免费提供；政府投资，商业经营；建立政策性银行，开展财政投融资业务；PPP

模式；民间机构投资和经营，政府监管等。

四、中国基础设施投资分析

自主学习任务：运用数据资料，了解我国基础设施投资的发展情况，探索基础设施投资的模式创新。

第三节 “三农”支出

党的十九大报告指出，农业农村农民（以下简称“三农”）问题是关系国计民生的根本性问题，必须始终把解决好“三农”问题作为全党工作重中之重，并提出实施乡村振兴战略。

一、政府介入“三农”领域的理论依据

一是，农业是国民经济的基础，无粮不稳。二是，农产品的供给弹性与需求弹性具有不对称性，农业比较利益较低。三是，在农业生产和农村地区，存在大量的公共产品和外部效益明显的混合物品。四是，城乡居民所拥有的资源禀赋存在较大差异。

二、中国财政的“三农”支出分析

自主学习任务：收集数据资料，了解我国财政的“三农”支出状况，思考如何贯彻乡村振兴战略，从制度和科技层面推动农业供给侧改革，构建现代农业产业体系。

案例一：

更好发挥投资关键作用

【案例导引】

消费、投资和净出口是拉动经济增长的“三驾马车”。长期以来，政府投资在我国经济增长中发挥了关键作用。2008年为应对全球金融危机，政府出台的四万亿投资计划有效地拉动了我国经济增长。2020年以来，受全球新冠疫情和世界政治经济形势的影响，我国消费需求不旺、民间投资增长乏力、外贸增速趋缓，在此背景下，需要更好地发挥政府投资在新基建、生态环保等领域的关键作用，通过金融创新，带动和激发民间投资活力。

投资作为拉动经济增长的“三驾马车”之一，在我国经济发展中发挥着重要作用。着力扩大国内需求与加快经济回升步伐，投资是比较活跃且带动作用强的因素。投资具有双重效应，作为支出中的一个重要且容易变动的部分，通过对总需求的作用而影响短期产出水平，又通过对资本形成的作用影响潜在生产能力和总供给，左右长期产出水平的增长趋势。发挥好投资的关键作用，有利于从提升供给体系质量和效率、扩大当前需求两个方面共同发力，推动经济运行持续整体好转。

我国投资发展有潜力、有空间，但也存在一些结构性、周期性矛盾。尤其是，基础设施还存在不少短板，民生领域仍有许多薄弱环节，产业转型升级投入力度亟待加大。同时，地方政府债务风险加大制约投资能力，民间投资占全社会投资一半以上，但存在投资意愿和能力仍然偏弱问题，2022年民间投资增长只有0.9%。此外，虽然宏观政策坚决不搞“大水漫灌”，但部分地方依然存在盲目铺摊子、重复建设现象。一旦低效投资形成，看似拉动了短期经济增长，但会导致资源错配、财政金融风险恶化，不利于经济可持续发展。因此，扩大有效投资一定要立足长远，找准供需协同发力的结合点，统筹发展与安全，更好地发挥投资的“乘数效应”和结构效应。

围绕国民经济重点领域和薄弱环节，持续释放投资潜力

面对多重风险挑战和高质量发展新要求，亟须投资在重大领域发挥重要作用。目前，我国一些关键技术和核心部件仍然受制于人，在诸多领域存在“卡脖子”现象；区域间、城乡间发展不平衡问题仍然突出，中西部地区、农村和边远地区公共设施的可获得性和公平性有待增强；粮食、能源安全及其物资储备保障能力不足，能够应对重大灾害冲击的基础设施建设存在欠缺，这些需要进行投资的超前布局：按照自主创新要求加大投资力度，聚焦国家战略需要优化投资布局，适应品质提升需求确定投资方向，宏观调控政策要聚焦提高投资效率。

更好地发挥投资关键作用，从供给端看，要通过优化投资结构，促进科技进步、推动产业转型、健全基础设施；从需求端看，要通过扩大投资规模，带动就业、促进消费、稳定增长。2023年上半年，国家发展改革委审批核准固定资产投资项目91个，总投资7011亿元，投向主要集中在能源、高技术、交通、水利等行业。当前，各地区各部门着力解决经济社会发展中的实际问题，持续推进交通、能源、水利、生态、民生等重点领域补短板投资。

适度超前开展基础设施建设。滇藏铁路哈巴雪山隧道施工完成，河套大型灌区续建配套与现代化改造工程加快建设，西气东输三线中段、西气东输四线处于施工高峰期……上半年，我国完成交通固定资产投资1.83万亿元，同比增长9.1%；能源重点项目完成投资额超过1万亿元，同比增长23.9%。

推进新型基础设施建设。今年以来，新型基础设施建设投资保持较快增长，上半年增速达16.2%，占全部基础设施投资的比重高于去年同期0.4个百分点，为中长期创新发展奠定了坚实基础。

加强保障民生需求的重大项目建设。加快城市管道老化更新改造，增加普惠性养老和医养结合服务设施，持续改善群众身边健身设施……1—7月，电力、热力、燃气及水生产和供应业投资增长25.4%。全国新开工改造城镇老旧小区4.66万个，惠及居民795万户。

推动投资与消费形成互动合力。一方面提高汽车、家电等传统大宗消费需求，积极发展服务消费和新兴消费，发挥消费对制造业投资的牵引作用；另一方面，围绕消费需求优化投资结构，加大对消费基础设施、消费场景和物流设施等相关领域的投入，投资与消费相互促进，形成扩大内需的强劲合力。

更好发挥政府投资带动作用，激发民间投资活力

发挥好政府投资的带动作用，要加快地方政府专项债券发行和使用，推动一批补短板、惠民生、既利当前又惠长远的项目尽快落地并形成实物工作量。同时，制订实施一揽子化债方案，有效防范化解地方政府债务风险，增强投资能力。

民间投资是推动经济发展、稳定整体投资、扩大社会就业的重要力量。2023年7月，国家发展改革委印发《关于进一步抓好抓实促进民间投资工作努力调动民间投资积极性的通知》，提出充分发挥民间投资的重要作用，力争将全国民间投资占固定资产投资的比重保持在合理水平，带动民间投资环境进一步优化、民间投资意愿进一步增强、民间投资活力进一步提升。

稳预期，提升投资信心。在一个可预期的市场和社会环境中，民营企业更有动力去从事创新活动和长期投资。2023年7月发布的《中共中央国务院关于促进民营经济发展壮大的意见》提出，持续优化稳定公平透明可预期的发展环境，强化政策沟通和预期引导，依法依规履行涉企政策调整程序，根据实际设置合理过渡期。此举措有助于稳定和引导民营企业预期，提升民间投资信心。

强服务，增强投资能力。充分发挥重大项目牵引、政府投资撬动作用，常态化开展民间投资项目推介工作，支持民间资本参与重大项目，完善民间投资回报机制和地方政府守信践诺机制，切实解决部分企业的进入难、融资难、退出难、政策兑现难、账款拖欠等现实问题。

资料来源：

1. 丁怡婷 . 更好发挥投资关键作用［N］. 人民日报，2023-09-11（002）.

2.刘立峰.发挥好投资在稳增长中的关键作用［N］.光明日报，2023-05-04（15）.

思考与讨论：

1.当前政府投资面临的主要问题有哪些？

2.如何更好地发挥投资的关键作用？

3.如何更好发挥政府投资带动作用，激发民间投资活力？

案例二：

全面推进乡村振兴　财政如何“开源”“撬动”

【案例导引】

在伴随中国工业化历程形成的二元社会结构中，“三农”问题由来已久。农业是国民经济的基础，农业发展事关国家安全。党的十九大首次提出了“实施乡村振兴战略”，党的二十大提出“全面推进乡村振兴”，财政是推进乡村振兴的坚实保障。2018年10月，财政部印发《财政部贯彻落实实施乡村振兴战略的意见》，对财政系统保障乡村振兴战略顺利实施，加快推进农业农村现代化作出全面工作安排。财政对“三农”的投入是事关农业发展、农村建设和农民生活多方面支出的综合性项目。财政如何通过“开源”“撬动”，有效发挥全面推进乡村振兴、实现农业农村现代化的积极作用？

财政资金是推进乡村振兴的重要“粮草军需”。2023年中央一号文件强调，“坚持把农业农村作为一般公共预算优先保障领域，压实地方政府投入责任”。预算报告也明确，“加强乡村振兴投入保障，着力推进城乡融合和区域协调发展”。

强化农业农村财政投入保障

中央把支持乡村振兴的财政支出放在优先保障位置，持续加大投入力度，支持农村产业发展，有力保障了国家粮食安全和重要农产品稳产保供、巩固拓展脱贫攻坚成果，为推动农业农村现代化贡献了财政力量。

2023年，中央财政加大对乡村振兴的投入力度，农业保险保费补贴安排459亿元，扩大三大粮食作物完全成本保险和种植收入保险实施范围；进一步增加中央财政衔接推进乡村振兴补助资金规模，安排1750亿元、增加100亿元；加大对革命老区、民族地区、边境地区支持力度，中央财政安排相关转移支付1770亿元、增长8%。

2023年，四川仅省级财政一般公共预算就安排乡村振兴方面资金227.1亿元。其中，高标准农田建设资金22亿元，现代农业体系建设资金43.7亿元，巩固拓展脱贫攻坚成果同乡村振兴有效衔接资金83.3亿元，政策性保险补贴资金9.1亿元，林业发展资金15.7亿元，农村综合改革补助资金12亿元。

根据预算，2023年，山东省级财政筹集安排乡村振兴资金762.85亿元。投入领域包括支持保障粮食安全和重要农产品供给，推进高标准农田和现代水网建设，实施种业振兴行动，落实农机购置、耕地地力保护等补贴政策。

创新多渠道资金筹措机制

乡村振兴需要庞大资金，仅靠财政支持还不够，必须充分发挥财政资金“四两拨千斤”作用，引导和撬动更多金融、社会资本协同投入乡村振兴领域，实现财政资金乘数效应。如今，财政、金融、社会资本融合协同的乡村振兴支持模式已在全国多地“开花”。

为支持农业产业转型升级发展，2022年5月四川省成立了首支省级农业产业政府引导基金，以市场化方式为涉农企业的生产配套、经营发展、上市培育等提供投融资支持。基金计划规模100亿元，其中财政出资20亿元，撬动地方国资、金融资本和大型产业资本进入。

山东省在现代高效农业、海洋牧场建设等领域积极采取股权投资、政府引导基金等方式，撬动更多金融社会资本投入乡村产业。运用“财政+金融”工具，在全国率先开展财政金融政策融合支持乡村振兴战略制度创新试点，以解决农业经营主体融资困难为突破口，充分发挥财政和金融两大政策手段优势，形成诸城“按揭农业”、寿光“信用农业”、荣成“供应链融资”等典型模式。运用“财政+担保”手段，支持山东农担公司建立覆盖全省的农担服务网络，开发了以“鲁担惠农贷”为主体的各类担保产品，累计为25.15万户新型农业经营主体提供担保贷款1497.36亿元，累保、在保金额均居全国首位。

专项债券加油赋能

2018年8月20日，四川省在上海证券交易所发行了全国首单乡村振兴债券——泸县乡村振兴专项债券，首期发行金额为5亿元。此后，乡村振兴专项债券成为全国地方政府债券发行使用中引人关注的重要品种。2018年以来，四川省乡村振兴项目发行使用专项债券792亿元，推动天府农博园、安州区高标准农田、向家坝灌区北总干渠、泸县全域乡村振兴、通川区农旅融合等519个重大项目实施，覆盖全省21个市（州）126个县（市、区）。

在山东，各地积极调整优化政府专项债券资金投向，将符合条件的乡村建设项目优先纳入政府专项债券支持范围。2022年以来，共发行农业、林业、水利领域专项债券项目383.37亿元，支持项目492个。

政府采购助力增收

2023年2月，财政部再次发布通知，要求各地财政部门组织地方预算单位做好2023年政府采购脱贫地区农副产品工作。各地实施政府采购脱贫地区农副产品工作，一方面有利于扩大内需，另一方面促进了乡村振兴的活力和创造力，助力农民群众持续增收。

在财政部、农业农村部、国家乡村振兴局、中华全国供销合作总社四部门指导下，中国供销电子商务有限公司建设和运营的脱贫地区农副产品网络销售平台——832平台，于2020年1月1日正式上线运行。按照要求，各级预算单位应当按照不低于10%的比例预留年度食堂食材采购份额，通过“832平台”采购脱贫地区农副产品。

2020年实施政府采购脱贫地区农副产品政策以来，四川省各级预算单位在脱贫地区农副产品网络销售平台累计预留采购份额18.2亿元，实际采购22.6亿元；全省66个脱贫县现有2134家供应商入驻平台，累计销售农副产品30亿元，有效助力巩固拓展脱贫攻坚成果，接续推动乡村振兴。

近年来，财政协同相关部门运用政府采购政策支持乡村产业振兴，取得了显著成效。通过“832平台”等搭桥助力，有效对接市场需求与欠发达地区的农产品生产，在一定程度上解决了欠发达地区农产品供需失衡的问题。通过稳定的采购需求持续激发脱贫地区发展生产的内生动力，也进一步带动了整个社会参与支持乡村振兴的积极性，对于促进内需产生了明显的正向效应。

资料来源：

1.孙韶华，汪子旭.全面推进乡村振兴　看财政如何“开源”“撬动”[N].经济参考报，2023-05-11（002）.

2.曾金华.财政保障乡村振兴健康发展[N].经济日报，2023-05-12（007）.

思考与讨论：

1.财政如何促进乡村振兴?

2.各地财政在支持乡村振兴方面有哪些创新?

3.如何缩小城乡差距?

第六章
社会保障支出

<table>
<tr><td rowspan="3">课程思政具体设计</td><td>思政导航</td><td>政府为什么介入社会保障？如何认识人口老龄化对我国社会保障体系的挑战？如何健全公平统一、可持续的多层次社会保障体系？为什么要建立生育支持政策体系？</td></tr>
<tr><td>课程内容</td><td>第一节　社会保障概述
第二节　社会保险支出</td></tr>
<tr><td>课程思政案例</td><td>案例一　健全覆盖全民、统筹城乡、公平统一、安全规范、可持续的多层次社会保障体系
案例二　建立生育支持政策体系</td></tr>
</table>

第一节　社会保障概述

一、社会保障的概念及要素

社会保障是政府通过专款专用税筹措资金，向老年人、无工作能力的人、失去工作机会的人、病人等提供基本生活保障的计划。社会保障支出属于转移性支出。

根据国际劳工组织批准的社会保障公约，社会保障包括9个方面的内容：医疗、疾病、失业、老龄、工伤、家庭、生育、残疾和遗属津贴，几乎涉及了一个人“从摇篮到坟墓”的全过程。

四个方面的概念要素：（1）社会保障的责任主体是国家和社会；（2）社会保障的实施以法律法规为支点；（3）社会保障的最终目的是稳定社会；（4）社会保障的目标是满足公民的基本生活需要。

二、政府介入社会保障的理论基础

一是，保护公民基本生活权利。二是，提供个体评价低于社会评价的优值品。三是，消除保险市场上的逆向选择。四是，调节收入分配，缩小贫富差距。五是，维护宏观经济稳定，平抑经济周期波动。

三、我国社会保障的内容

（一）社会保险

社会保险是指由国家、集体和个人共同筹集基金，以确保社会成员在遇到生、老、病、死、伤、残、失业等风险时获得基本生活需要和健康保障的一种社会保障制度。社会保险具有覆盖广泛性、参与强制性、受益适度性的特征。我国的社会保险包括养老保险、医疗保险、失业保险、工伤保险和生育保险。

（二）社会救助

社会救助是国家财政通过财政拨款，向生活确有困难的城乡居民提供资助的社会保障计划。我国的社会救助包括最低生活保障、特困人员供养、受灾人员救助、医疗救助、教育救助、住房救助、就业救助、临时救助等。2014年5月1日，备受关注的我国第一部社会救助法规《社会救助暂行办法》实施。

（三）社会福利

社会福利是政府在法律和政策范围内对社会成员提供的特殊照顾、救济、抚恤等除社会保险以外的一种社会保障制度。包括老年人福利、儿童福利、残疾人福利等。

（四）社会优抚

社会优抚是国家和社会对军人及其家属所提供的各种优待、抚恤、养老、就业安置等待遇和服务的保障制度。

（五）社会互助

社会互助是指在政府引导和支持下，社会团体和社会成员自愿组织和参与的扶危济困活动。

四、我国的社会保障支出

根据《中国财政年鉴》，了解我国社会保障支出规模与结构的发展变化情况，认识我国社会保障制度改革的成果。

五、健全多层次社会保障体系

坚持应保尽保原则，按照兜底线、织密网、建机制的要求，加快健全覆盖全民、统筹城乡、公平统一、可持续的多层次社会保障体系。

（一）改革完善社会保险制度

健全养老保险制度体系，促进基本养老保险基金长期平衡。实现基本养老保险全国统筹，放宽灵活就业人员参保条件，实现社会保险法定人群全覆盖。完善划转国有资本充实社保基金制度，优化做强社会保障战略储备基金。完善城镇职工基本养老金合理调整机制，逐步提高城乡居民基础养老金标准。发展多层次、多支柱养老保险体系，提高企业年金覆盖率，规范发展第三支柱养老保险。推进失业保险、工伤保险向职业劳动者广覆盖，实现省级统筹。推进社保转移接续，完善全国统一的社会保险公共服务平台。

（二）优化社会救助和慈善制度

以城乡低保对象、特殊困难人员、低收入家庭为重点，健全分层分类的社会救助体系，构建综合救助格局。健全基本生活救助制度和医疗、教育、住房、就业、受灾人员等专项救助制度，完善救助标准和救助对象动态调整机制。健全临时救助政策措施，强化急难社会救助功能。加强城乡救助体系统筹，逐步实现常住地救助申领。积极发展服务类社会救助，推进政府购买社会救助服务。促进慈善事业发展，完善财税等激励政策。规范发展网络慈善平台，加强彩票和公益金管理。

（三）健全退役军人工作体系和保障制度

完善退役军人事务组织管理体系、工作运行体系和政策制度体系，提升退役军人服务保障水平。深化退役军人安置制度改革，加大教育培训和就业扶持力度，拓展就业领域，提升安置质量。建立健全新型待遇保障体系，完善和落实优抚政策，合理提高退役军人和其他优抚对象待遇标准，做好随调配偶子女工作安排、落户和教育等工作。完善离退休军人和伤病残退役军人移交安置、收治休养制度，加强退役军人服务中心（站）建设，提升优抚医院、光荣院、军供站等建设服务水平。加强退役军人保险制度衔接。大力弘扬英烈精神，加强烈士纪念设施建设和管护，建设军人公墓。深入推动双拥模范城（县）创建。

第二节　社会保险支出

一、社会保险基金的运作模式

（一）现收现付制

现收现付式是指当期的缴费收入全部用于支付当期的养老金开支，不留或只留很少的储备基金。从资金角度看，这是一种靠后代养老的保险模式。

（二）完全基金制

完全基金制是指当期缴费收入全部用于为当期缴费的受保人建立养老储备基金，建立储备基金的目标应当是满足未来向全部受保人支付养老金的资金需要，是一种自我养老的保险模式。

（三）部分基金制

部分基金制是介于现收现付和完全基金制之间的一种筹资模式，即期的缴费一部分用于应付当期的社会保险开支，另一部分用于为受保人建立储备基金。

一国政府在选择社会保险筹资模式时，主要考虑以下几个主要因素：一是不同社会保险项目的支出特点；二是人口年龄结构的变化趋势；三是社会保险基金筹集方式对储蓄和投资的影响。

二、我国社会保险体系的构成

（一）养老保险

三支柱模式：

第一支柱是基本养老保险，包括城镇职工基本养老保险（企业职工基本养老保险和机关事业单位基本养老保险）和城乡居民基本养老保险，属于公共养老金，由国家、单位、个人共同承担。第一支柱立足于保基本，体现社会共济，目前发展相对比较完善，已经具备了相对完备的制度体系，覆盖范围也在持续扩大。

第二支柱是企业（职业）年金，属于补充养老保险，由单位和职工共同缴费，国家给予政策支持，主要发挥补充作用。企业年金覆盖率较低，发展滞后。

第三支柱是个人储蓄性养老保险和商业养老保险，目前还处于起步阶段。

发展多层次、多支柱养老保险体系，在坚持基本养老保险保基本制度定位的同时，要大力发展企业年金和职业年金，提高企业年金覆盖率，推动个人养老金发展，实现对基本养老保险的有效补充。

（二）医疗保险

基本医疗保险包括职工基本医疗保险与城乡居民基本医疗保险，此外，还有职工大额医疗费用补助、企业补充医疗保险、城乡居民大病保险制度、商业健康保险、长期护理保险等。

健全多层次医疗保障制度体系，提升基本医疗保险参保质量，优化完善基本医保待遇保障和筹资机制，鼓励商业健康保险和医疗互助发展，稳步建立长期护理保险制度。

（三）失业保险

失业保险，由用人单位和职工按照国家规定共同缴纳失业保险费。符合条件的失业人员，可以从失业保险基金中领取失业保险金。

（四）工伤保险

工伤保险，由用人单位缴纳工伤保险费，职工不缴纳工伤保险费。职工因工作原因受到事故伤害或者患职业病，且经工伤认定的，享受工伤保险待遇。

（五）生育保险

生育保险，由用人单位按照国家规定缴纳生育保险费，职工不缴纳生育保险费。目前与基本医疗保险合并实施，由国家和各地医疗保障局管理。

自主学习任务：查阅相关资料，认识和分析我国现行社会保险制度存在的主要问题。

三、我国的社会保险支出

自主学习任务：参考历年《全国财政决算》中的《全国社会保险基金支出决算表》，了解我国社会保险支出的规模与构成。

四、我国社会保险制度的改革与完善

坚持权责清晰、保障适度、应保尽保原则，按照兜底线、织密网、建机制的要求，健全覆盖全民、统筹城乡、公平统一、可持续的多层次社会保障体系。具体包括：（1）全面实施全民参保计划。（2）完善社会保险制度体系。（3）健全社会保险待遇调整机制。（4）加强社会保险基金监管。（5）提升社会保障经办管理服务。

参考：《人力资源和社会保障事业发展“十四五”规划》《“十四五”全民医疗保

障规划》。

案例一：

健全覆盖全民、统筹城乡、公平统一、安全规范、可持续的多层次社会保障体系

【案例导引】

社会保障是民生安全网、社会稳定器，关系国家长治久安。中国共产党成立百余年来，逐步深化对社会保障的理解和认识，建立和完善中国特色社会保障体系，为保障国民基本权益、提升民生福祉发挥了积极作用。党的二十大报告提出，健全覆盖全民、统筹城乡、公平统一、安全规范、可持续的多层次社会保障体系。《国家基本公共服务标准》中提到的劳有所得、病有所医、老有所养、住有所居、弱有所扶、优军服务保障等都与社会保障息息相关。随着人口老龄化的加剧，我国社会保障基金收支规模不断扩大，基金运行安全风险更加凸显，社会保障的可持续性面临挑战，社会保障制度特别是养老保险和医疗保险制度亟待完善。

社会保障体系是人民生活的安全网和社会运行的稳定器。党的十八大以来，以习近平同志为核心的党中央高度重视社会保障工作。党的十九大报告提出："按照兜底线、织密网、建机制的要求，全面建成覆盖全民、城乡统筹、权责清晰、保障适度、可持续的多层次社会保障体系。"党的十九届五中全会强调："健全覆盖全民、统筹城乡、公平统一、可持续的多层次社会保障体系。"

针对目前社会保障基金收支规模不断扩大，基金运行安全风险更加凸显的实际，习近平总书记在党的二十大报告中指出，"健全覆盖全民、统筹城乡、公平统一、安全规范、可持续的多层次社会保障体系"，第一次把"安全规范"作为今后一个时期社会保障体系建设的重要目标，这是对社会保障体系建设作出新的重大要求和部署，具有十分重要的意义。

覆盖全民，就是不断扩大社会保障覆盖面，引导更多符合条件的单位和人员纳入社会保障，健全农民工、灵活就业人员、新就业形态就业人员等重点群体参加社会保险制度，完善对缴费困难群体帮扶政策，努力实现应保尽保和法定人群全覆盖。进一步强化社会保障互助共济功能，加强失业保险参保扩面工作，重点推动中小微企业人员、农民工等积极参加失业保险。实现工伤保险向职业劳动者的广覆盖。

统筹城乡，就是要统筹推进城乡社会保障体系建设，加强城镇与农村社会保障制度衔接，完善更好适应社会流动性的社会保障政策，逐步缩小职工与居

民、城市与农村的筹资和保障待遇差距，逐步提高城乡居民基本养老金水平。

公平统一，就是要统一社会保障制度，更好体现社会保障作为收入分配调节器的重要功能，完善基本养老保险全国统筹制度，健全基本养老、基本医疗保险筹资和待遇调整机制，推动基本医疗保险、失业保险、工伤保险省级统筹，加快完善全国统一的社会保险公共服务平台，努力实现全体社会成员权利公平、机会公平、规则公平，让改革发展成果更多更公平惠及全体人民。

安全规范，就是要统筹发展和安全，加强社会保障基金规范管理，守住社会保障基金安全底线。近年来，我国社会保障事业发展进入快车道，社保基金年度收支规模超过13万亿元，市场化投资运营基金超过8万亿元，管理环节增多，管理链条拉长，监管力量不足，基金管理风险隐患加大。需要依法健全社会保障基金监管体系，坚持政策、经办、信息、监督“四位一体”风险防控，强化人防、制防、技防、群防“四防”协同，加强基金监管能力建设，提升管理水平，以零容忍态度严厉打击欺诈骗保、套保或挪用贪占各类社会保障资金的违法行为，守护好人民群众的每一分“养老钱”“保命钱”和每一笔“救助款”“慈善款”。

可持续，就是要立足当前、着眼长远，确保各项社会保险基金收支平衡，制度长期稳定运行，促进社会保障事业高质量可持续发展。人口老龄化对社会保障制度的可持续发展带来挑战，我国在职职工与退休人员的抚养比已由20世纪90年代的5∶1下降到目前的2.8∶1。“十四五”期间，预计新退休职工将超过4000万人，抚养比将进一步降低，基金收支压力将进一步加大。需要提高征缴效率、健全多渠道筹资机制、完善社保基金市场化投资运营机制，综合施策，促进制度长期可持续。

多层次，就是要加快发展多层次、多支柱养老保险体系，不断满足人民群众多层次多样化的社会保障需求。目前，我国多层次养老保险体系中第一支柱的基本养老保险独大，第二支柱的企业年金覆盖率低、发展滞后，第三支柱的个人养老金政策还处于起步阶段。在坚持基本养老保险保基本制度定位的同时，要大力发展企业年金和职业年金，提高企业年金覆盖率，推动个人养老金发展，实现对基本养老保险的有效补充。

资料来源：

1.《党的二十大报告学习辅导百问》[M].北京：党建读物出版社/学习出版社，2022：150–152.

2.人力资源和社会保障事业发展“十四五”规划[EB/OL].中国政府网，2021–06–30.https://www.gov.cn/zhengce/zhengceku/2021–06/30/content_5621671.htm.

3.鲁全.新中国成立以来中国共产党的社会保障理念发展与制度实践[J].社会保

障评论，2022（6）：40-58.

思考与讨论：

1. 我国的社会保障支出包含哪些方面？
2. 我国社会保障制度存在的问题及完善思路。
3. 如何健全安全规范的社会保障制度？
4. 如何增强社会保险制度的可持续性？

案例二：

建立生育支持政策体系

【案例导引】

2021年我国进行了第七次人口普查，与六普相比，10年间，我国人口总量增加了7205万人，年平均增长率为0.53%。全国人口中，0—14岁人口占17.95%；15—59岁人口占63.35%；60岁及以上人口占18.70%，其中65岁及以上人口占13.50%。10年间，0—14岁人口的比重上升1.35个百分点，15—59岁人口的比重下降6.79个百分点，60岁及以上人口的比重上升5.44个百分点，65岁及以上人口的比重上升4.63个百分点。老年人口比例上升较快，老龄化已成为今后一段时期我国的基本国情。积极应对人口老龄化的现实迫切性空前凸显，党的十九届五中全会应势而为地将其上升至国家战略的高度。2022年，中国人口出现近61年来的首次人口负增长。人口出生率为6.77‰，人口死亡率为7.37‰，人口自然增长率为-0.60‰。少儿人口比重上升既反映了调整生育政策的积极成效，又凸显了“一老一小”问题的重要性，需要优化生育政策，完善养育等人口服务体系。

人口问题始终是我国面临的一个全局性、战略性问题。加快建立生育支持政策体系，是促进人口长期均衡发展的有力支撑。习近平总书记在党的二十大报告中指出：“优化人口发展战略，建立生育支持政策体系，降低生育、养育、教育成本。”2021年6月，中共中央、国务院印发《关于优化生育政策促进人口长期均衡发展的决定》，作出实施三孩生育政策及配套支持措施重大决策。2021年8月，十三届全国人大常委会第三十次会议修改了人口与计划生育法，规定“国家采取财政、税收、保险、教育、住房、就业等支持措施，减轻家庭生育、养育、教育负担”。2022年7月，国家卫生健康委等部门发布了《关于进一步完善和落实积极生育支持措施的指导意见》，提出要完善和落实财政、税收、保险、教育、住房、就业等积极生育支持措施。

一、建立生育支持政策体系的重要意义

有利于改善人口结构，落实积极应对人口老龄化国家战略。老龄化是全球性人口发展大趋势，也是我国发展面临的重大挑战。预计"十四五"期间我国人口将进入中度老龄化阶段，2035年前后进入重度老龄化阶段，将对经济运行全领域、社会建设各环节、社会文化多方面产生深远影响。实施三孩生育政策及配套支持措施，有利于释放生育潜能，减缓人口老龄化进程，促进代际和谐，增强社会整体活力。

有利于保持人力资源禀赋优势，应对世界百年未有之大变局。人口是社会发展的主体，也是影响经济可持续发展的关键变量。实施三孩生育政策及配套支持措施，有利于未来保持适度人口总量和劳动力规模，更好发挥人口因素的基础性、全局性、战略性作用，为高质量发展提供有效人力资本支撑和内需支撑。

有利于平缓总和生育率下降趋势，推动实现适度生育水平。群众生育观念已总体转向少生优育，经济负担、子女照料、女性对职业发展的担忧等成为制约生育的主要因素。实施三孩生育政策及配套支持措施，促进生育政策与相关经济社会政策同向发力，有利于满足更多家庭的生育意愿，有利于提振生育水平。

有利于巩固全面建成小康社会成果，促进人与自然和谐共生。今后一个时期，我国人口众多的基本国情不会改变，人口与资源环境承载力仍然处于紧平衡状态，脱贫地区以及一些生态脆弱、资源匮乏地区人口与发展矛盾仍然比较突出。实施三孩生育政策及配套支持措施，有利于进一步巩固脱贫攻坚和全面建成小康社会成果，引导人口区域合理分布，促进人口与经济、社会、资源、环境协调可持续发展。

二、建立积极生育支持政策体系，降低生育、养育、教育成本

（一）完善生育休假与生育保险制度

严格落实产假、哺乳假等制度。支持有条件的地方开展父母育儿假试点，健全假期用工成本分担机制。国家统一规范并制定完善生育保险生育津贴支付政策，强化生育保险对参保女职工生育医疗费用、生育津贴待遇等保障作用，减轻生育医疗费用负担。

（二）加强税收、住房等支持政策

发挥好税收、金融等支持作用。实施好3岁以下婴幼儿照护费用个人所得税专项附加扣除政策。向提供母婴护理、托育服务以及相关职业培训、消费品生产的企业加大金融支持力度。加快发展保障性租赁住房，促进解决新市民、青

年人等群体住房困难。精准实施购房租房倾斜政策。各地可结合实际，进一步研究制定根据养育未成年子女负担情况实施差异化租赁和购买房屋的优惠政策。

（三）推进教育公平与优质教育资源供给

提高学前教育普及普惠水平。继续实施“十四五”学前教育发展提升行动计划，着力补齐农村地区和城市新增人口集中地区普惠性资源短板。切实落实各级政府发展学前教育责任，健全政府投入为主、家庭合理分担、其他多渠道筹措经费的机制。优化完善财政补助政策，逐步提高学前教育财政投入水平，保障普惠性学前教育有质量可持续发展。健全学前教育资助制度，切实保障家庭经济困难儿童接受普惠性学前教育。

提高义务教育均衡发展水平。依法落实政府举办义务教育的主体责任，优化义务教育结构，确保义务教育学位主要由公办学校提供和政府购买学位方式提供。继续落实“两免一补”政策，降低学生就学成本。进一步减轻义务教育阶段学生作业负担和校外培训负担，发挥学校教育主阵地作用，提升课后服务质量，按规定保障课后服务经费。严格落实义务教育阶段学科类校外培训收费实行政府指导价管理政策。加强非学科类校外培训监管，规范培训机构收费行为。

（四）构建生育友好的就业环境

保障女性就业合法权益。鼓励实行灵活的工作方式，推动创建家庭友好型工作场所。推动完善促进妇女就业的制度机制，加强对女性劳动者特别是生育再就业女性相关职业技能培训。落实好《女职工劳动保护特别规定》，定期开展女职工生育权益保障专项督查。

资料来源：

1.《党的二十大报告学习辅导百问》［M］. 北京：党建读物出版社、学习出版社，2022：152–153.

2.《中共中央 国务院关于优化生育政策促进人口长期均衡发展的决定》［EB/OL］. 中国政府网，2021–08–10.https：//www.gov.cn/gongbao/content/2021/content_5629598.htm.

3.《关于进一步完善和落实积极生育支持措施的指导意见》［EB/OL］. 中国政府网，2022–08–16.https：//www.gov.cn/zhengce/zhengceku/2022–08/16/content_5705882.htm.

思考与讨论：

1. 建立生育支持政策体系的现实意义。

2. 建立生育支持政策体系，财政应如何作为？

3. 深入调研各地建立生育支持政策体系的实践做法，总结经验和发现问题。

第七章

财政收入总论

<table>
<tr><td rowspan="3">课程思政具体设计</td><td>思政导航</td><td>如何为公共支出筹集资金？如何认识近几年我国财政收入的规模变化？如何看待减税降费政策？如何实施财政收入的绩效评价？我国财政收入的地区差异情况？</td></tr>
<tr><td>课程内容</td><td>第一节　财政收入概述
第二节　财政收入规模
第三节　财政收入结构</td></tr>
<tr><td>课程思政案例</td><td>案例一　减税降费的重大成效和重要意义
案例二　法国大革命的财政原因</td></tr>
</table>

第一节　财政收入概述

一、财政收入的概念

财政收入，也称政府收入或公共收入，是指政府为履行职能而筹集的一切资金的总和。

财政收入有广义和狭义之分，广义的财政收入是指各级政府所支配的全部资金，包括全口径财政预算的所有收入，即一般公共预算收入、政府性基金预算收入、国有资本经营预算收入和社会保险基金预算收入。狭义的财政收入仅指一般公共预算收入。

财政收入可以从静态和动态两个角度来理解。从静态的角度看，财政收入是国家通过一定的形式和渠道集中起来的以货币表现的一定量的社会产品价值。从动态的角度看，财政收入是政府筹集财政资金的过程，是将私人部门的一部分资源转移到公共部门由政府加以集中使用的过程。

二、财政收入的分类

（一）《政府收支分类科目》中的收入分类

《政府收支分类科目》中的收入设置类、款、项、目四级科目，类级科目包括税收收入、社会保险基金收入、非税收入、贷款转贷回收本金收入、债务收入、转移性收入六大类科目。

（二）按收入形式分类

按收入形式，财政收入可分为税收收入、非税收入和债务收入。

（三）按行政级次分类

按行政级次分，财政收入可分为中央财政收入和地方财政收入。省级及省级以下的财政收入统称为地方财政收入。

第二节　财政收入规模

一、财政收入规模及其变化趋势

（一）财政收入规模的衡量指标

财政收入规模是反映一国政府财力的重要指标，它体现政府在国民收入分配中所占的份额，以及政府与企业、居民个人之间占有和支配社会资源的关系。

财政收入规模可以用绝对指标和相对指标来表示，绝对指标是指某一财政年度的财政收入总额，相对指标是财政收入占GDP的比重。由这两个基本指标又可以衍生出反映财政收入增长变化的三个指标。

1.财政收入增长率。财政收入增长率表示当年财政收入总额比上年同期财政收入总额增长的百分比，用ΔR（%）表示。其计算公式为：

$$\Delta R(\%)=\frac{\Delta R}{R_{n-1}}=\frac{R_n-R_{n-1}}{R_{n-1}}$$

其中，ΔR为当年财政收入总额比上年同期财政收入总额的增减额，R_n为当年财政收入总额，R_{n-1}为上年财政收入总额。

2.财政收入增长弹性系数。财政收入增长弹性系数是财政收入增长率与国内生产总值增长率之比，以E_r表示。弹性系数大于1，表明财政收入增长速度快于国内生产总值增长速度。其计算公式为：

$$E_r = \frac{\Delta R(\%)}{\Delta GDP(\%)}$$

3.财政收入增长边际倾向。财政收入增长边际倾向是财政收入增长额与国内生产总值增长额之比，以MRP表示。表明国内生产总值每增加一个单位的同时财政收入增加多少。其计算公式为：

$$MRP = \frac{\Delta R}{\Delta GDP}$$

（二）财政收入规模的变化趋势

从世界各国的历史和现实考察，与财政支出规模的总体变化趋势相似，财政收入规模无论从绝对指标，还是从相对指标来看，都表现出不断扩大和逐渐增长的基本趋势。

二、影响财政收入规模的主要因素

（一）经济发展水平

经济决定财政，经济发展水平对财政收入的影响表现为基础性的制约，经济发展水平高，财源相应也丰裕。

（二）生产技术水平

生产技术水平内涵于经济发展水平之中。由于财政收入主要来自产品增加值，所以技术进步对财政收入的影响更为直接和明显。促进科技进步和创新，提高经济效益，是增加财政收入的有效途径。

（三）分配体制和分配政策

财政收入占GDP的比重体现政府与企业、居民的关系，与分配体制的集权和分权关系有直接的联系。分配体制倾向于集权的国家，财政收入规模相对较高。

分配政策的调整会影响国民收入分配格局，进而影响财政收入规模。如近几年我国实施的减税降费政策，使财政收入占GDP的比重相对下降。

（四）价格水平

1.价格总水平升降的影响。价格总水平上升，财政收入相应地增长，但如果财政收入的增长率低于物价上涨率，则财政收入表现为“虚增”，即名义增长而实际并无增长。

2.价格再分配的影响，表现为“通货膨胀税”。通货膨胀税是政府以通货膨胀方式向人民征收的一种隐性税收。

3.税收制度的影响。在累进所得税制下，纳税人适用的税率会随着名义收入的增长而提高，产生“档次爬升效应”。

4.产品比价关系的变动。产品比价变动会引起财源分布结构发生变化，相关主体上缴的税利就会有增有减。

（五）管理因素

税收征管制度和征管效率也是影响财政收入的不可忽视因素。提高税收努力程度，尽量“应收尽收”，有利于增加财政收入。

三、最优财政收入规模分析

最优财政收入规模是一个相对的、动态的概念，分析时主要考虑以下几点：一是运用的计算口径和方法须一致，二是与经济发达程度相适应，三是与政府职能范围相关联，四是与政府提供的公共服务相对应。

第三节　财政收入结构

收集世界主要国家的财政收入的数据，运用横向比较与纵向比较相结合的方法，对比分析世界各国财政收入的结构及动态变化趋势，探寻各国财政收入结构变化的原因。

案例一：

减税降费的重大成效和重要意义

【案例导引】

减税降费是积极财政政策的重要举措。自2008年11月财政政策从稳健转为积极以来，我国采取了一系列减税降费措施。作为我国第一大税种的增值税，先后经历了增值税转型、营改增、留抵退税等减税改革措施。供给学派认为，高边际税率会降低人们的工作积极性，阻碍投资，减少资本存量，而减税会提高人们的工作意愿、储蓄意愿和投资意愿，促进经济增长。由于减税降费是一个广泛的利益协调过程，大规模减税降费后减税效果评估、财政可持续性、财政收入能力弱化等问题值得关注。

减税降费是深化供给侧结构性改革的重要举措，也是税制改革中惠企利民的重要措施。“减税”指通过税收减免措施降低纳税人负担，主要涉及增值税、企业所得税、个人所得税等税种；“降费”指降低费用负担，涉及行政事业性收费收入、政府性基金收入和社会保险基金缴费。近年来，我国减税降费取得重大成效。2013—2022年，累计新增减税降费和退税缓税缓费超13万亿元。我国宏观税负从2013年的18.79%下降至2022年的13.77%（见图7-1）。减税降费政策实现了宏观降税负与微观降成本的统一，并与税制改革形成联动效应。

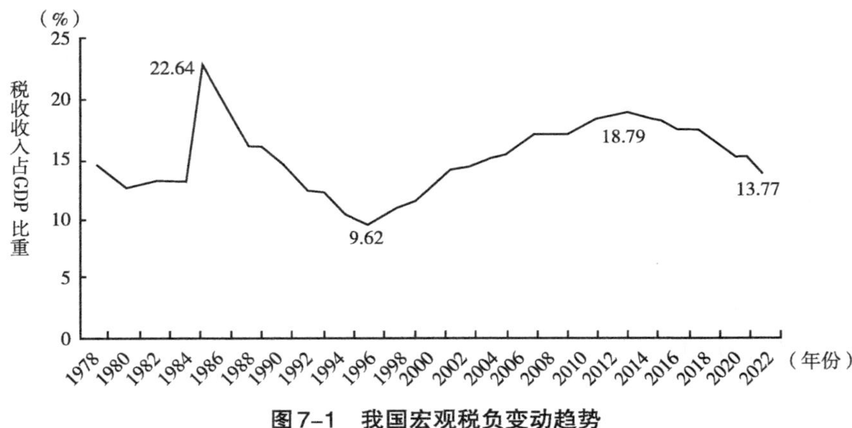

图7-1 我国宏观税负变动趋势

一、减税降费的发展进程

我国减税降费的发展进程经历了结构性减税阶段（2008—2011年）、定向减税和普遍性降费阶段（2012—2017年）、普惠性、组合式减税降费阶段（2018—2022年）三个重要阶段。

（一）结构性减税阶段（2008—2011年）

2008年，我国国民经济运行面临错综复杂的国际国内环境，在国际金融危机冲击的叠加作用下，我国实施积极的财政政策。结构性减税作为积极财政政策的重要组成部分，于2008年中央经济工作会议被正式提出，这标志着我国进入结构性减税阶段。2009年在全国范围实施增值税转型改革，是重要的减税举措。

（二）定向减税和普遍性降费阶段（2012—2017年）

随着我国经济不断发展，营业税和增值税两税并行的税收制度已不能很好适应我国经济发展状况。2011年，经国务院批准，财政部、国家税务总局联合下发营业税改征增值税试点方案，从2012年1月1日起，在上海交通运输业和部分现代服务业开展营业税改征增值税试点，这标志着营改增工作正式开始。

2012—2017年，我国减税降费总体处于定向减税和普遍性降费阶段，减税聚焦增值税、所得税，重点针对特定行业、群体和区域。2013—2017年，营改增试点改革已累计减税2.1万亿元，加上小微企业税收优惠、清理各种收费等措施，共减轻市场主体负担3万多亿元。

（三）普惠性、组合式减税降费阶段（2018—2022年）

2018年，为应对经济下行压力、顺应高质量发展要求，我国进入普惠性、组合式减税降费新阶段。2019年中央经济工作会议强调“要落实减税降费政策”“巩固和拓展减税降费成效”。2019年全年累计新增减税降费超过2万亿元，占GDP比重超过2%。2020年我国减税降费持续推进，推出7方面28项支持疫情防控和经济社会发展税费优惠政策，新增减税降费规模超过2.6万亿元。2021年我国制度性、结构性、阶段性减税降费政策组合发力，全年新增减税降费约1.1万亿元，新增涉税市场主体1326万户，同比增长15.9%，实现“培育税源、扩大税基”的良性循环。2022年我国落实新的组合式税费支持政策，既有增值税留抵退税，又有支持科技创新、扶持小微企业的税收优惠，也有降费缓缴措施，呈现全面发力、多点突破的特点。2022年新增减税降费及退税缓税缓费超4.2万亿元，其中累计退到纳税人账户的增值税留抵退税款2.46万亿元，超过2021年办理留抵退税规模的3.8倍；新增减税降费超1万亿元，其中新增减税超8000亿元，新增降费超2000亿元；缓税缓费超7500亿元。

从我国减税降费的历程来看，主要呈现以下三方面特征：第一，减税聚焦增值税和所得税，总体税基减小。在增值税方面，税基变化表现在起征点提高、进项税整体抵扣范围拓宽以及设置免税项目，推行留抵退税政策。企业所得税方面，针对小型微利企业实施普惠性税收减免并扩大所得税优惠政策适用范围，不断增大研发费用加计扣除金额并扩大研发费用加计扣除政策的覆盖面支持企业研发创新，出台制造业缓缴税费相关规定支持制造业高质量发展。个人所得税方面，提高基本费用扣除标准，增加专项附加扣除，扩大中低收入税率级距，由分类税制转变向分类与综合相结合的税制。第二，简并税率档次，降低税率水平。税率结构的简化优化贯穿减税降费全流程。在增值税方面，税率改革以“快降高档、缓降中档、维持低档”为主要思路，将四档税率简并为三档税率，并以两档税率为目标。在个人所得税方面，以“降税率、扩级距”为主。在企业所得税方面，优惠政策呈现出以产业倾斜为主、区域优惠为辅的特征。利用税率政策促进产业结构调整。第三，减税与降费并重，确保普惠性。一方面逐步推进费改税，发挥税收杠杆作用引导市场主体行为。费改税是在清理整顿部分不合理政府收费的基础上，用税收筹集替代行政收费。另一方面，扩大降费受惠范围。为减轻企业和社会负担，我国连续取消、停征、免征多项行政事业性收费和政府性基金，呈现出降费政策数量多、力度大、覆盖范围广的特点。2011年至今，中央层面已经累计取消、停征、减免超过500项涉企行政事业性收费，涉及农林牧渔业、制造业、金融业等国民经济重要行业。

二、减税降费政策的实践意义

减税降费是具有中国特色的税收政策，是我国促进经济转型升级、激发市场主体活力、减轻市场主体负担、稳定市场预期的重要政策手段，为推动经济高质量发展提供了重要政策支撑，对实现国家治理体系和治理能力现代化具有深远意义。

激发市场主体活力。减税降费有助于在生产、交换环节“做大蛋糕”。一方面，减税降费能够降低企业制度性交易成本，使企业有更多资金投入扩大再生产，有助于投资乘数效应的发挥，形成良性循环。另一方面，减税降费通过改变商品相对价格影响部分领域成本利润，鼓励企业更加重视通过产业结构升级、创新驱动发展提高企业效益，助力供给侧结构性改革。

促进共同富裕目标实现。减税降费有助于在分配环节“分好蛋糕”，实现发展成果全民共享。利用税收再分配功能，提高个人所得税免征额，减轻中低收入人群税负压力，增加居民可支配收入，撬动消费增长。通过对政府收入做“减法”，换取居民可支配收入的“加法”和社会消费的“乘法”，不断满足人民日益增长的美好生活需要，铺就共同富裕之路。

推进国家治理能力现代化。减税降费政策有助于进一步理顺政府与市场关系、中央与地方的税权划分以及逆周期调节与跨周期调节的关系。实施新的组合式税费支持政策，减税与退税并举，退税资金直达企业，有助于营造要素资源自由流动、公平竞争的市场环境，减少税收对市场机制的干扰和扭曲。通过税费调整实现社会总供给和总需求的均衡，短期性税费缓缴和长期性减税降费有机结合强化逆周期与跨周期宏观调控作用，熨平经济波动，保持市场预期基本稳定，实现稳增长与防风险长期均衡。

三、大规模减税降费后应关注的问题

大规模减税降费是一个广泛的利益协调过程，对经济治理、政府治理、社会治理和生态治理均产生着重要影响。大规模减税降费后以下五个问题值得关注：一是持续开展深入的理论研究和政策评估，二是增强财政可持续性，三是完善税制结构，四是健全地方税体系，五是凝聚社会共识，推动更深层税制改革。

资料来源：

1.马海涛.减税降费的重大成效和重要意义［N］.经济日报，2022-11-17（10）.

2. 吕冰洋. 我国大规模减税的政治经济学逻辑［J］. 国际税收，2023（5）：3–11.

思考与讨论：

1. 我国实施了哪些重要的减税政策？减税降费政策的实践意义是什么？
2. 大规模减税降费的政治经济学逻辑是什么？
3. 在大规模减税背景下，如何保障政府支出需求？
4. 大规模减税降费后有哪些问题需要关注？

案例二：

法国大革命的财政原因

【案例导引】

财政是国家治理的基础和重要支柱。财政是一个经济范畴，又是一个政治范畴，事关治国安邦、强国富民。亚当·斯密在《国富论》中称财政为“庶政之母”。宋代的苏辙说过：“财者，为国之命而万事之本。国之所以存亡，事之所以成败，常必由之。”我国封建时代的当政者就十分重视财政的作用，战国时期的商鞅变法、北宋的王安石变法、明代的张居正改革等，都把财政改革作为一个主要内容。中国历史上的多次农民起义、法国大革命的爆发、美国独立战争的打响都与财税问题密切相关。以史为鉴，可以知兴替，从历史与实践的经验中不断汲取智慧，拥有雄厚的财政实力和正确的财政政策，对一个国家的发展繁荣和长治久安具有十分重大的意义。

温家宝曾在新闻发布会上对中外记者说：“其实一个国家的财政史是惊心动魄的，可以从中看到不仅是经济的发展，而且是社会的结构和公平正义。”财政是国家治理的基础和重要支柱。财政、税收实际上是一国政治的全部经济内容，它与市场经济制度的作用发挥、国家自由民主制度的构建、人民的主人翁地位的确定、现代法治的形成等几乎所有的国家大事都密切相连。

路易十六是1774年即位的。此时的法国经过自称“朕即法律、朕即国家”的路易十四的高度专制、王权无限扩大和“我死后哪管他洪水滔天”的路易十五的荒淫挥霍之后，国家面临着严重的财政危机；在大陆及海外进行的旷日持久的战争、向特权阶层提供的名目繁多的年金、凡尔赛宫的奢华无度、超庞大的政府机构支出以及对北美独立战争的支持导致王国政府财政出现巨额赤字。为了支付到期的债款和利息，王国政府不得不举借新债，从而使国家财政状况陷入恶性循环，并陷入了严重的信贷危机。

路易十六认识到，要想改变这种极度困难的局面，必须对下层民众积怨已久、特权阶层死守不放的赋税征收制度进行改革，以缓解日益严重的财政困难。他先后任用杜尔哥、内克、卡隆以及布里埃纳主持财政改革，无不以失败告终。万不得已的国王于1788年7月5日同意召开三级会议。

激变发生

会议开得很不顺利。国王关心的只是财政问题，财政大臣内克的主题报告则是国王“指示”的乏味而冗长的注释。第三等级的代表们对路易十六大失所望，他们认为，三级会议不能成为特权等级维护私利的场所，1789年6月17日，第三等级将有名无实的三级会议改为“国民议会”，并且赋予自己批准税收的权力。对此，路易十六并未想出什么化解危机的良策，而是采取了一个愚蠢的行动——关闭第三等级的会议大厅，结果引发了著名的“网球场宣誓”。7月14日，爆发了著名的“攻占巴士底狱”的行动。1789年8月26日，制宪会议通过了具有里程碑意义的《人权与公民权利宣言》，从根本上铲除了旧制度时期的特权原则，取而代之的是人权和法治原则。1792年9月21日，领导暴力革命的国民公会宣布废止君主制，第二天又宣布法兰西为共和国。1793年1月16日，作为立法机构的国民公会就路易十六的生死问题进行表决，激进派以1票的微弱多数决定了路易十六的命运。1月21日，39岁的路易十六被送上了设在大革命广场的断头台。

纳税人成为立法者

为什么一场财政、税制改革会引发大革命？为什么良好的改革愿望带来的却是否定改革者自己的结局？为什么进行减税和平均税负的改革反而激怒了人民？路易十六面临的困难，最主要的原因是制度上的。此时的第三等级，是僧侣和贵族之外的一切社会阶层，力量空前强大，他们早就不再满足于纳税多而权利少的政治地位，只要有合适的机会，他们就要将自己的意愿表达出来，重新改组社会结构和重新分配权力，此时召开三级会议反而为第三等级提供了一个难得的机会，他们不失时机地将这次会议变成了制宪会议。于是，第三等级的代表就不只是作为纳税人，更是作为立法者来参加会议。所以，这次三级会议注定不会是一个仅仅事关财政事务的会议，而必然是一个重新划分社会权利与权力的会议。对此，路易十六竟没有丝毫察觉，更没有提出任何社会改革的方案以应对第三等级可能提出的要求。

点燃“干柴堆”的改革之火

阿克顿写道：“法国的财政收入已经达到2000万，可路易十六仍然觉得不够花，要求国民继续掏钱。于是，在短短的一代人时间里，财政收入飙升到超过1亿。”托克维尔说：任意征税乃是一切流弊的根源。

就是在这座“干柴堆”上，路易十六点燃了他的财政改革之火。与一切专制统治者一样，他总是把面临的深刻政治危机和社会危机看作是一种“小危机”，他的注意力总是放在诸如增加财政收入这样的具体问题上，唯独不愿意听取有关政治制度改革的意见，而是企图通过财政、赋税体制的修补来克服那个“大危机”。实际上，严重的财政危机往往是严重的社会危机的反映，需要进行全面的社会变革，对此，路易十六毫无认识，实行的仍然是旧的财政管理体制。

这种回避主要矛盾，舍根本问题取次要问题，并试图通过解决这些次要问题来解决根本问题的“改革”对于解救危机无济于事，反而进一步加重了财政危机。因而，以降低绝对剥夺的政策如减税或提高纳税人权利为特征的财政体制改革并不必然带来稳定的社会秩序，反而有可能引起社会的不稳定，这是法国大革命前夕财政改革的一个主要教训。政治不稳定不一定来自绝对剥夺，可能在更大的程度上来自相对剥夺，或者说，来自经济发展和政治自由度的提高。

惊心动魄财政史

路易十六由于历史的和阶级的局限，没有把财政当作政治问题来处理，未能进行包括政治制度在内的全方位改革，而是把财政看作纯技术问题，进行的只是一种低层次的改革。这种局限性极大的改革在一个民众的权利意识、民主精神已经有所觉醒、社会矛盾已经急剧激化的社会里，只能带来经济状况的暂时改善，却无法拯救旧制度，甚至会引发革命，加速旧制度的灭亡。

在任何时代、任何社会制度下，财政都是个大问题。因为向谁收税，收什么税，收多少税，怎么收税，公共资源的配置方向和数量界定，税收、预算权如何分配，如何决策，通过什么程序决策等，根本就不是纯粹的经济问题，而是关系到宪政、民主、法治的政治大问题。

资料来源：

1. 李炜光. 悲歌一曲从天落——法国大革命的财政原因［J］. 南风窗，2008（10）：58-60.

2. 徐瑞娥. 法国大革命前的财政危机与财政改革［J］. 经济研究参考，2009（40）：48-52.

思考与讨论：

1. 从财政角度分析法国大革命的原因。

2. 法国大革命对各国处理财政问题有什么启示？

第八章
税　收

<table>
<tr><td rowspan="3">课程思政具体设计</td><td>思政导航</td><td>如何理解社会主义税收“取之于民，用之于民”？如何落实税收法定原则？如何看待我国的宏观税负？税收如何调节收入分配？如何更好地发挥税收的环保功能？如何建立现代税收制度？我国税制改革的方向和重点是什么？如何认识演艺明星、网络主播偷逃税现象？</td></tr>
<tr><td>课程内容</td><td>第一节　税收概述
第二节　税收原则
第三节　税收负担
第四节　税负转嫁与归宿
第五节　税收的经济效应
第六节　我国税收制度</td></tr>
<tr><td>课程思政案例</td><td>案例一　稳定宏观税负势在必行
案例二　对涉税违法犯罪零容忍，维护公平税收秩序</td></tr>
</table>

第一节　税收概述

一、税收的基本属性

（一）税收的概念

税收是政府为实现其职能的需要，凭借其政治权力，并按照特定的标准，强制、无偿地取得公共收入的一种形式。

（二）税收的形式特征

与政府其他收入相比，税收具有“三性”：强制性、无偿性、固定性。

（三）税收的本质

税收在本质上是为我们享受的公共物品所支付的价格。这种价格，法律上的用语就是对价。人类的文明史实际上就是公共物品的创造史，由此，美国著名法学家霍姆斯将其概括为“Taxes are what we pay for civilized society（税收是文明的对价）”，成为说明税收本质的名言。

二、税制要素

税制要素由纳税人、课税对象、税率、纳税环节、纳税期限、纳税地点、减免税、违章处理等要素构成，其中，纳税人、课税对象、税率是三个基本要素。

（一）纳税人

纳税人是指税法规定的负有纳税义务的单位和个人。与纳税人相关的概念是负税人，如果存在税负转嫁，则纳税人与负税人不一致。

（二）课税对象

课税对象是征税的课体，即对什么征税，反映了征税的广度。课税对象是一种税区别于另一种税的主要标志。与课税对象相关的概念有税目、税基、计税依据等。

（三）税率

税率对课税对象征税的比率，反映了征税的深度。法律上的税率形式包括比例税率、累进税率、定额税率。从经济分析的角度，税率有名义税率和实际税率、平均税率和边际税率等。

三、税收的分类

按课税对象的不同，分为流转税、所得税、财产税、资源税和行为税。

按税负能否转嫁，分为直接税与间接税。

按课税标准，分为从量税与从价税。

按税收与价格的关系，分为价内税与价外税。

按税种的隶属关系，分为中央税、地方税和共享税。

第二节　税收原则

一、税收原则的历史回顾

最早把税收原则明确化、系统化的是亚当·斯密，他提出了“平等、确实、便利、最小征收费用”四大课税原则。

在此基础上，瓦格纳提出了四项九端原则：财政政策原则（收入充分原则、收入弹性原则）、国民经济原则（税源选择原则、税种选择原则）、社会公正原则（普遍原则、平等原则）、税务行政原则（确实原则、便利原则、最小征收收费用原则），极大地丰富了税收原则理论。

二、税收原则的现代观点

（一）效率原则

1.经济效率。税收的经济效率，旨在考察税收对社会资源配置和经济机制运行的影响状况。衡量税收经济效率的标准是税收超额负担最小化。税收超额负担是指政府通过征税将社会资源从纳税人转向政府部门的转移过程中，给纳税人造成了相当于纳税税款以外的负担。

马歇尔—哈伯格超额负担理论使用消费者剩余和生产者剩余概念分析征税对社会净福利的影响，如图8–1所示，图中FDE的面积就是课税的超额负担。

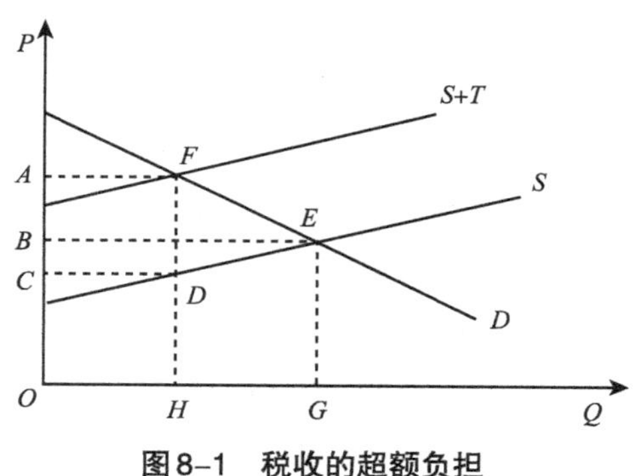

图8–1　税收的超额负担

降低税收超额负担的途径是尽可能保持税收中性。税收中性是指政府课税不扭曲市场机制的正常运行，或者说，不影响私人部门原有的资源配置状况。

2.制度效率。税收的制度效率是指政府设计的税收制度能在筹集充分的收入基础上使税务费用最小化。税务费用包括管理费用、纳税费用和政治费用等。

3.生态效率。生态效率要求达到对社会生态环境的保护和对社会经济可持续发展的维护，建立绿色税制体系。

（二）公平原则

税收公平包括普遍征税和平等征税两个方面。普遍征税要求征税遍及税收管辖权之内的所有法人和自然人。平等征税通常指国家征税的比例或数额与纳税人的负担能力相称。

1.受益原则。受益原则是指各社会成员应按各自从政府提供公共物品中享用的利益来纳税，或者说政府提供公共物品的成本应按各社会成员享用的份额来承担。问题在于，公共物品是一种集合性消费，每个人的享用程度难以个量化，因而受益原则难以普遍应用。

2.能力原则。能力原则是指征收以各社会成员的支付能力标准，而不考虑各自对公共物品的享用程度。能力原则的问题在于如何确定支付能力的标准。关于度量标准，有客观说和主观说之分。主观说主张以纳税人因纳税而感受的牺牲程度大小作为测定其纳税能力的尺度。客观说主张以纳税人拥有财富的多少作为测度其纳税能力的标准，如个人的所得、财产和消费支出等。

第三节 税收负担

一、税收负担的衡量

宏观税收负担：以一定时期内（通常为1年）税收总收入占GDP的比重来衡量，从总体上反映出经济主体对国家税收的负担程度。

微观税收负担：以纳税人的纳税额占纳税人的相关收入的比重来表示，可用于衡量企业或居民个人等微观经济主体的税收负担水平。

二、宏观税负与经济增长

（一）宏观税负水平与经济增长的理论解释：拉弗曲线

拉弗曲线是供给学派的代表人物拉弗设计的说明税率与税收收入和经济增长之间

的函数关系的一条曲线。如图8–2所示，斜线部分为税率“禁区”。

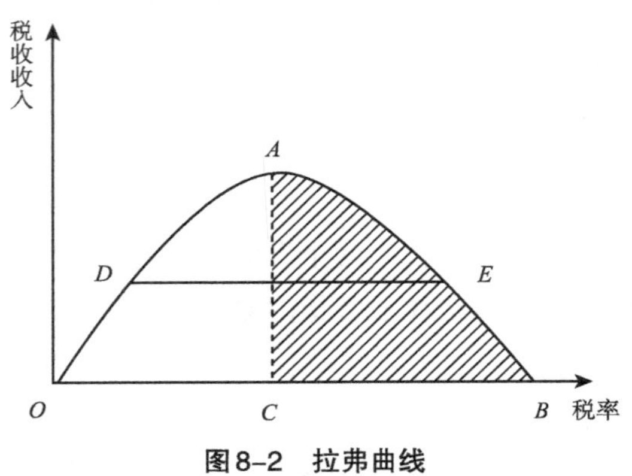

图8–2　拉弗曲线

供给学派的税收观点：（1）高边际税率会降低人们的工作积极性，而低边际税率会提高人们的工作积极性。（2）高边际税率会阻碍投资，减少资本存量，而低边际税率会鼓励投资，增加资本存量。（3）边际税率的高低和税收收入的多少不一定按同一方向变化，甚至可能按反方向变化。

拉弗曲线的经济含义：（1）高税率不一定取得高收入，而高收入也不一定要实行高税率。（2）取得同样多的税收收入，可以采取两种不同的税率。（3）保持适度的宏观税负水平是促进经济增长的一个重要条件。

（二）宏观税负水平与经济增长的经验解释：马斯顿的经验分析

世界银行经济学凯思·马斯顿选择了20世纪70年代具有可比性的20个国家的经验数据，对宏观税率的高低对经济增长的影响进行了实证分析。得出结论：低税负国家的国内生产总值的实际增长率高于高税负国家；宏观税率提高对经济增长的消极影响，在低收入国家比在高收入国家要严重得多。这说明，较低的宏观税率对提高本国的经济增长率具有积极的促进作用。

三、我国宏观税负分析

（一）宏观税负的统计口径

小口径：只包含税收收入；中口径：除了税收，还包含社会保险费；大口径：包含全部政府收入。

（二）宏观税负分析思路

首先，税负轻重是一个相对的概念，衡量一国税负的轻重首先要看宏观税率，即税收收入占该国GDP的比重高低；这个比率越高，税负往往就越重。其次，一国税负的高低要看税负在社会成员之间的分配是否公平合理。最后，考察一个国家的税负轻重，还要结合税收收入的使用方向。分析我国税负轻重，须结合财政支出结构以及公共服务水平的变化。

正如狄克·格利高里所言："只要是交给一个友好的政府，我愿意纳税。"

第四节　税负转嫁与归宿

曼昆在谈及税收时曾表示："税收的关键不在于向谁要，而在于由谁来掏腰包"。其中两个"谁"分别指的是谁?

一、税负转嫁与税收归宿的含义

税负转嫁是指商品交换过程中，纳税人通过提高销售价格或压低购进价格的方法，将税负转移给购买者或供应者的一种经济现象。税收归宿是指处于转嫁中的税负的最终落脚点。

研究税负转嫁与税收归宿问题十分重要，它有助于国家设计出比较理想的税制，尤其是对于以间接税为主的我国而言。

二、税负转嫁方式

税负转嫁方式有前转、后转、混转、消转、税收资本化等。

前转，又称为顺转，指纳税人通过抬高销售价格将税负转嫁给购买者。前转是最常见的税负转嫁。

后转，又称为逆转，指纳税人在无法实现前转时，通过压低购进价格将税负转嫁给供应商。税收资本化是指商品（不动产、有价证券等）购买者将所购商品的未来应纳税款，通过从购入价格中预先扣除的方法，转嫁给商品的出售者，是后转的特殊形式。

三、税负转嫁与归宿的一般规律

1.商品课税较易转嫁，所得课税一般不易转嫁。

2.供给弹性较大、需求弹性较小的商品的课税较易转嫁（见图8–3），供给弹性较小、需求弹性较大的商品的课税不易转嫁。

3.课税范围宽广的商品较易转嫁，课税范围狭窄的难以转嫁。

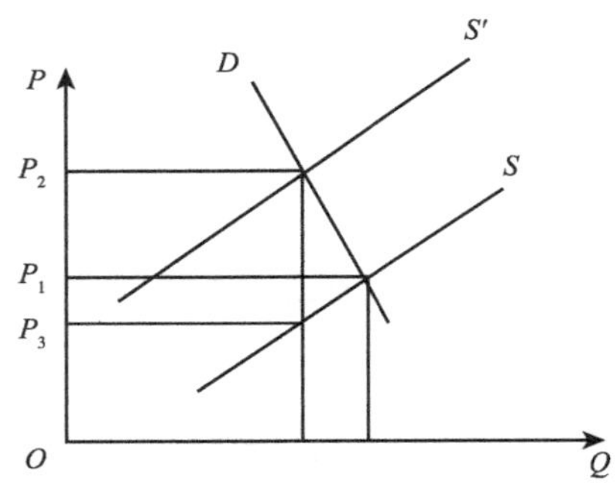

图8-3　供给弹性大于需求弹性的税负转嫁与归宿

4.对垄断性商品课征的税容易转嫁，对竞争性商品课征的税较难转嫁。

5.从价课税的税负容易转嫁，从量课税的税负不容易转嫁。

第五节　税收的经济效应

一、税收的经济效应作用机制

（一）税收的收入效应

收入效应是指税收将纳税人的一部分收入转移到政府手中，使纳税人的收入下降，从而降低商品购买量和消费水平。如图8-4所示。

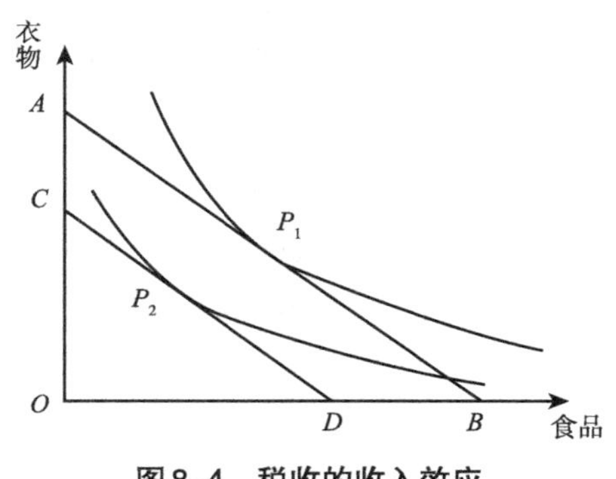

图8-4　税收的收入效应

（二）税收的替代效应

替代效应是指税收对纳税人在商品购买方面的影响，表现为当政府对不同的商品实行征税或不征税、重税或轻税的区别对待时，会影响商品的相对价格，使纳税人减少征税或重税商品的购买量，而增加无税或轻税商品的购买量，即以无税或轻税商品替代征税或重税商品。如图8–5所示。

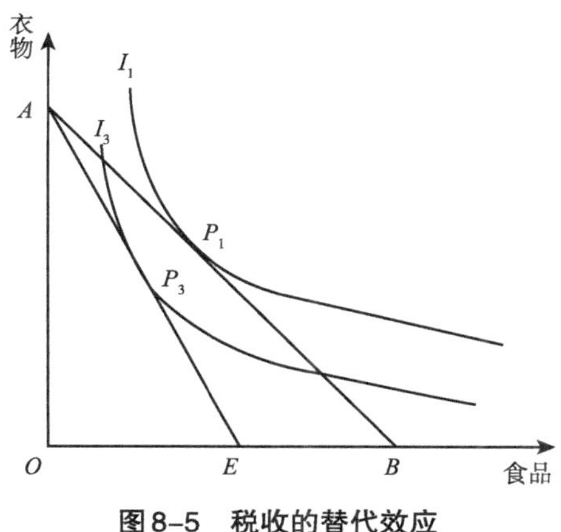

图8–5 税收的替代效应

二、税收的经济影响

（一）税收对劳动供给的影响

税收对劳动供给的收入效应是指征税后减少了个人可支配收入，促使其为维持既定的收入水平和消费水平，而减少或放弃闲暇，增加工作时间。

税收对劳动供给的替代效应是指由于征税使劳动和闲暇的相对价格发生变化，劳动收入下降，闲暇的相对价格降低，促使人们选择闲暇以替代工作。

收入效应与替代效应呈反方向运动，劳动供给增加还是减少，取决于收入效应与替代效应的对比。

（二）税收对居民储蓄的影响

影响居民储蓄行为的两个主要因素是个人收入水平和储蓄利率水平。

收入效应是指对个人所得或利息征税后，个人的实际收入下降，会按其既定的收入减少当前消费和储蓄。

替代效应是指对利息所得征税后，降低了纳税人的实际税后收益率，使未来的消费价格变得昂贵了，降低了人们储蓄的意愿，从而使纳税人以消费代替储蓄。

（三）税收对投资的影响

税收对投资替代效应是指课征公司所得税会降低纳税人的投资收益率，如果因此而降低了投资对纳税人的吸引力，导致投资者减少投资而以消费替代投资。

税收对投资的收入效应是指征税减少了投资者的税后净收益，而投资者为了维持过去的收益水平趋向于增加投资。

（四）税收对个人收入分配的影响

1.个人所得税是调节收入分配的最有力工具。

2.税收支出也是影响收入分配的重要工具。

3.遗产税与赠与税是削弱财富过度集中的一项策略。

4.社会保险税是实现收入再分配的良好手段。

5.所得税指数化是减轻通货膨胀的收入分配扭曲效应的一种方法。

所得税指数化是按照每年消费物价指数，调整应税所得的适用税率和纳税扣除额，以便剔除通货膨胀所造成的名义所得上涨的影响。

（五）税收对环境保护的影响

绿色税收是指以环境保护为目的而征收的各种税和采取的各项税收措施，主要是对破坏和污染环境的行为征税。各国环境税收制度的具体内容虽然存在差异，但基本由两部分构成，一是以保护环境为目的，针对污染、破坏环境行为征收的专门税款，如我国开征的环境保护税。二是在其他一般税种中，为保护环境采取的各种税收调节措施。

第六节　我国税收制度

一、我国现行税制体系

我国现行税制体系以流转税和所得税为主，共包括增值税、消费税、企业所得税、个人所得税等18个税种。

自主学习任务：

1.根据最新全国财政决算中的“全国一般公共预算收入决算表”“中央一般公共预算收入决算表”“地方一般公共预算收入决算表”，总结出18个税种的名称，计算各税种当年的税收收入及占全部税收收入的比重，明确各税种的收入归属中央还是地方。

2.根据各税种的法律规定，总结各税种的三大基本要素及功能。

二、我国的税制改革

重点关注“六税一法”改革：

一是推进增值税改革。扩大营改增实施范围，“十二五”时期完成营改增目标；适时优化税率，实行彻底的消费型增值税制度并完成增值税立法。

二是完善消费税制度。调整消费税征收范围，优化税率结构，改革征收环节和收入分享办法，增强消费引导与调节功能。

三是加快资源税改革。抓紧在全国范围内实施煤炭资源税从价计征，全面推进资源税从价计征改革，相应清理取消涉及的行政事业性收费和政府性基金；逐步将资源税扩展到水流、森林、草原、滩涂等自然生态空间。

四是建立环境保护税制度。按照重在调控、清费立税、循序渐进、合理负担、便利征管的原则，将现行排污收费改为环境保护税，新设二氧化碳税目，进一步发挥税收对生态环境保护的促进作用。

五是加快房地产税立法并适时推进改革。总的方向是，在保障基本居住需求的基础上，对城乡个人住房和工商业房地产统筹考虑税收与收费等因素，合理设置建设、交易、保有环节税负，促进房地产市场健康发展，使房地产税逐步成为地方财政持续稳定的收入来源。房地产税改革要加强调研，立法先行，适时推进。

六是逐步建立综合与分类相结合的个人所得税制。合并部分税目作为综合所得，适时增加专项扣除项目，合理确定综合所得适用税率；尽快推广个人非现金结算、建立第三方涉税信息报告制度等。

此外，抓紧修订《税收征管法》，促进依法治税，同时也为个人所得税和房地产税改革创造条件。

案例一：

稳定宏观税负势在必行

【案例导引】

拉弗曲线表明，保持适度的宏观税负水平是促进经济增长的一个重要条件。一国的宏观税负水平是一个备受关注的问题，但税负轻重是一个相对的概念，判断宏观税负的轻重是一件较为复杂的事情。自2008年全球金融危机发生以来，我国采取了不同程度的减税降费政策。减税降费让利于企，还利于民，但同时也使财政面临减收增支压力，财政运行处于紧平衡状态。2022年我国新增减税降费及退税缓税缓费超4.2万亿元，财政赤字3.37万亿元。当前，要保持宏观税负基本稳定，同时应进一步优化财政支出结构，因为宏观税负的轻重需要结合财政支出结构及公共服务水平来评价，宏观税负标准在于人民福利。

时任财政部部长刘昆在《党的二十大报告辅导读本》中指出，当前和今后一个时期，要保持宏观税负基本稳定，财政相应处于紧平衡状态，必须加强资源统筹，集中财力办大事。

一、我国宏观税负持续下行，总体处于全球偏低水平

（一）宏观税负水平测算

在不同经济体间比较宏观税负时，统一口径以及识别口径的差异是前提。我们可以将宏观税负分为小口径、中口径、大口径和全口径进行国际比较。其中，小口径用不包含社保税（费）的税收收入除以GDP；中口径用税收收入与社会保险收入之和除以GDP；大口径用包含了税收收入、非税收入以及社会保险费（税）的收入除以GDP；全口径用全口径政府收入除以GDP。具体如图8–6所示。

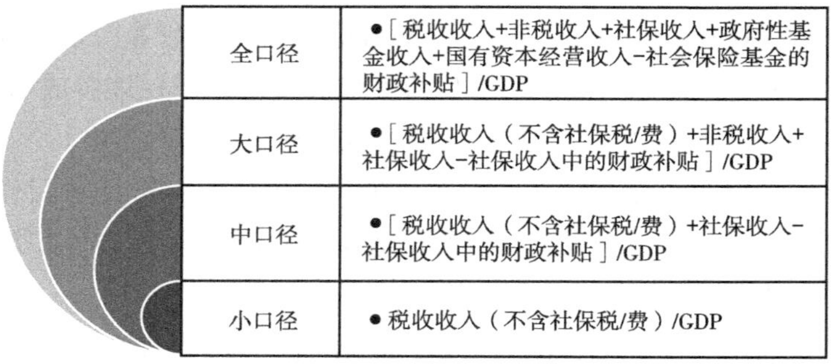

口径	计算方法
全口径	●［税收收入+非税收入+社保收入+政府性基金收入+国有资本经营收入–社会保险基金的财政补贴］/GDP
大口径	●［税收收入（不含社保税/费）+非税收入+社保收入–社保收入中的财政补贴］/GDP
中口径	●［税收收入（不含社保税/费）+社保收入–社保收入中的财政补贴］/GDP
小口径	●税收收入（不含社保税/费）/GDP

图8–6　不同口径宏观税负涵盖范围不同

自2016年以来，我国宏观税负持续下行（见图8–7），特别是近年来，我国连续推出大规模减税降费及退税缓税缓费，我国无论是狭义（见图8–8）还是广义（见图8–9）宏观税负均已降至全球偏低水平。

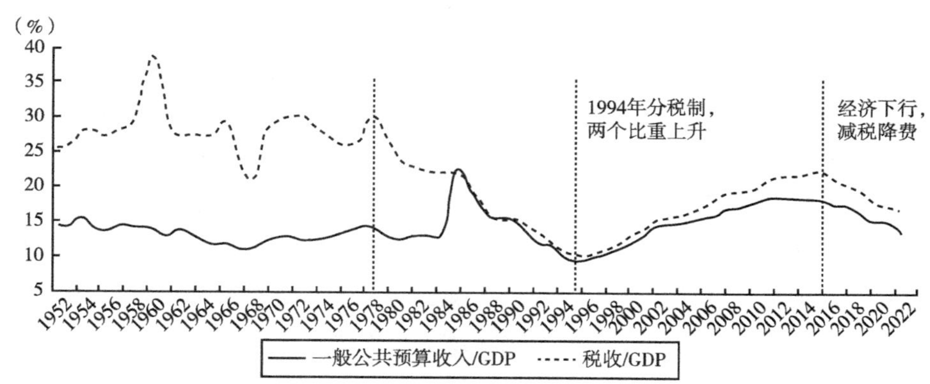

图8–7　1952—2022年我国宏观税负情况

资料来源：wind，粤开证券研究院。

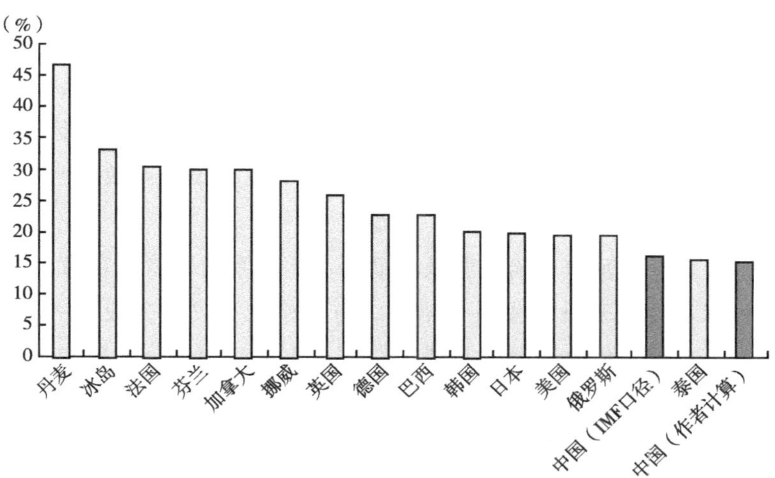

图8-8 2020年主要经济体小口径宏观税负

资料来源：IMF、粤开证券研究院。

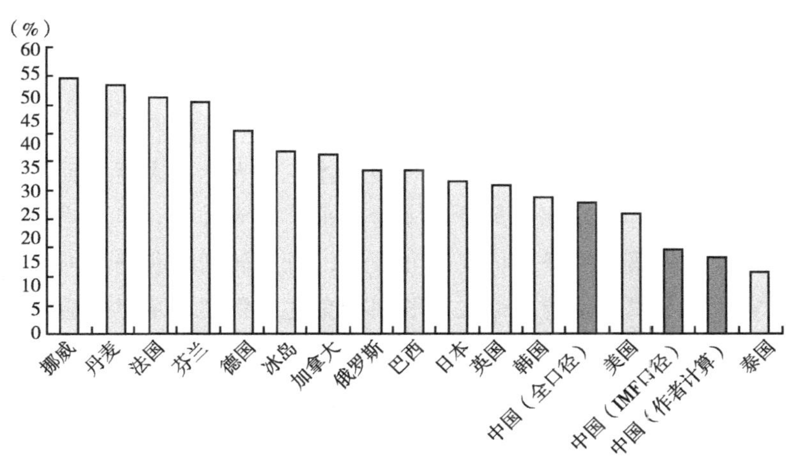

图8-9 2020年主要经济体大口径宏观税负

资料来源：IMF、粤开证券研究院。

（二）我国宏观税负持续下行，但居民及企业税负感较重的原因

近年来，我国宏观税负持续下行，但居民及企业却感觉税负较重，两者背离结果的产生，主要受到四点因素影响。一是当前我国税制结构仍以间接税为主，减税降费主要集中在减增值税。二是土地出让收入快速上涨推动房价上升，以及企业经营过程中存在的隐性成本，部分地抵销了企业及居民对减税降费的获得感。三是个人所得税主要源自工资薪金所得，纳税群体过少，个税由有限的人群承担，故个体感受到的税负高。四是我国财政支出结构中基建支出占比

仍较高，民生福利占比有待进一步提高，支出效率也有待提高。

二、稳定宏观税负势在必行

宏观税负水平由政治、经济、社会乃至历史文化传统等诸多因素综合作用决定，合理的宏观税负水平需要同时考虑经济发展阶段、财政支出需求和税负结构等因素，偏高或者偏低都不行，要适度。

第一，宏观税负反映政府凭借政府政治权力和所有者身份的收入汲取能力，其高低不仅取决于经济社会发展的需要，与经济社会发展阶段有关；而且取决于征税成本、市场主体的纳税遵从度，与信息化水平和法治化程度有关。

第二，稳定宏观税负势在必行，要避免财政汲取能力过快下滑导致债务过快上升；财政政策要以支出政策为主，收入政策为辅。收入端政策重在落实既定政策，要从数量规模型减税降费转向追求效率和效果。

第三，未来减税降费空间已经不大，强力推行的结果要么是压缩支出，要么是透支财政空间、扩大赤字和债务，总之都会导致新的风险。同时，我国减税降费的效果边际递减，在经济下行期对市场信心的提振以及对经济的拉动作用也在下降。

三、具体思路

近年来，财政在抗疫纾困、稳定市场主体、扩大总需求等方面取得了较好的效果，在防范化解经济社会风险等方面做出了重大贡献。但在当前财政形势下，不能再过于强调减税降费的规模和数量，而应转到减税降费对调结构的效果上，落实和完善减税清费。站在更长期的角度，税制改革至关重要，不仅要缓解当前的财政收支矛盾，还需推动经济社会的改革、发展和稳定。

具体来看，一是加强财政政策与非经济政策的协调配合，要避免非经济政策如运动式环保等引发对经济的冲击，进而转化为财政风险和支出责任的扩大。二是加强财政政策与经济政策尤其是与货币金融政策的配合，避免靠财政单一发力。三是推动结构性加税与结构性减税，保障财政可持续性。四是落实和完善现有减税降费政策，减税降费不能再过度强调数量规模，而应侧重对结构调整的作用。五是继续优化财政支出结构，继续压降非必要非刚性支出，基本民生只增不减，持续做好“六稳”“六保”工作。

资料来源：

1. 罗志桓，贺晨. 稳定宏观税负势在必行［J］. 新理财（政府理财），2023（Z1）：56–59.

2. 陈益刊. 中国宏观税负降至13.8% 未来怎么走? [N]. 第一财经日报，2023-02-06（A06）.

思考与讨论：

1. 分税制改革以来，我国的宏观税负有什么变化？为什么？
2. 近几年我国宏观税负持续下行，但为什么居民及企业税负感仍较重？
3. 为什么稳定宏观税负势在必行？
4. 如何进一步优化减税降费政策？
5. 如何理解宏观税负标准在于人民福利？

案例二：

对涉税违法犯罪零容忍，维护公平税收秩序

【案例导引】

《中华人民共和国宪法》第五十六条规定，中华人民共和国公民有依照法律纳税的义务。《中华人民共和国税收征收管理法》和《中华人民共和国刑法》规定了违反税法的各种情形及相应处罚。近几年，多起明星艺人、网红主播等社会公众人物涉税案件曝光，范冰冰、薇娅等因偷逃税款被处罚，每起偷逃税案件曝光都是一次深刻鲜活的普法教育。20世纪90年代，我国开始建设“金税工程”。2021年8月，“金税四期”启动，开启了“以数治税”新时代。“金税四期”的推进将会使现代化税收征管系统更加强大，实现“以票控税”向“以数治税”的转变。

继9月16日税务部门曝光4起涉税违法案件，2023年9月25日，税务部门再曝光5起涉税案件，包括1名影视工作从业者和1名财税中介人员因偷逃税被处罚，多部门联合依法查处1起骗取出口退税团伙案件，1家加油站虚假纳税申报被处罚，1户企业因虚开增值税专用发票并违规适用增值税加计抵减政策被查处。此次偷逃税案件曝光无疑又是一次深刻鲜活的普法教育，再次警示：无论是明星艺人、网红主播，还是各类经营主体都应严守税法，莫存侥幸，勿触法律红线。

严肃查处，税法权威不容侵犯

在近期演艺明星、网络主播偷逃税案件曝光后，税务部门再次曝光一起影视工作从业者偷逃税案件，表明了税务部门对相关领域涉税违法行为零容忍的

态度，传递了税务部门持续加强对文娱领域和网络直播从业人员的税收监管，对偷逃税等涉税违法犯罪行为依法处理、严厉打击的明确信号。

今年以来，税务部门已公开曝光了8起文娱领域、网络直播行业偷逃税案件。无论是偷逃少缴税款超千万元的网络主播、有一定影响力的明星艺人，还是偷逃税款金额不大的演艺界人士、知名度不高的小主播，只要逾越法律界限都受到了处罚，彰显了税务部门持续打击相关领域偷逃税行为的高压态势。

据了解，早在2021年底，税务部门总结了有关领域税收监管的做法，已经形成了先提示提醒，再督促辅导，后予以约谈警示，对警示后仍拒不配合整改的依法进行立案稽查，对立案案件选择部分情节严重、影响恶劣的在查处后公开曝光的“五步工作法”，可以说是兼具温度和力度。此次曝光的这位影视工作从业者在税务部门提示提醒、督促整改、约谈警示后，仍整改不彻底，抱有侥幸心理，依法受到严肃查处，也是咎由自取。

依法纳税不仅是每个公民的基本义务，更是公众人物应尽的社会职责。税法权威不容侵犯，以身试法只能自毁前程。无论名气大小、流量高低，都应该树立依法诚信纳税理念，承担起相应的社会责任，自觉履行诚信纳税义务。

诚信纳税，否则将自食其果

值得关注的是，本次曝光的案件中有一起是财税中介人员因偷逃税被处罚案件，其采取虚假申报手段偷逃个人所得税，被立案处罚。

近年来，税务部门陆续实名曝光了一些涉税中介违规典型案例，这些案例大多是涉税虚假宣传信息，歪曲解读税收政策，误导社会公众，甚至教唆或直接实施偷逃税行为，扰乱正常税收秩序，侵犯了纳税人缴费人的合法权益，也妨碍了市场公平竞争。税务机关持续加大力度打击涉税中介机构违法案件并予以曝光具有重要的普法意义。

本案也给涉税中介从业人员敲响警钟。涉税中介从业人员是涉税专业服务的提供者，不仅应依法依规执业，更要坚持底线思维，诚信纳税。税务部门曝光相关案例，意在提醒广大涉税中介从业人员要增强自律意识，恪守职业道德，认真履行社会责任，加强行业自律和审核把关，带头严守国家法律法规，凭借专业优质的服务、诚信纳税，树立行业良好形象，否则必将受到法律的严惩。

合法经营，方可行稳致远

此次曝光的案件类型还有涉及虚开发票、偷逃税、骗取出口退税、骗取税费优惠政策等，充分体现了税务等部门对各类涉税违法犯罪行为“露头就打”、严惩不贷，以公正监管促公平竞争，为铤而走险的不法分子再次敲响警钟。

企业的健康发展离不开法治公平的营商环境。税务部门始终重视一手抓持续优化税费服务，一手抓严厉打击恶意偷逃骗税等违法行为，加强对各类享受税费优惠政策企业的税费服务和税收监管。2023年7月底以来，党中央、国务院连续部署实施了一系列延续、优化、完善的税费优惠政策。税务部门针对出台政策项目多、涉及领域广、适用主体差异大的特点，制订了精准推送“一政策一方案”，全力做到“政策找人”。另外，充分发挥七部门常态化打击虚开骗税工作机制，依法严厉打击各类涉税违法行为，毫不放松，坚持精准打击“假企业”“假出口”“假申报”，精准打击行业性、区域性重大案件和职业化犯罪团伙，精准打击主犯、累犯和内外勾结犯罪分子，为各项税费优惠政策落快落稳落好保驾护航，着力推进营造法治公平的税收营商环境。

税收在国家治理中具有基础性、支柱性、保障性作用，我国税收“取之于民、用之于民、造福于民”，是保障民生的重要财力支撑。涉税违法犯罪不仅损害了国家和人民群众的利益，更破坏了市场经济秩序。一系列涉税典型案件的曝光，体现出税务部门针对各种类型的偷逃税行为开展全方位精确化打击和规范化治理，规范税收经济秩序，维护社会公平正义的决心。无论是企业经营主体还是自然人纳税人，在享受国家发展红利、政策“红包”的同时，都应自觉履行诚信纳税义务，做到应缴尽缴，绝对不能心存侥幸，更不能触碰法律红线。

资料来源：

1. 李萍. 税务部门再曝光5起涉税案件！对涉税违法犯罪零容忍，维护公平税收秩序［EB/OL］. 国家税务总局网站，2023-09-25. https：//www.chinatax.gov.cn/chinatax/n810219/n810780/c5214125/content.html.

2. 陶凤. 明星偷逃税，心存侥幸必翻车［N］. 北京商报，2023-09-18（002）.

3. 孙冰. 邓伦偷逃税是如何被发现的？税法律师：大数据查税还会“本领”升级［J］. 中国经济周刊，2022（3）87-89.

思考与讨论：

1. 明星偷逃税通常是如何被发现的？
2. 如何提高纳税人的税收遵从度？
3. 如何强化影视行业的税收风险管理？
4. 以上涉税违法案件对我们有什么启示？

第九章

非税收入

<table>
<tr><td rowspan="3">课程思政具体设计</td><td>思政导航</td><td>如何认识“费改税”？如何认识我国的“土地财政”？国有资本经营收入怎样实现“社会分红”？如何完善我国社会保险基金收入制度？如何加强对非税收入的管理？</td></tr>
<tr><td>课程内容</td><td>第一节　政府性收费
第二节　政府性基金
第三节　国有资本经营收入
第四节　社会保险基金收入</td></tr>
<tr><td>课程思政案例</td><td>案例一　土地财政转型势在必行
案例二　国有资本经营应实现“社会分红”</td></tr>
</table>

第一节　政府性收费

一、政府性收费的概念

政府性收费是指各级政府凭借公共权力，通过向社会提供某些特定的公共劳务或公共设施，而向受益单位或个人收取的费用。包括行政性收费和事业性收费两部分。

二、收费与税收的区别

1. 征收主体不同。税收的主体是国家，税收管理的主体是代表国家的税务机关、海关，而费的收取主体多是行政事业单位、行业主管部门等。

2. 特征不同。税收具有无偿性，纳税人缴纳的税收与国家提供的公共产品和服务之间不具有对称性。费则通常具有补偿性，主要用于成本补偿的需要，特定的费与特定的服务往往具有对称性。税收具有稳定性，而费则具有灵活性。税法一经制定，对全国具有统一效力，并相对稳定；费的收取一般由不同部门、不同地区根据实际情况灵活确定。

3. 用途不同。税收收入由国家预算统一安排，用于社会公共需要支出，而费一般具有专款专用的性质。

4. 法律效力不同。税收的法治性和规范性强，有利于立法监督和行政管理，而收费的法治性和规范性相对较差，容易诱发滥收费现象。

三、政府性收费管理

政府性收费制度改革的基本改革思路是：在对现有的政府性收费进行清理整顿的基础上，用税收取代一些具有税收特征的收费。通过进一步深化财税改革和完善财政管理制度，初步建立起以税收为主，少量的、必要的政府收费为辅的科学规范的政府公共收入体系。

具体措施包括：第一，准确界定政府性收费。第二，明确政府性收费的管理主体。第三，规范政府性收费的范围和标准。第四，强化对政府性收费的预算管理。第五，建立政府性收费的法律体系和监督检查机制。第六，将部分政府性收费改为税收。

第二节　政府性基金

一、政府性基金的概念

政府性基金是指各级人民政府及其所属部门根据法律、行政法规和国家有关文件规定，为支持公共事业发展和特定基础设施建设，向公民、法人和其他组织无偿征收的具有专项用途的财政资金。具有资金的财政性、政府的主体性、用途的特定性三大特征。

政府性基金包括中央政府性基金和地方政府性基金，国有土地使用权出让收入是地方政府性基金的主要来源。具体规模和构成可参考《全国财政决算》中的《中央政府性基金收入决算表》和《地方政府性基金收入决算表》。

二、国有土地使用权出让收入

国有土地使用权出让收入是指政府以出让等方式配置国有土地使用权取得的全部土地价款。具体包括：以招标、拍卖、挂牌和协议方式出让国有土地使用权所取得的总成交价款（不含代收代缴的税费）；转让划拨国有土地使用权或依法利用原划拨土地进行经营性建设应当补缴的土地价款；处置抵押划拨国有土地使用权应当补缴的土地价款；转让房改房、经济适用住房按照规定应当补缴的土地价款；改变出让国有土地使用权土地用途、容积率等土地使用条件应当补缴的土地价款，以及其他和国有土地使用权出让或变更有关的收入等。

从2007年1月1日起，土地出让收支全额纳入地方基金预算管理。收入全部缴入地方国库，支出一律通过地方基金预算从土地出让收入中予以安排，实行彻底的“收支两条线”。

三、我国政府性基金的改革方向

从改革方向和发展趋势来看，未来中国政府性基金的征收应限于那些设立的目的是解决社会发展过程中所出现的特定问题的项目。

本着“推进全口径政府预算管理，全面反映政府收支总量、结构和管理活动”的改革精神，严格控制政府性基金项目的设立，强化政府性基金预算与一般公共预算的统筹衔接，逐步把政府性基金纳入一般公共预算。基金的征收管理和使用实现法治化和规范化。

第三节　国有资本经营收入

一、国有资本经营收入的含义与属性

国有资本经营收入是指国有资本经营、转让、清算等形成的财政收入，它反映的是经营和使用国有财产取得的收入，是政府非税收入的重要组成部分。

国有资本经营收入之所以能够成为财政收入的一部分，根本依据在于国家（政府）是国有资本（国有资产）的终极所有者，按照“谁投资、谁所有、谁受益”的原则，国家拥有依法取得和通过财政支出形成的国有资产的完整的所有权。

二、国有资本经营收入的构成

国有资本经营收入包括利润收入，股利、股息收入，产权转让收入，清算收入，其他国有资本经营预算收入。具体可参考《全国财政决算》中的《全国国有资本经营收入决算表》。

三、国有资本经营收入的管理

将国有资本经营收入管理纳入公共财政预算管理体系，建立国有资本经营预算制度，是建设和完善公共财政收入体系的题中应有之义。

国有资本经营收入管理体现的是国家基于财产所有者的身份所从事的对公共收入的管理活动。按照“完善各类国有资产管理体制，改革国有资本授权经营体制，加快国有经济布局优化、结构调整、战略性重组，促进国有资产保值增值，推动国有资本做强做优做大，有效防止国有资产流失”的改革要求和总体部署，完善我国国有资本经营预算制度，改善国有资本经营收入管理。

党的十八届三中全会《中共中央关于全面深化改革若干重大问题的决定》提出，完善国有资本经营预算制度，提高国有资本收益上缴公共财政比例，2020年提到30%，更多用于保障和改善民生。

第四节 社会保险基金收入

一、社会保险基金收入的含义

社会保险是一项由政府主导和举办的需要缴费的社会福利计划，有独立的收入来源。

在现代国家，社会保险实行国家、企业（用人单位）和个人责任共担的原则，采取社会保险基金征缴方式筹集资金，主要来自参保单位和参保个人的缴纳。资金由政府的社会保障机构统一征缴和统一管理，并专款用于全体社会成员的社会保障项目。

二、社会保险基金收入的构成

我国的社会保险基金收入包括养老保险、医疗保险、失业保险、工伤保险、生育保险五项社会保险。从收入来源看，包括保险费收入、财政补贴收入、利息收入、委托投资收益。具体可参考《全国财政决算》中的《全国社会保险基金收入决算表》。

三、我国社会保险基金收入的改革设想

改革的基本设想：精简归并“五项保险”，把生育保险和基本医疗保险合并实施，实行“四项保险”制；降低社会保险缴费率，尤其是养老保险缴费率，切实减轻企业和个人缴费负担；丰富社会保险基金收入来源渠道，拓宽社会保险基金投资渠道，推

进基金市场化、多元化、专业化投资运营；划转部分国有资本充实社会保障基金，逐步提高国有资本收益上缴公共财政的比例，更多用于保障和改善民生；积极探索做实社保基金个人账户的途径和方式，实现社会保障事业的可持续发展。

案例一：

土地财政转型势在必行

【案例导引】

土地财政通常是指地方财政过分依赖土地出让收入的现象。国有土地使用权出让收入是国家财政四大预算之一的政府性基金预算的主要收入来源。近几年，由于房地产市场不景气，土地出让收入明显下降。2021年，地方政府性基金收入为93936.48亿元，其中国有土地使用权出让收入高达84977.85亿元。2022年，地方政府性基金收入下降至73772.38亿元，其中国有土地使用权出让收入减少为65326.00亿元。土地出让收入的下滑使地方政府陷入财政困局，地方政府债务特别是地方隐性债务风险凸显。地方政府长期以来形成的"房地产—土地财政"模式难以持续，土地财政亟须转型。

长期以来，房地产相关税收和土地使用权出让收入占据着国家财政"第一本账"（一般公共预算收入）和"第二本账"（政府性基金收入）的半壁江山。土地出让收入为地方政府提供大量财政收入来源，形成大量基础设施建设，带

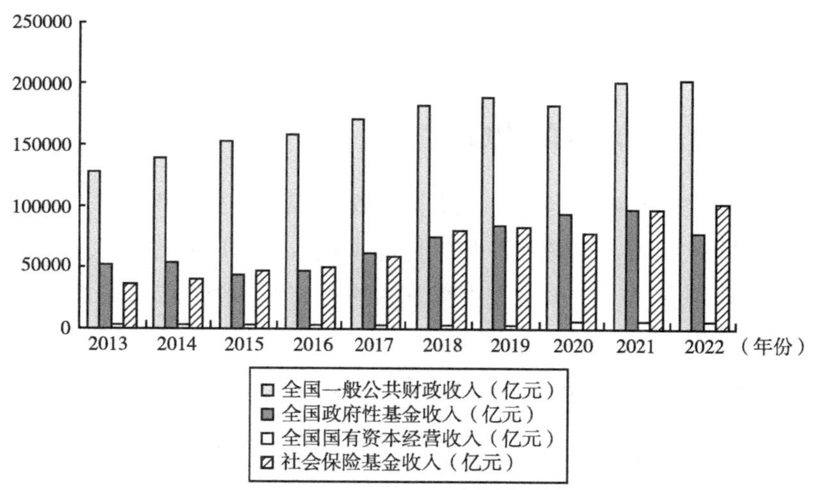

图9-1　2013—2022年财政收入情况

资料来源：wind，泽平宏观。

动经济发展的同时，其间接推高的融资平台和政府债务也成了不少政府的痛点，一些城市的非理性供地为房地产市场转弱埋下了伏笔。2022年以来，由于房地产市场表现低迷，土地出让收入明显下降。如何应对土地出让收入下滑带来的财政资金缺口，成为一些高度依赖“土地财政”的政府不得不面对的问题。

一、地方政府依赖土地财政

我国的财政体系以四张财政收支决算表（“四本账”）为框架（见图9-1），财政一、二本账是财政收入的主体。“财政四本账”是指一般公共预算收支决算表、政府性基金收支决算表、国有资本经营收支决算表和社会保险基金收支决算表。“第一本账”即一般公共预算，是对以税收为主体的财政收入，目前约占财政整体收入的1/2；“第二本账”政府性基金收支预算以国有土地使用权出让为收入主体，和土地财政紧密相关，包括债务，目前约占收入整体的1/4。“第三本账”为全国国有资本经营收入，占比仅在1%左右；“第四本账”社会保险基金，一般不用于平衡一般公共预算。因此财政一、二本账是财政收支的核心。土地财政包括第一本账的房地产直接税收和第二本账的土地出让收入，狭义的土地财政仅指土地出让金收入。

地方政府依赖土地财政，房地产的直接税收及土地出让收入贡献财政收入超1/3，地价占房价60%左右。2022年地方政府与房地产相关收入总额8.61万亿元，其中国有土地出让金收6.69万亿元，5个房地产特有税种税收合计1.92万亿元。2022年土地出让收入和房地产专项税占商品房销售额的64.6%。2015—2021年土地出让收入和房地产专项税合计占地方财政收入从26.0%持续攀升至36.7%，2022年出现回落（见图9-2）。

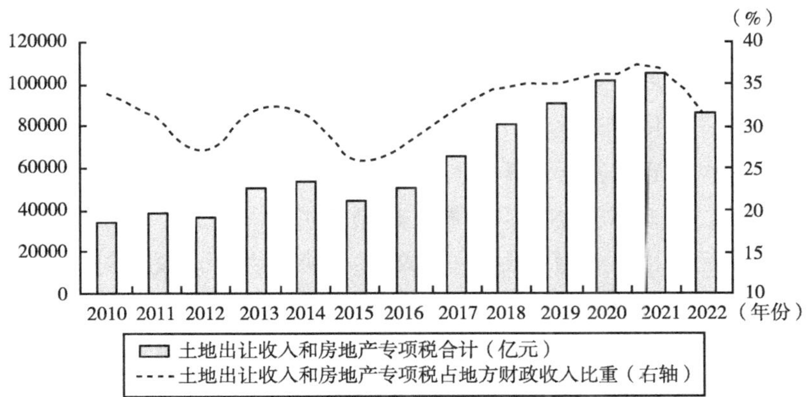

图9-2　2010—2022年土地出让收入和房地产专项税

资料来源：wind，泽平宏观。

二、当前地方政府的财政困局

任泽平团队在《中国财政形势报告2023：从土地财政向股权财政转型》中指出，中国财政存在三个深层次问题："房地产—土地财政"模式难以持续、地方财政财权事权不匹配、地方隐性债务负担。

一是房地产大开发时代落幕，土地财政可持续性低。过去我国地方政府高度依赖土地财政，但伴随人口转入负增长，房地产正处在长周期拐点，土地财政难以为继。2022年国有土地使用权出让收入66854亿元，比上年下降23.3%。受土地出让金下滑以及中央加大对地方转移支付的影响，2022年土地出让金占地方综合财力（一般公共预算本级收入+政府性基金收入+中央对地方转移支付）的比例降至23.9%，而在2020年和2021年这一比重均超过30%（见图9–3）。

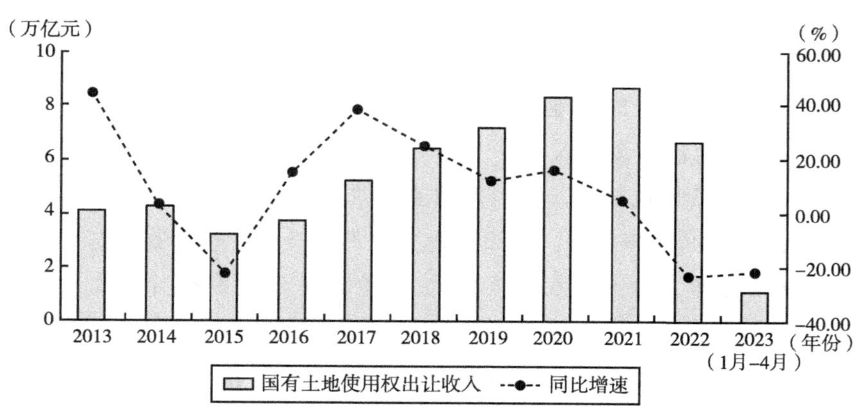

图9–3　国有土地使用权出让收入变化趋势

资料来源：同花顺iFinD。

二是地方政府财权事权不匹配，收入增长乏力、支出责任增加。从地方收入看，我国经济整体增速放缓，且减税降费力度加大，2022年地方本级的一般公共预算收入和政府性基金预算收入分别同比下降2.1%和21.6%。但在稳增长、保民生要求下，财政惠企裕民，政府支出刚需扩大。2022年地方一般公共预算支出225039亿元，比上年增长6.4%。2022年中央公共财政顺差创历史新高，但地方本级公共财政和政府性基金的赤字也到达历史最高水平，财政自给率区域差异较大。东部沿海地区自给程度相对较高，西北、东北和西南省份自给程度较低。

三是地方财政更加依赖债务融资，存在一定隐性债务风险。地方债务融资和债务付息水平创新高。截至2022年年底，地方专项债余额达20.67万亿元，快步攀升的债务规模导致付息压力增大，2022年地方政府债券支付利息1.12万亿元，较上年同比增长20.8%，并首次破万亿元。显性债务风险总体可控，但部分地方政府隐性债务风险较高。显性债务是政府资产负债表的债务，2022年全国政府负债率约为50%，31省市平均显性负债率（债务余额/GDP）约为29%，只有青海、贵州两省份高于60%的警戒线。隐性债务以非政府债券方式举借、但由财政性资金偿还的债务，主体为地方城投债。2022年有19个省市地区的城投平台有息债超过1万亿元，31省市平均广义负债率高达75%，地方土地隐形债务压力较大。

中国社会科学院金融研究所副所长、国家金融与发展实验室副主任张明指出，当前地方政府在地方政府收支大致平衡、坚持房住不炒政策与限制地方政府隐形债务三个目标之间面临“三元悖论”。

三、对策

短期开源节流，长期靠转型改革，以时间换空间，减轻对土地财政、隐性债务的依赖，培育新基建、新能源、新引擎，从土地财政向股权财政转型。

当前稳经济、扩内需仍是主要矛盾，财政政策加力提效，财政收少支多的形势难以短期内扭转。需开源节流，稳地产，激发民间投资积极性，将有限的财力用在新基建、新能源等关键领域，短期提振内需，长期提高经济潜在增长率。长期来看，依靠改革转型，减轻对土地财政、隐性债务依赖，打造地方经济增长新引擎。一是政府精简冗员，减轻财政负担；二是支持民营企业发展、提振信心做大分母；三是防范地方政府债务风险，利用好中央杠杆空间，平衡财权与事权；四是促进土地财政转型，加力发展新基建、新能源等产业建设，打造地方特色产业集群，推动高质量发展。

资料来源：

1. 任泽平团队. 中国财政形势报告2023：从土地财政向股权财政转型［EB/OL］. 新浪网，2023-06-11.https：//finance.sina.com.cn/china/2023-06-11/doc-imywwvsp35 80505.shtml.

2. 张明. 土地财政、财政困难与解决之道［EB/OL］. 第一财经，2022-12-09. https：//www.yicai.com/news/101619532.html.

3. 李慧子. 土地收入持续下降，地方政府的“土地财政”依赖将如何破局［EB/OL］. 银柿财经，2023-05-26. https：//www.yinsfinance.com/article/433312.shtml.

4. 土地财政转型势在必行，但三种路径都面临执行困难［EB/OL］. 网易，2023-04-16. https：//www.163.com/dy/article/I2EO4TGS0534A4SC.html.

思考与讨论：

1. 我国土地财政的成因。
2. 当前地方财政面临的困境。
3. 如何推动地方土地财政转型？

案例二：

国有资本经营应实现“社会分红”

【案例导引】

在我国四大预算中，国有资本经营预算是“第三本账”。国有资本经营预算是国家以所有者身份依法取得国有资本收益并对所得收益进行分配而发生的各项收支预算，是“四本账”中收入规模最小的账本，但由于它涉及国有资产管理，事关国有经济布局及宏观调控，因此备受关注。国有资本经营预算收入包括利润收入、股利股息收入、产权转让收入、清算收入和其他收入。国有资本经营预算资金主要还是投向了国有企业，比如解决国企历史遗留问题及改革成本支出、向国有企业注入资本金、发放国有企业政策性补贴等。但为了实现全民共享，国有资本经营预算会安排部分资金调入一般公共预算，统筹用于保障和改善民生，2020年中央要求这一比例提升至30%。国有资本经营预算如何更好地体现全民共享是需要关注的问题。

社会分红理论认为，国家将从投入社会化企业的资本和土地中获得利润，其中一部分作为社会分红分给公众，另一部分用于再投资。虽然我国国有资本收益直接分红条件尚不成熟，但可通过政府将国资经营收入用于民生支出，以此增加社会保障、教育、医疗卫生等公共产品供给，让全民享有国资收益带来的福利。

国有资本经营如何实现“社会分红”

党的十八届三中全会通过的《中共中央关于全面深化改革若干重大问题的决定》提出，划转部分国有资本充实社会保障基金。完善国有资本经营预算制度，提高国有资本收益上缴公共财政比例，2020年提到30%，更多用于保障和改善民生。

2007年9月，国务院发布《关于试行国有资本经营预算的意见》，标志着我国国有资本经营预算的初步建立。2014年4月17日，财政部印发《关于进一步提高中央企业国有资本收益收取比例的通知》，从2014年起，适当提高中央企业国有资本收益收取比例。根据《关于2022年中央国有资本经营决算的说明》，国有全资企业税后利润的收取比例主要分为五类执行：第一类为烟草企业，收取比例25%；第二类为石油石化、电力、电信、煤炭等资源型企业，收取比例20%；第三类为钢铁、机械、贸易、建材、农林牧渔等一般竞争型企业，收取比例15%；第四类为转制科研院所、中央文化企业、中央部门所属企业、军工企业等，收取比例10%；第五类为政策性企业，为中国储备粮管理集团有限公司，免交当年应交利润。符合小型微型企业规定标准的国有独资企业，应交利润不足10万元的，比照第五类政策性企业免交当年应交利润。

作为财政预算"第三本账"，2022年国有资本经营预算补充社保基金支出100亿元。中央国有资本经营预算收入2343.31亿元，加上2021年结转收入355.61亿元，收入总量为2698.92亿元。中央国有资本经营预算支出1710亿元，调入中央一般公共预算900亿元。地方国有资本经营预算本级收入3345.29亿元，加上中央国有资本经营预算对地方转移支付收入48.98亿元、2021年结转收入133.02亿元，收入总量为3527.29亿元。地方国有资本经营预算支出1734.3亿元，调入地方一般公共预算1606.5亿元。从支出端看，有2506.5亿元调入一般公共预算统筹使用，占国资经营收入的比重达到44.1%。

如何提高国企社会贡献度？

如何提高国企利润上缴对于财政的贡献呢？有两个直接的办法：一是提高各类国企上缴利润的比例，二是提高国有资本经营预算收入调出资金的比例。

首先，我国国企利润上缴比例整体偏低。从国际经验来看，国有资本盈利上缴比例普遍较高。如美国国企采取自愿的办法上缴30%—50%的税后利润用于政府开支，法国国企把税后利润的50%上缴给政府，新加坡国企红利上缴国家比例在35%—70%，盈利较好的上缴比例可达80%—90%；意大利国企红利上缴国家比例为65%，北欧国家国有企业分红比例最高可达75%。而我国仅有20%左右，提升空间较大。

其次，国有资本收益上缴公共财政比例仍有提升空间。在党的十八届三中全会要求"提高国有资本收益上缴公共财政比例，2020年提到30%，更多用于保障和改善民生"。近年来，该比例确实不断上升，2018年首次超过30%，2021年最高达到47.8%（见图9-4）。不过，从国有资本经营预算支出结构看（见图9-5），一半左右的资金最终又"返还"给国企体系，显然有悖于国企收益"惠及全民"的原则。

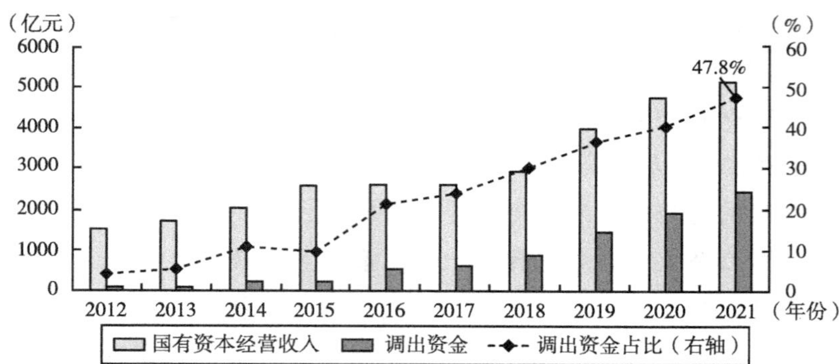

图9–4 国有资本经营预算调出资金规模变化

资料来源：财政部，中泰证券研究所。

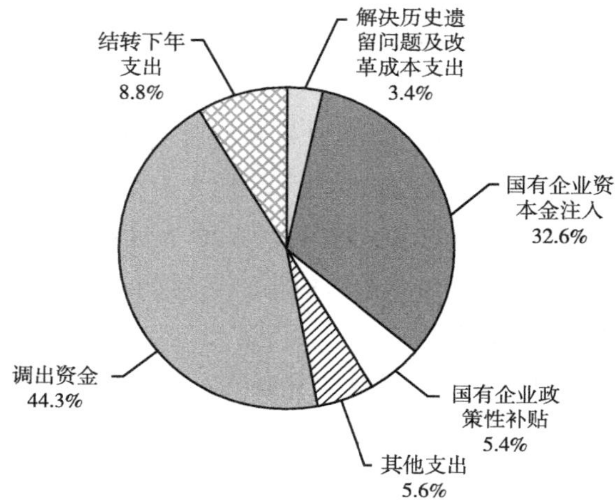

图9–5 2021年国有资本经营预算支出结构

资料来源：财政部，中泰证券研究所。

资料来源：

1. 盘和林. 国有资本经营应实现“社会分红”[EB/OL]. 人民网，2015–02–17.http：//politics.people.com.cn/n/2015/0217/c70731–26578868.html.

2. 肖雨. 国企应该上缴多少利润？[EB/OL]. 新浪网，2023–04–01.https：//finance.sina.com.cn/roll/2023–04–01/doc–imynwvrw3865436.shtml.

思考与讨论：

1. 国有资本经营如何实现“社会分红”？

2. 如何进一步提高国企社会贡献度？

第十章
公　债

<table>
<tr><td rowspan="3">课程思政具体设计</td><td>思政导航</td><td>如何理解“购买国债 利国利民”？如何看待欧洲债务危机和美国政府债务上限危机？如何防范化解我国的地方政府债务风险？如何通过公债管理实施宏观调控？2020年财政部发行了抗疫特别国债，我国发行过哪些特别国债？主要用途是什么？</td></tr>
<tr><td>课程内容</td><td>第一节　公债的基本原理
第二节　公债的经济效应分析
第三节　公债负担
第四节　公债管理</td></tr>
<tr><td>课程思政案例</td><td>案例一　防范化解地方政府债务风险
案例二　美国第103次调整债务上限</td></tr>
</table>

第一节　公债的基本原理

一、公债的含义及其产生与发展

（一）公债的含义及特征

公债是政府依据信用原则向国内外举借的债务，是政府取得公共收入的一种有偿形式。与税收的“三性”相比，公债具有自愿性、有偿性、灵活性。与其他债务相比，公债具有安全性、收益性、流动性。

（二）公债的产生与发展

世界上第一张公债券是威尼斯政府发行的。马克思说：“公共信用制度即国债制度，在中世纪的热那亚和威尼斯就已产生，到工场手工业时期流行于整个欧洲。殖民制度以及它的海外贸易和商业战争是公共信用制度的温室。”

我国首次发行政府债券是1894年的“息借商款”，清政府为筹措甲午战争军费，由户部向官商巨贾发行了总额为白银1100多万两的债券。

新中国成立后，我国的公债发行分为三个阶段：第一阶段是1950年，为恢复和发展国民经济，国家发行了“人民胜利折实公债”；第二阶段是1954—1958年，为进行社会主义经济建设，国家分五次发行了“经济建设公债”；第三阶段是改革开放后，国家从理论上矫正了“既无内债又无外债是社会主义的优越性”的传统观念，1979年再度举借外债，1981年重新恢复发行内债，公债发行规模不断扩大，公债制度不断完善。

二、有关公债的理论观点的演进

（一）大衰退以前的正统公债理论——公债有害论

大卫·休谟认为：“国家若不消灭公债，公债必然消灭国家。”政府举债必使民间生产资金移充财政用途，妨碍工商业的发展；用公债来弥补政府公共收支的赤字，会使政府形成一种不负责任的开支风气；政府在公债上须作两度的支付，一次付息，一次还本，颇为浪费人力、物力和财力；公债的发行会引起市场利率上升，阻碍生产规模的扩大；公债的大量增长会造成国力的衰弱。

（二）大衰退以后的现代公债理论——公债新哲学论

以公债支持赤字财政的实行可以直接或间接地扩大社会需求，消除经济危机和失业；公债是经济危机时期刺激经济增长的必需条件，公债的利与弊应当从刺激经济增长的角度去考察、评价；公债具有生产性，它可以促使物质财富的增加。因而，所发行的巨额公债，不但不是政府之债务，反而应视同国家的资产；公债的还本付息非但不会增加下一代的负担，而且还可通过促使更大数量资本形成和消费的增加，为下一代增加可继承的遗产；公债可作为政府调节、干预经济的重要杠杆，其作用不仅在于吸收通货膨胀时期的剩余购买力，增加经济衰退时期的需求，以稳定经济，还在于通过公债利率的恰当确定，引导社会资源的合理配置。

三、公债的分类

按发行的地域，分为国内公债和国外公债。

按偿还期限，分为短期公债、中期公债、长期公债、永久公债。

按发行主体，分为中央公债（国债）和地方公债。

以发行的凭证为标准，分为凭证式公债和记账式公债。

我国目前的国债包括储蓄国债和记账式国债，储蓄国债已分为凭证式储蓄国债和电子式储蓄国债。

按债券的流动性，分为可转让公债和不可转让公债。

四、公债的政策功能

公债的政策功能主要包括：一是弥补财政赤字，二是筹集建设资金，三是调节经济运行。

第二节　公债的经济效应分析

一、李嘉图等价定理及其实证分析

（一）李嘉图等价定理的含义

最早使用“李嘉图等价定理”这一术语的是布坎南在1976年发表的题为《巴罗的〈论李嘉图等价定理〉》的评论。李嘉图等价定理认为，政府无论选用一次性总付税还是发行公债来为政府筹措资金，均不会影响消费，即征税和借款在逻辑上是相同的。

巴罗在1974年发表著名论文《政府债券是净财富吗？》，坚持和发展了李嘉图等价定理。提出了独创性论点：具有利他动机的消费者会将其财产的一部分，以遗产的形式留给他的后代。

思考：李嘉图等价定理是否成立？如果成立，扩张性财政政策是否有效？

（二）对李嘉图等价定理的评论

1.托宾对定理失效的原因分析。托宾（Tobin）从理论前提与经济现实相背离的角度分析了定理失效的原因。主要观点有：（1）消费者利他的前提不成立；（2）减税效应均匀分布的假设不成立。（3）税收只是总额税的假定不成立。

2.曼昆对等定理不成立的原因分析。曼昆（Gregory Mankiw）从消费者的短视、借债约束和代际财富在分配三个角度分析了李嘉图等价定理不成立的原因。

（三）实证研究

1.布什所得税扣除的实验。1992年初，布什总统实施了一项新政策来应对美国徘徊已久的衰退。通过行政命令，他降低了从工人工资中扣除的所得税额。这项命令并没有减少工人应付的所得税额，它仅仅延迟了缴税。两位经济学家在政策宣布后不久进行了一项调查，询问人们想如何使用他们额外的收入。57%的回答者说，他们将把钱储蓄起来，用它偿还债务，或调整他们的扣税额，以便抵消布什的行政命令的影响。43%的回答者说，他们将花掉额外的收入。

2.达拉马格斯的实证分析。希腊经济学家达拉马格斯（1994）就意大利、南非、加拿大、澳大利亚、韩国和芬兰等国家的实际情况进行了实证分析。得出结论：在低公债—收入（GDP）比率的国家，李嘉图等价定理不成立；在高公债—收入比率的国家，李嘉图等价定理成立。

二、公债的经济效应

（一）公债的资产效应

公债的资产效应是指公债发行量的变化，影响居民所持有资产的变化。如果公债持有者在持有公债时认为自己的财富增加了，由此可能增加自己的消费需求，因而公债积累与消费的增加相联系。

关键问题：居民是否把持有的政府债券当作财富的一部分？

（二）公债的需求效应

公债的需求效应表现为两种影响：一种是增加总需求；另一种是改变总需求结构。具体取决于不同的应债主体即不同应债资金来源。

（三）公债的供给效应

公债的供给效应是指公债投资于基础设施等关键领域，既增加了供给总量也改善了供给结构。因此，公债是供给侧结构性改革的一种重要手段。

（四）公债的挤出效应

公债的挤出效应是指政府发行公债可能会导致民间部门投资减少。一是政府发行公债在资金需求上和民间部门进行竞争，从而减少了民间部门的资金供应；二是政府的资金需求增加导致市场利率上升，从而引起非政府部门投资减少。

第三节　公债负担

一、公债负担的表现形式

公债负担可以从四个方面来分析：一是认购者负担，二是纳税人负担，三是政府负担，四是代际负担。

二、公债的政府负担

（一）衡量指标

1.公债负担率。公债负担率是公债余额占GDP的比重，欧盟《马斯特里赫特条约》规定的债务率是60%。

2.公债依存度。公债依存度是公债发行额占当年财政支出的比重。

3.偿债率。偿债率是指当年公债还本付息额占当年财政收入的比重。

政府债务的风险如表10-1所示。

表10-1　政府债务的风险矩阵

政府债务	直接债务 （在任何情况下都存在的债务）	或有债务 （只在特定事件发生时才产生的债务）
显性债务： 法律或合同所确定的政府债务	· 国外和国内主权借款（中央政府的合同贷款和其发行的有价证券） · 由预算法律规定的支出 · 受长期法律约束的预算支出（公务员工资和公务员养老金）	· 政府对非主权借款以及地方政府、公共部门和私营部门实体（如开发银行）债务的担保 · 对不同类型贷款（诸如抵押贷款、对学习农业学生的贷款和小型企业贷款）的保护性政府担保 · 对贸易与汇率、国外主权政府借款、私人投资的政府担保 · 有关存款、私营养老金基金最低收益、农作物、水灾、战争风险的政府保险体系
隐性债务： 反映公众和利益集团压力的政府道义上的债务	· 公共投资项目的未来经常性费用 · 法律未做规定的未来公共养金（而不是公务员的养老金） · 法律未做规定的社会保障计划 · 法律未做规定的未来医疗保健筹资	· 地方政府和公共或私营实体的非担保债务和其他负债的违约 · 对私营实体负债的清理 · 银行倒闭（处于政府保险的范围之外） · 非担保养老金基金、就业基金、社会保障基金（对小投资者的社会保护）的投资失败 · 中央银行不能履行其职责（外汇合约、保卫币值、国际收支稳定） · 私人资本流向改变之后采取的紧急救援行动 · 环境灾害后果的清理、救灾、军事筹资等

资料来源：Hana Polackova Brixi and Allen Schick，Government at Risk，World Bank Publications，2002.

（二）公债政府负担的现实考察

1.欧洲政府债务。2009年10月初，希腊政府突然宣布，2009年政府财政赤字和公共债务占国内生产总值的比例分别达到12.7%和113%，远超欧盟《稳定与增长公约》规定的3%和60%的上限。12月全球三大评级公司下调希腊主权评级，希腊债务危机愈演愈烈，并成为欧洲债务危机的导火线。

自主学习任务：收集欧洲债务危机的相关资料，探讨欧洲债务危机发生的原因及对策，了解债务危机发生以来欧盟和欧元区各国的债务和赤字情况。

2.美国政府债务。美国政府自20世纪80年代起大量举债。1985年，美国从净债权国变为净债务国，此后债务规模不断攀升。2023年1月19日，美国政府已触及31.4万亿美元的债务上限。2023年6月1日晚，美国国会参议院通过一项关于联邦政府债务上限和预算的法案，这是自第二次世界大战结束以来美国国会第103次调整债务上限。截至该法案通过，美国联邦债务规模约为31.46万亿美元，占其国内生产总值比例已超过120%。

自主学习任务：关注美国的联邦政府债务突破债务上限和债务违约风险问题，思考美国政府债务问题对中国经济和世界经济的影响以及如何应对。

3.中国政府债务。自主学习任务：了解中国政府的债务情况，关注隐性债务、或有债务和地方政府债务问题，思考如何防范化解地方政府债务风险特别是隐性债务风险。

三、公债的代际负担

公债的代际负担是指公债不仅形成一种当前的社会负担，而且在一定条件下还会向后推移，形成代际负担。对公债代际负担的认识有以下观点：（1）内债无代际负担。（2）即使是内债也可能产生代际负担——世代交叠模型。（3）公债是否会产生代际负担取决于公债资金的用途和使用效果。如果公债资金的使用能够给后代带来收益便是有益的，如果将公债资金仅用于增加当期的消费，则政府债务可能给后代带来负担。（4）受益原则和公平原则。根据受益原则，如果公债支出的项目为后代创造了效益，通过发债融资将其负担转移给后代是合理的。根据公平原则，假设由于技术进步使社会不断发展，我们的子孙后代将比我们更加富有，可以出于公平的考虑，把收入从富裕的一代转移给贫穷的一代。

第四节　公债管理

一、公债的发行

（一）公债发行条件的确定

1.公债发行额的确定。考虑政府所需资金的数量、市场资金的供求状况、政府还本付息的能力等，从2006年我国实行国债余额管理制度，即立法机关不具体限定政府当年国债发行额度，而是通过限定一个年末不得突破的国债余额上限以达到科学管理国债规模。全国人大及其常委会为当年年末国债余额规定一个限额指标，当年中央政府可以在该限额内自行决定国债品种结构、期限结构和发债节奏。

2.公债期限的确定。考虑政府对占用资金时间的需要、市场利率的走势、投资者的偏好等。

3.公债发行价格的确定。根据发行价格与面值的关系，分为平价发行、折价发行、溢价发行。

4.公债利率的确定。考虑金融市场利率水平、公债期限的长短、政府信用状况、社会资金供给量等。

（二）公债的发行方式

1.招标方式：主要有荷兰式招标、美国式招标、混合式招标，我国目前记账式国债的竞争性招标方式包括单一价格招标、修正的多重价格招标等，招标标的为利率或价格。

2.承购包销方式。承购包销方式始于1991年，主要用于不可流通的凭证式国债，它是由各地的国债承销机构组成承销团，通过与财政部签订承销协议来决定发行条件、承销费用和承销商的义务，因而是带有一定市场因素发行方式。

我国国债发行方式的演变大体分为三个阶段：第一阶段是1981—1990年，主要是行政性摊派方式发行。第二阶段是1991—1995年，主要是“半市场化”的承购包销方式。第三阶段是1996年至今，主要是招标发行的方式，市场化进一步完善。

二、公债的还本付息

（一）公债的付息方式

付息方式主要有两类：按期分次支付法和到期一次支付法。

（二）公债的偿还方式

偿还方式主要有分期逐步偿还法、抽签轮次偿还法、到期一次偿还法、市场购销偿还法、以新替旧偿还法。

（三）公债偿还的资金来源

公债偿还的资金来源主要有依靠财政盈余、设立偿债基金、通过预算列支、发行新债还旧债等。政府发行新债还旧债，是当前世界各国政府筹集偿债资金的常用方法。

三、公债管理与宏观经济调控

（一）公债管理的流动性效应和利息率效应

1.公债管理的流动性效应。流动性效应指在公债管理上通过调整公债的流动性程度，来影响整个社会的流动性状况，从而对经济施加扩张性或紧缩性影响。

其传导过程为：变动政府债券期限构成或调整公债应债来源→公债的流动性程度变动→社会的流动性状况变动→经济活动水平变动。

2.公债管理的利息率效应。利息率效应指在公债管理上通过调整公债的发行或实际利率水平，来影响金融市场利率升降，从而对经济施加扩张性或紧缩性影响。

传导过程：调整公债发行利率或相机买卖政府债券→公债的利率水平变动→金融市场利率变动→经济活动水平变动。

（二）公债管理同财政、货币政策的协调配合

1.公债管理与财政、货币政策的同一性。（1）公债管理与财政政策的关系。作为弥补财政赤字的基本方式的公债，是财政政策得以实施的基础条件。（2）公债管理与货币政策的关系。公开市场业务的操作对象就是政府债券。公债管理是中央银行运用货币政策调节经济的“传导器”。

西方经济学家将公债管理视作财政政策和货币政策之间的连接点或桥梁（见图10–1）。

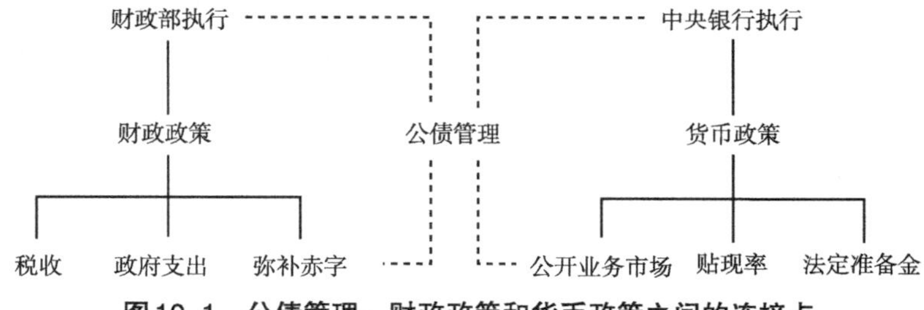

图10–1　公债管理：财政政策和货币政策之间的连接点

2.公债管理与财政、货币政策的差异性。公债管理并不是财政政策或货币政策的一部分，它是一种相对独立的经济活动，有其独特的运行规则，如图10-2所示。

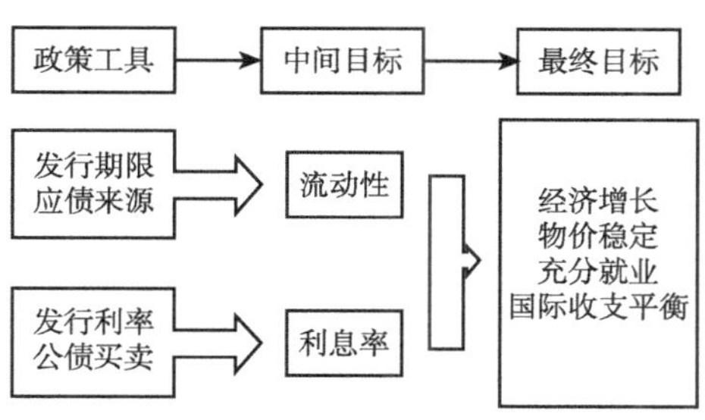

图10-2 相对独立的公债管理政策传导过程

3.公债管理与财政、货币政策协调配合。公债管理与财政、货币政策的同一性决定了它们之间可以协调配合，采取目标一致、手段作力同向的行动，是其协调配合的基础条件。差异性决定了它们之间只有相互协调配合，才能避免相互掣肘，共同实现总体目标，是其协调配合的必要条件。

案例一：

防范化解地方政府债务风险

【案例导引】

近年来，党中央、国务院多次在重要会议上反复强调，要防范化解地方政府债务风险，牢牢守住不发生系统性风险底线。近几年，地方财政收入受土地出让收入减少、减税降费等因素影响，而重点领域和刚性支出力度不减，地方财政收支压力加大，地方政府债务攀升。从显性债务来看，全国地方政府一般债务余额和专项债务余额均控制在全国人大批准的债务限额之内，总体来看地方政府债务风险可控。但是，当前我国部分地方隐性债务规模偏高，面临较大还本付息压力。因此，必须加强地方政府债务管理，积极稳妥防范化解地方政府债务风险，从资金需求端和供给端同时加强监管，坚决遏制增量、化解存量。

2022年5月18日，财政部发布首批8个关于地方政府隐性债务问责典型案例的通报，问责多家平台公司及政府相关部门。新增隐性债务多以通过融资平台举债、政府购买服务、医院等事业单位融资名义施行。7月29日，财政部通报8起融资平台公司违法违规融资新增地方政府隐性债务问责典型案例。本次通报案例均为各地融资平台公司通过代政府借款、政府承诺、政府部门担保、抵押公益性资产发债、质押政府购买服务协议约定的应收账款、抵押储备土地和公益性资产、财政担保等方式违法违规融资，包括山西、黑龙江、贵州、江苏、安徽、山东、江西、重庆等多地平台公司。通过查处问责，发挥警示教育作用，有效防范化解隐性债务风险。

2022年中央经济工作会议提出要有效防范化解地方政府债务风险，牢牢守住不发生系统性风险底线。财政部发布的《2022年中国财政政策执行情况报告》，强调坚持开好“前门”、严堵“后门”的原则，积极防范和化解地方政府债务风险。《国务院关于2022年中央决算的报告》中提到的重点工作之一是有效防范化解地方政府债务风险。要进一步压实地方和部门责任，建立健全防范化解地方政府隐性债务风险长效机制。

部分地方政府隐性债务规模偏高

截至2022年年末，全国地方政府债务余额约35.07万亿元，包括一般债务余额约14.4万亿元、专项债务余额约20.67万亿元，均控制在全国人大批准的债务限额之内。总体来看，我国地方政府债务风险可控。不过，当前我国地方政府债务分布不均匀，部分地方隐性债务规模仍然偏高，面临较大还本付息压力，结构性及区域性问题依然不容忽视。此外，土地出让收入减少、减税降费等因素影响地方财政收入，而重点领域和刚性支出力度不减，地方财政收支压力依然较大。

地方政府债务可分为显性债务和隐性债务。显性债务是政府资产负债表的债务，显性债务方面，2022年全国政府负债率约为50%，31省市平均显性负债率（债务余额/GDP）约为29%，负债率排名前五的地区分别是青海（84%）、贵州（62%）、吉林（55%）、甘肃（54%）和天津（53%），其中只有青海、贵州两省份高于60%的警戒线。隐性债务以非政府债券方式举借、但由财政性资金偿还的债务，主体为地方城投债，隐性债务率在显性债务率的基础上反映了政府表内外的负债水平。隐形债务方面，2022年有19个省市地区的城投平台有息债超过1万亿元，31省市平均广义负债率高达75%，排名前四的地区分别为天津（138%）、贵州（135%）、甘肃（121%）和青海（106%），广义负债率均超过100%，反映地方土地隐形债务压力较大（见图10–3）。

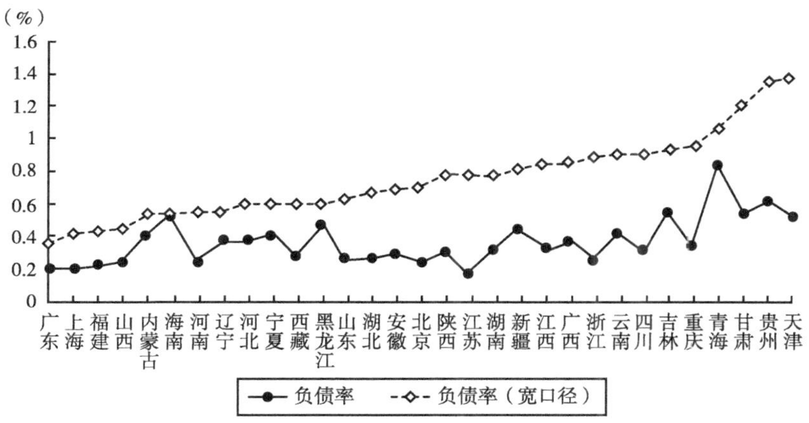

图10-3　2022年中国各省市负债率

资料来源：各省市财政厅，财政局，泽平宏观。

积极稳妥防范化解地方政府债务风险

为更好统筹发展与安全的内在要求，必须积极稳妥防范化解地方政府债务风险，牢牢守住不发生系统性风险的底线。

从短期看，当务之急是要降低债务成本，缓解地方政府债务压力，防范债务兑付风险。

一是持续优化债务结构。结合各地债务实际情况，统筹运用多种财政和金融手段，通过信托贷款、融资租赁等非标准化债权资产进行展期，通过债务置换把原短期、高成本债务转换成中长期、低成本的政府债券，通过政策性银行或商业银行的低息资金降低债务成本等，拉长债务期限，降低利息成本，缓释地方政府短期偿债压力，改善地方政府债务组成结构和期限结构。

二是进一步盘活地方存量资产。对于地方政府债务，中央坚持不救助原则，省级政府对债务风险负总责。各省级政府要压实防范化解隐性债务主体责任，统筹调配区域各类资源。完善常态化监控机制，遏制隐性债务增量，稳妥有序化解隐性债务存量，坚决制止违法违规举债行为，加强对融资平台公司的综合治理。可通过合理出让部分政府持有的股权以及经营性国有资产权益偿还存量债务；通过公募REITs等方式引进社会资本，盘活地方存量基础设施资产，为地方政府早期投资提供有效合规的退出渠道，实现资金回笼，化解债务压力。

三是加快探索建立防范兑付风险机制。近年来，部分地方政府债务进入偿债高峰期，为确保不发生突发性、临时性的兑付风险，要探索建立相关机制。可探索设立地方金融稳定保障基金、债务风险化解基金等，通过成立相关基金，为面临流动性危机的城投公司等提供短期资金支持，避免因发生债务违约而损害地方信用生态和融资环境。可探索建立政府偿债备付金制度，结合各地收入、偿债规模及年限等，按照一定比例安排偿债备付金，防范地方政府债务兑付风险。

四是有效防范化解地方政府隐性债务风险。坚决遏制隐性债务增量，稳妥有序化解隐性债务存量，对新增隐性债务及隐性债务化解不实行为，坚决制止违法违规举债行为，加强对融资平台公司的综合治理，牢牢守住不发生系统性风险的底线。完善常态化监控机制，决不允许通过新增隐性债务上新项目、铺新摊子，严禁地方政府以企业债务形式增加隐性债务。开发性、政策性金融机构等必须审慎合规经营，严禁向地方政府违规提供融资或配合地方政府变相举债。清理规范地方融资平台公司，剥离其政府融资职能。加强督查审计问责，严格落实政府举债终身问责制和债务问题倒查机制。

从长期看，要深化相关领域改革，划清政府与企业职责边界，提升地方财政透明度，从根本上化解地方政府债务风险。

一方面，推动地方政府融资平台市场化分类转型。地方政府债务风险问题最终要靠改革发展来解决。要推动融资平台分类转型发展、专业化重组整合，逐步剥离其政府融资职能，厘清政府和企业的责任边界。依据各融资平台资源禀赋和市场禀赋，布局比较优势产业，鼓励其顺应信息化智能化数字化发展趋势，积极参与大数据、人工智能、新能源、养老、金融服务等领域的市场化项目，实现“造血式”发展。

另一方面，要进一步强化预算约束力。出现地方政府隐性债务，在很大程度上是由于地方政府收支行为没有严格按照预算进行管理。要进一步完善地方政府债务预算管理制度，加强预算硬约束。不断完善地方债信息披露机制，加快建立健全政府综合财务报告体系，把地方债务置于政府预算收支表、政府资产负债表、政府现金表中，保证债务信息的公开透明，以便全面地掌握地方债务风险信息，加强债务监管。

资料来源：

1.秦悦.积极防范化解地方政府债务风险［N］.经济日报，2023-07-11（12）.

2.任泽平团队.中国财政形势报告2023：从土地财政向股权财政转型［EB/OL］.新浪网，2023-06-11.https：//finance.sina.com.cn/china/2023-06-11/doc-imywwvsp3580505.shtml.

3.关于融资平台公司违法违规融资新增地方政府隐性债务问责典型案例的通报［EB/OL］.财政部网站，2022-07-29.http：//jdjc.mof.gov.cn/jianchagonggao/202207/t20220729_3830829.htm.

4.财政部关于地方政府隐性债务问责典型案例的通报［EB/OL］.财政部网站，2022-05-18.http：//jdjc.mof.gov.cn/jianchagonggao/202205/t20220518_3811312.htm.

思考与讨论：

1.结合财政部通报的违法违规案例，了解地方政府隐性债务主要有哪些表现形式。

2.如何防范化解地方政府债务风险？

3. 2023年10月以来，多个省份对外披露了“特殊”再融资债券发行计划。如何认识地方政府发行的特殊再融资债券？

案例二：

美国第103次调整债务上限

【案例导引】

美国国会参议院在2023年6月1日通过一项关于联邦政府债务上限和预算的法案，这是自二战结束以来美国国会第103次调整债务上限。债务上限是美国国会为联邦政府设定的为履行已产生的支付义务而举债的最高额度，触及这条“红线”，意味着美国财政部借款授权用尽，除非国会调高债务上限，否则白宫无权继续举债。作为一项财政纪律，债务上限是维持美国政府偿付信用和美元霸权地位的一道重要阀门。美国政府自20世纪80年代起大量举债，1985年，美国从净债权国变为净债务国，此后债务规模不断攀升，当前中国是美国第二大债权国。当前债务上限问题已沦为美国“党争”工具，“债务上限”危机不仅影响美国政府正常运转，还会冲击全球金融市场和世界经济。

当地时间2023年6月1日晚，美国国会参议院通过一项关于联邦政府债务上限和预算的法案，这是自第二次世界大战结束以来美国国会第103次调整债务上限。目前，美国联邦债务规模约为31.46万亿美元，占其国内生产总值比例已超过120%。法案暂缓债务上限生效至2025年年初，并对2024财年和2025财年的开支进行限制。

债务上限是美国国会为联邦政府设定的为履行已产生的支付义务而举债的最高额度。历史上美国政府债务多次触及债务上限（见图10-4）。触及这条“红线”，意味着美国财政部借款授权用尽。1976年至今，美国已因债务上限问题发生过约20次或长或短的政府“停摆”。逼近债务上限时，美国政府通常会采取一些手段来避免债务违约：其一，提高债务上限。1997—2022年，美国共提高债务上限22次；其二，暂停债务上限，为债务上限上调或偿还债务争取时间；其三，采取“非常措施”，如暂停财政部对联邦雇员退休储蓄计划、暂停非流通债务发行、宣布“债务发行”暂停期等。延迟或避免提高债务上限。自1979年出现债务技术性违约后，美国再未发生债务违约。2023年1月19日，美国政府已触及31.4万亿美元的债务上限。自那以后美国财政部采取了一系列“非常措施”，美国财政部长耶伦称如果不提高举债上限，美国最早可能在6月1日出现债务违约。

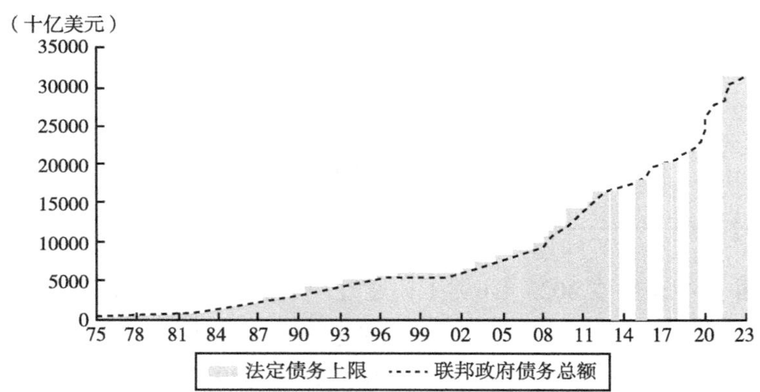

图10-4　美国政府债务规模与债务上限的历史变化

注：空白区间表示债务上限暂停。

资料来源：CEIC，国盛证券研究所。

债务上限问题已成为“党争”工具

在债务上限问题上，美国行政和立法部门权力制衡制度设计的初衷，在于通过权力制衡避免“开支无度”，但在美国政治极化氛围浓厚的背景下，这个问题已日益沦为“党争”工具。

近年来，美国政府财政支出规模不断扩大，债务规模水涨船高。共和党人特朗普大推“减税”，民主党人拜登大推“基建”，军费支出只增不减，新冠疫情更是带来高昂的额外支出。这使“债务上限”问题愈加紧迫。美国两党围绕债务上限问题的争论僵持不下，共和党坚持提高债务上限必须以大幅削减联邦政府开支为前提，民主党则称应无条件提高债务上限。另一关键因素是，2024年大选已吹响号角，拜登已正式宣布竞选连任意愿。两党利用包括“债务上限”在内的各种筹码互相攻讦、“拆台”本已成常态且日益激化，现在为了争夺白宫和国会主位，双方更难让步，债务上限逐渐变成两党政治博弈的筹码。

可以预见，只要白宫寅吃卯粮的财政模式不改，两党争斗的政治格局不变，"债务上限"作为美国财政约束工具和政治斗争筹码就会持续存在。

美元霸权作祟　惯于寅吃卯粮

分析普遍认为，美国债务高企，根源在于美式民主导致的短视和财务缺乏自律。《纽约时报》刊文指出，美国不断膨胀的债务是两党共同选择的结果。粗略测算，共和党人小布什、特朗普在任期间，债务共增加12.7万亿美元，而民主党人奥巴马、拜登在任期间债务共增加13万亿美元。美国两党为了争取选票，迎合选民需求，多次选择减税和推动政府支出计划，寅吃卯粮，国债发行和财政赤字都维持在高位。目前，美国两党都将糟糕的国家财政状况归咎于对方。共和党方面认为，两年来，拜登政府的巨额支出增加了国债。民主党方面则称，前总统特朗普和共和党人给企业和富人实施的减税措施让政府损失了超过2万亿美元的收入。

专家指出，美国政府之所以敢无节制支出，其背后支撑是美元霸权。长期以来，美元的国际货币地位助长了美国滥发钞票行为。美元本位制事实上已经演变为美国的债务本位制。美联储大规模量化宽松，实际是为债务融资，助长了美国政府债务的增加。目前，美国债务增速远超GDP增速，而且随着利率提高，还本付息的压力越来越大。尽管从中短期看，美国债务实质性违约概率不大，美国政府可以通过惯用手段，以提高债务上限的方式来缓解财政困境，但从长期看，美国政府债务不可持续，"以新债换旧债"的方式只会产生更多利息和更多借贷，陷入恶性循环。

透支美国信用　冲击全球经济

美国政府债务不仅与美国民众生活、政府运转和经济运行直接相关，也对全球金融市场有着重要影响。

"债务上限"危机将影响美国政府正常运转，包括占据财政支出大头的养老和医保资金发放，这将直接影响美国民众维持日常生活开销。债务上限谈判僵持不下将导致美国国会无力出台刺激措施来避免经济陷入衰退。2011年，美国两党在债务上限和削减预算赤字问题上迟迟未能达成一致，导致标普下调美国主权信用评级、美股被大量抛售。2013年，美国两党因削减社会福利和医改问题再次陷入债务上限谈判僵局，并导致政府关门半个月。

另外，"债务上限"危机将增大美国"债务违约"风险，引发全球市场对美元和美国国债的信任危机，冲击全球金融市场，严重损害世界经济复苏前景。"债务上限"危机将不断消磨美国政府信用和美债等美元资产价值，从而给全球经济格局带来显著冲击和深远影响。一旦美债因美国信用降级、通胀失控、债务违约、市场预期恶化等因素出现趋势性下跌，与美债挂钩的众多金融衍生品也将同步下跌。因此，近年来一些国家和机构着手减持美债等美元资产，通过多元化投资布局，减少过度倚重美债的风险。

短期来看，为了避免债务违约，美国会提高债务上限，进而导致债务规模不断扩大。长期来看，美国政府债务不可持续。根据美国国会预算办公室的预测，至2052年，公众持有的美国政府债务占GDP比重将达到185%，政府债务的净利息支出占GDP比重将高达7.2%。届时，市场可能会严重质疑美国政府债务的可持续性以及美元的真实购买力。这将进一步导致美元信用塌陷，在危及美国经济的同时，对国际货币体系和世界经济构成剧烈冲击。

资料来源：

1. 第103次！美国国会再次调整债务上限［EB/OL］. 新华网，2023-06-02.http：//www.news.cn/world/2023-06/02/c_1129664830.htm.

2. 热点问答：美国为何陷入“债务上限”死循环［EB/OL］. 新华网，2023-05-02.http：//www.news.cn/2023-05/02/c_1129585881.htm.

3. 杨子荣. 美国再陷债务上限僵局［N］. 人民日报，2023-02-03（15）.

4. 严瑜. 美国两党激斗债务上限，违约危机或冲击全球经济［N］. 人民日报海外版，2023-03-14（10）.

思考与讨论：

1. 如何认识美国政府债务上限危机？

2. 美国政府债务上限危机会产生什么影响？

第十一章

政府预算

<table>
<tr><td rowspan="3">课程思政具体设计</td><td>思政导航</td><td>结合《中华人民共和国预算法》和《中华人民共和国预算法实施条例》的修订，认识中国的预算法制完善过程。结合中国基层预算中的社会参与，深入了解参与式预算。为什么说“国家的预算是一个重大的问题”？为什么要推动预算公开？如何健全现代预算制度？如何加强预算监督？如何全面实施预算绩效管理？</td></tr>
<tr><td>课程内容</td><td>第一节　政府预算概述
第二节　我国政府预算管理制度改革
第三节　预算绩效管理</td></tr>
<tr><td>课程思政案例</td><td>案例一　健全现代预算制度，推进中国式现代化目标的实现
案例二　人大预算监督视域下的全过程人民民主
——基于乳山市人大常委会民生实事项目“代表全程问效制”的调研</td></tr>
</table>

第一节　政府预算概述

一、政府预算的含义及分类

（一）政府预算的含义

政府预算，也称国家预算，是各级政府依据法律和制度规定编制，并经法定程序审核批准的政府年度收支计划，是政府组织和规范财政分配活动的重要工具，在现代社会，它还是政府调节经济的重要杠杆。

毛泽东指出，“国家的预算是一个重大的问题，里面反映着整个国家的政策，因为它规定政府活动的范围和方向。”

从形式来看，政府预算是反映预算年度财政收支规模和结构的表格。

从实际经济内容来看，政府预算是由预算编制、预算审批、预算执行、政府决算构成的预算过程（见图11–1）。

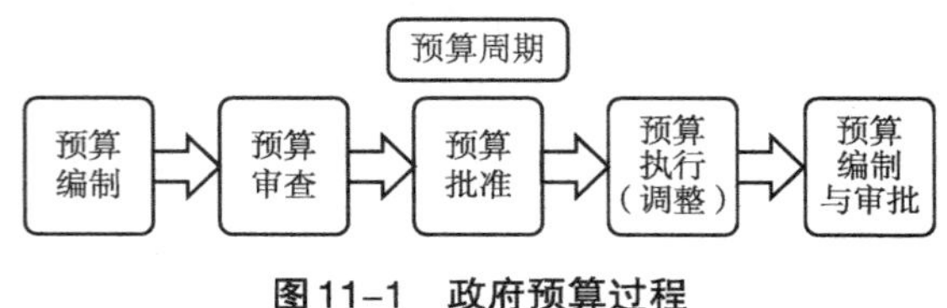

图11–1　政府预算过程

参考:《关于2022年中央和地方预算执行情况与2023年中央和地方预算草案的报告》《2022年全国财政决算》

（二）政府预算的分类

根据政府预算形式的不同，分为单式预算和复式预算。

根据预算编制方法的不同，分为增量预算和零基预算。

根据政府预算的级次，分为中央政府预算和地方政府预算。

二、我国政府预算的组成体系

《中华人民共和国预算法》规定：预算包括一般公共预算、政府性基金预算、国有资本经营预算、社会保险基金预算。

（一）一般公共预算

一般公共预算是对以税收为主体的财政收入，安排用于保障和改善民生、推动经济社会发展、维护国家安全、维持国家机构正常运转等方面的收支预算。

中央一般公共预算中必需的部分资金，可以通过举借国内和国外债务等方式筹措，举借债务应当控制适当的规模，保持合理的结构。

地方各级预算按照量入为出、收支平衡的原则编制，除本法另有规定外，不列赤字。

（二）政府性基金预算

政府性基金预算是对依照法律、行政法规的规定在一定期限内向特定对象征收、收取或者以其他方式筹集的资金，专项用于特定公共事业发展的收支预算。

政府性基金预算应当根据基金项目收入情况和实际支出需要，按基金项目编制，做到以收定支。

（三）国有资本经营预算

国有资本经营预算是对国有资本收益作出支出安排的收支预算。

国有资本经营预算应当按照收支平衡的原则编制，不列赤字，并安排资金调入一般公共预算。

（四）社会保险基金预算

社会保险基金预算是对社会保险缴款、一般公共预算安排和其他方式筹集的资金，专项用于社会保险的收支预算。

社会保险基金预算应当按照统筹层次和社会保险项目分别编制，做到收支平衡。

三、政府预算的原则

政府预算的原则主要包括公开性、可靠性、完整性、统一性和年度性。

第二节　我国政府预算管理制度改革

一、我国政府预算管理制度改革的内容

为适应社会主义市场经济发展和建立公共财政体制的要求，我国政府从1998年开始，进行了以部门预算、收支两条线、国库集中收付制度和政府采购制度等为主的预算管理体制改革。其总体目标是公开透明、科学规范、廉洁高效、完整统一。

（一）推行部门预算改革

部门预算改革在我国预算改革史上具有重要意义。传统预算是按支出性质功能编制，为提高财政资金分配和使用的规范性、安全性和有效性，从2000年起，我国开始实行部门预算编制管理模式。部门预算改革要求部门的所有收支（包括预算外资金收支、政府性基金、经营收支和其他收支）都按统一规定的编报程序、编报格式、编报内容和编报时间编制成一本预算。部门预算能够全面反映该部门或单位各项资金的来源、使用方向和具体使用内容。

（二）实行政府采购制度

政府采购制度是以公开招标、投标为主要方式选择供货商，从国内外市场为政府部门或所属团体购买商品或劳务的一种制度。公开竞争是政府采购制度的基石。为提

高财政资金的使用效率，1995年，我国开始进行政府采购制度改革试点。2003年，《中华人民共和国政府采购法》正式实施，标志着政府采购制度改革进入了新的历史发展时期。

（三）实行国库集中收付制度

2001年，中央财政启动国库集中收付制度改革，基本目标是改革传统的财政资金银行账户管理体系和资金缴拨方式，建立以国库单一账户为基础、资金缴拨以国库集中收付为主要形式的国库管理制度。2006年4月，国库集中支付改革已扩大到全部中央部门。2005年年底，各省、自治区、直辖市和计划单列市也全部实施了改革。

（四）实施“收支两条线”管理

收支两条线是指政府对行政事业性收费、罚没收入等财政非税收入的一种管理方式，即有关部门取得的非税收入与发生的支出脱钩，收入上缴国库或财政专户，支出由财政根据各单位履行职能的需要按标准核定的资金管理模式。1999年以来，国家对非税收入采取了“收支两条线”管理，建立了“以票管收、银行代收、收缴分离、财政统管”的管理模式。

（五）政府收支分类改革

财政部从1999年年底开始启动政府收支分类改革的研究工作。2005年12月，改革方案得到国务院正式批准，决定从2007年预算开始全面实施。其主要内容是在我国原先实行的《政府预算收支科目》基础上，合理借鉴国际通行做法，构建适合社会主义市场经济体制下公共财政管理要求的新的政府收支分类体系。新体系具体包括收入分类、支出功能分类和支出经济分类三部分。新的政府收支分类体系可较好地克服原政府预算收支分类“体系不合理、内容不完整、分类不科学、反映不明细”等弊端，对进一步深化其他各项财政改革、提高预算透明度和财政管理水平，起到十分重要的推动作用。

（六）预算监督体系改革

随着预算改革深入，我国预算监督方面进行了改革，初步构建起了包含人大监督、审计监督、社会监督的预算监督体系。1998年12月，第九届全国人大常委会第六次会议决定设立预算工作委员会，缓解了全国人大财税立法和预算审查监督缺乏经常性工作机构、专业力量不足的问题。2006年，《中华人民共和国各级人大代表常务委员会监督法》通过，特别加强了各给人民代表大会对预算的审查和监督责任，强化了人大对预算的监督和控制。2003年，审计署公布中央部门预算执行审计情况中存在问题，引起社会的强烈关注，被称为“审计风暴”。后来，审计署对中央各部门预算执行和其他财政收支审计结果成为常态，大大增强了对预算执行的监督。审计署的专项审计在国家治理中发挥了重要作用。

二、深化预算管理制度改革

党的十八大以来，我国进入全面建成小康社会的关键阶段。随着经济社会发展，现行预算管理制度也暴露出一些不符合公共财政制度和现代国家治理要求的问题，主要表现在：预算管理和控制方式不够科学，跨年度预算平衡机制尚未建立；预算体系不够完善，地方政府债务未纳入预算管理；预算约束力不够，财政收支结构有待优化；财政结转结余资金规模较大，预算资金使用绩效不高；预算透明度不够，财经纪律有待加强等，财政可持续发展面临严峻挑战。

党的十八届三中全会确立了全面深化改革的总目标，并对改进预算管理制度提出了明确要求，深化预算管理制度改革，实施全面规范、公开透明的预算制度，是深化财税体制改革，建立现代公共财政制度的迫切需要。2014年10月，国务院发布《关于深化预算管理制度改革的决定》，详细列出了七项重点改革内容（见图11–2），涉及预算编制、执行、公开和监督等各方面。

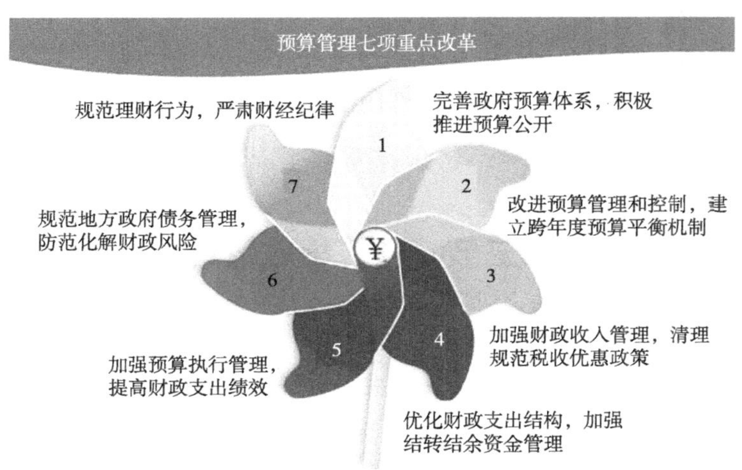

图11–2 预算管理七项重点改革

三、进一步深化预算管理制度改革

党的十八大以来，按照党中央、国务院决策部署，预算管理制度不断改革完善，为建立现代财政制度奠定了坚实基础。但在当前和今后一个时期，财政处于紧平衡状态，收支矛盾较为突出，加之预算管理中存在统筹力度不足、政府过紧日子意识尚未牢固树立、预算约束不够有力、资源配置使用效率有待提高、预算公开范围和内容仍需拓展等问题，影响了财政资源统筹和可持续性。

为落实《中华人民共和国预算法》及其实施条例有关规定，规范管理、提高效率、挖掘潜力、释放活力，2021年4月，国务院印发《关于进一步深化预算管理制度改革的意见》，明确了6个方面的重点改革措施：一是加大预算收入统筹力度，增强财政保障能力。二是规范预算支出管理，推进财政支出标准化。三是严格预算编制管理，增强财政预算完整性。四是强化预算执行和绩效管理，增强预算约束力。五是加强风险防控，增强财政可持续性。六是增强财政透明度，提高预算管理信息化水平。

四、我国预算管理存在的问题

《第十四届全国人民代表大会财政经济委员会关于2022年中央和地方预算执行情况与2023年中央和地方预算草案的审查结果报告》指出，预算执行和财政管理中还存在一些不容忽视的问题，主要是：有的支出政策和预算安排不够细化完善，部分收支相比预算变动较大；四本预算之间衔接不够，财政资金统筹有待规范；有些财政资金使用效益有待提升，绩效结果运用需要强化；一些地方特别是基层财政收支矛盾较为突出，基层“三保”面临不少困难；有些地方政府债务资金使用存在闲置和不规范问题，有的地方存在新增隐性债务、化解债务不实情况；税制改革需要深入推进，税收立法工作需要进一步加快；有的地方和部门没有切实落实过紧日子要求，违反财经纪律行为仍时有发生。

第三节　预算绩效管理

党的十九大报告提出，要建立全面规范透明、标准科学、约束有力的预算制度，全面实施绩效管理。2018年9月，中共中央、国务院发布了《关于全面实施预算绩效管理的意见》，要求建立全方位、全过程、全覆盖的预算绩效管理体系。

一、全面实施预算绩效管理的必要性

（一）实施预算绩效管理的重要意义

全面实施预算绩效管理是推进国家治理体系和治理能力现代化的内在要求，是深化财税体制改革、建立现代财政制度的重要内容，是优化财政资源配置、提升公共服

务质量的关键举措。

1.全面实施预算绩效管理是落实以人民为中心的发展思想的必然要求。我国财政取之于民，用之于民，在预算管理各环节树立绩效意识，提高取之于民的财政资金的使用效率，有利于增强人民的获得感、幸福感和安全感。

2.全面实施预算绩效管理是推进国家治理体系和治理能力现代化的内在要求。财政是国家治理的基础和重要支柱。全面实施预算绩效管理是深化财税体制改革、建立现代财政制度的重要内容，是优化财政资源配置、提升公共服务质量的关键举措。

3.全面实施预算绩效管理是促进我国经济高质量发展的重要保障。经济高质量发展要充分发挥好财政职能作用，建立全面规范透明、标准科学、约束有力的预算制度，以全面实施预算绩效管理为关键点和突破口，解决好绩效管理中存在的突出问题，推动财政资金聚力增效，提高公共服务供给质量，增强政府公信力和执行力。

（二）现行预算绩效管理存在的问题

现行预算绩效管理仍然存在一些突出问题，主要是：绩效理念尚未牢固树立，一些地方和部门存在重投入轻管理、重支出轻绩效的意识；绩效管理的广度和深度不足，尚未覆盖所有财政资金，一些领域财政资金低效无效、闲置沉淀、损失浪费的问题较为突出，克扣挪用、截留私分、虚报冒领的问题时有发生；有些绩效自评不实、得分虚高，部分部门和地方外部绩效评价方法不统一、质量不高；绩效激励约束作用不强，绩效评价结果与预算安排和政策调整的挂钩机制尚未建立。

二、构建全方位、全过程、全覆盖的预算绩效管理体系

构建全方位预算绩效管理格局：一是实施政府预算绩效管理，将各级政府收支预算全面纳入绩效管理。二是实施部门和单位预算绩效管理，将部门和单位预算收支全面纳入绩效管理。三是实施政策和项目预算绩效管理，将政策和项目全面纳入绩效管理。

建立全过程预算绩效管理链条：一是建立绩效评估机制。结合预算评审、项目审批等，对新出台重大政策、项目开展事前绩效评估，重点论证立项必要性、投入经济性、绩效目标合理性、实施方案可行性、筹资合规性等。二是强化绩效目标管理。绩效目标不仅要包括产出、成本，还要包括经济效益、社会效益、生态效益、可持续影响和服务对象满意度等绩效指标。三是做好绩效运行监控。各级政府和各部门各单位对绩效目标实现程度和预算执行进度实行“双监控”。四是开展绩效评价和结果应用。通过自评和外部评价相结合的方式，对预算执行情况开展绩效评价。健全绩效评价结果反馈制度和绩效问题整改责任制，加强绩效评价结果应用。

完善全覆盖预算绩效管理体系：一是建立一般公共预算绩效管理体系。收入方面，要重点关注收入结构、征收效率和优惠政策实施效果。支出方面，要重点关注预算资金配置效率、使用效益，特别是重大政策和项目实施效果。二是建立其他政府预算绩效管理体系。除一般公共预算外，各级政府还要将政府性基金预算、国有资本经营预算、社会保险基金预算全部纳入绩效管理，加强四本预算之间的衔接。

三、我国预算绩效管理的实践

自主学习任务：查阅相关资料并进行调研，了解我国预算绩效管理的实践进程，思考我国预算绩效管理的现实问题和对策。

案例一：

健全现代预算制度，推进中国式现代化目标的实现

【案例导引】

预算体现国家的战略和政策，反映政府的活动范围和方向，是推进国家治理体系和治理能力现代化的重要支撑，是宏观调控的重要手段。1994年《中华人民共和国预算法》出台并于2014年修订，在法治的轨道上强化对政府预算的人大监督、问责机制构建和预算公开。目前，“预算法定”已成为社会主义市场经济条件下约束政府部门行为、处理政府与市场关系的重要准则。健全现代预算制度是进一步深化财税体制改革、推进中国式现代化的重要举措。预算安排涉及“蛋糕”分配，关系民生福祉，必须把实现好、维护好、发展好最广大人民根本利益作为健全现代预算制度的出发点和落脚点，推动现代化建设成果更多更公平惠及全体人民。

预算是现代财政运行的核心，预算制度则体现为国家对预算权力作出的法律规定和基本制度安排。预算制度嵌入国家治理结构之中，构成国家治理体系和治理能力现代化的基础和重要支柱。经过党的十八大以来的改革，我国现代预算制度基本确立。党的二十大报告从战略和全局的高度，明确了进一步深化财税体制改革的重点举措，提出“健全现代预算制度”。

一、深入理解建立现代预算制度的逻辑

（一）建立现代预算制度的理论逻辑

判断一个国家是否建立起现代预算制度，通常有两个重要参照标准：一个

是预算管理一体化，即财政收支预算必须全面完整地加以反映、科学合理地加以编制、规范有序地加以执行，形成标准统一的预算管理体系。另一个是预算监督体系化，即建立起约束有力的立体化预算监督体系。在建立现代预算制度的过程中，要准确把握“全面完整、编制科学、执行规范、强化监督、注重绩效、公开透明”的理论逻辑。

（二）建立现代预算制度的历史逻辑

改革开放以来，我国预算制度建设蕴含着一条历史主线：预算改革始终服从并服务于建立和完善社会主义市场经济体制与国家战略目标的实现。从预算汲取能力、预算控制能力和预算配置能力三个维度看，我国预算制度改革不断突破原有路径依赖，朝着现代预算制度方向稳步迈进。一是预算汲取能力建设助力实现“有为政府”的职能，二是预算控制能力建设助力理顺政府和市场的关系。三是预算配置能力建设助力政府治理方式转变。

（三）建立现代预算制度的现实逻辑

进入新时代，完善和发展中国特色社会主义制度、推进国家治理体系和治理能力现代化对预算改革提出了更高要求。我国现代预算制度的建立必须立足实际，做到理论与实践相结合、历史与现实相衔接，在发现和解决实际问题中不断实现预算治理能力的新跨越。一是统一部门预算管理口径，二是实施全面预算绩效管理，三是加强跨年度预算平衡，四是改进预决算公开。

二、坚持以人民为中心的发展思想，健全现代预算制度

预算安排涉及“蛋糕”分配，关系民生福祉。健全现代预算制度应始终坚持以人民为中心，把实现好、维护好、发展好最广大人民根本利益作为健全现代预算制度的出发点和落脚点，推动现代化建设成果更多更公平惠及全体人民。

（一）推进人大立法机构对政府预算的决定性

人民代表大会制度是我国的根本政治制度，各级人大都由民主选举产生，对人民负责，受人民监督。人大立法机构对政府预算的规模、结构以及变化特征应具有根本决定性，这一决定性不仅要体现在预算编制过程中，还包括对政府及各部门预算的审查、监督等预算执行的全过程。

（二）政府预算收支活动准确反映社会公众的基本需求

一方面，财政支出应重点向民生支出倾斜，提升社会保障、医疗卫生、教育、环境保护等民生服务支出的水平，有力地保障人民的生存权和发展权；另一方面，应当不断优化税制结构，进一步提高直接税比重，减轻企业等市场主

体税费负担，为实现共同富裕提供税收制度保障。

（三）社会公众能够畅通无阻地监督约束政府财政收支行为

现代预算制度是社会公众监督和约束政府行为的最重要工具，应当做到全面规范和公开透明。全面规范的现代预算制度要求政府及其部门的所有收支活动应当在预算中得到完整体现；公开透明的现代预算制度则要求预算能够全部呈现在社会公众面前，接受社会公众的监督和约束。

三、深入推进现代预算制度改革的重点任务

健全现代预算制度，要进一步破除体制机制障碍、补齐管理制度短板，推动预算编制完整科学、预算执行规范高效、预算监督严格有力、管理手段先进完备，构建完善综合统筹、规范透明、约束有力、讲求绩效、持续安全的现代预算制度。

（一）优化税制结构，坚持以共享税为主体的收入划分制度

我国共享税收入占比较高，是应对地区间发展不平衡的客观需要，具有中国特色社会主义的分配特点。在保持中央和地方财力格局总体稳定前提下，完善相关税收收入划分。在保持基本税制稳定前提下，优化税制结构。健全以所得税和财产税为主体的直接税体系，适当提高直接税比重，强化税制的累进性。完善个人所得税制度，适当扩大综合所得征税范围，完善专项附加扣除项目。深化增值税制度改革，畅通增值税抵扣链条，优化留抵退税制度设计。健全地方税体系，加快培育地方税源。全面落实税收法定原则，规范税收优惠政策，进一步加强非税收入管理。

（二）发挥中央和地方两个积极性，完善财政转移支付体系

按照与财政事权和支出责任划分相适应的原则，规范转移支付分类设置，厘清边界和功能定位。共同财政事权转移支付具有鲜明中国特色，合理安排共同财政事权转移支付，实行差异化补助政策，推进地区间基本公共服务水平更加均衡。专项转移支付以保障党中央重大决策部署落实为目标，资金定向精准使用，强化对地方的引导激励，并逐步退出市场机制能够有效调节的领域。一般性转移支付以均衡区域间基本财力配置为目标，结合财政状况增加规模，并向中西部财力薄弱地区倾斜，向革命老区、民族地区、边疆地区、欠发达地区以及担负国家国防安全、粮食安全、能源安全、生态安全等职责的功能区域倾斜，促进财力分布更加均衡。

（三）增强重大决策部署财力保障，健全财政资源统筹机制

当前和今后一个时期，要保持宏观税负基本稳定，财政相应处于紧平衡状

态，必须加强资源统筹，集中财力办大事。强化“四本”预算统筹。全面落实取消一般公共预算中以收定支的规定，应当由政府统筹使用的政府性基金项目转列一般公共预算，合理确定国有资本收益上交比例，稳步提高社会保险基金统筹层次。将依托行政权力、国有资源资产获取的收入等全面纳入预算管理。强化财政拨款收入和非财政拨款收入统筹。在强化收入统筹基础上，优化支出结构保障“国之大者”。加大对教育、科技、就业和社会保障、卫生健康、农业农村、生态环保等重点领域的保障力度，确保重大决策部署落地见效。

（四）提升资金效益和政策效能，进一步完善预算管理制度

加强预算管理重点环节，促进资金规范安全高效使用，精准有效落实积极的财政政策。深化预算绩效管理。扩大重点绩效评价范围，提高绩效评价质量。推进部门和单位整体支出绩效评价，探索开展政府收入绩效管理。用好绩效评价结果，形成评价、反馈、整改、提升良性循环。推进支出标准化。完善基本支出标准，加快项目支出标准建设，健全基本公共服务保障制度和标准。健全预算执行管理体系。严格预算控制、核算、决算，完整反映预算资金流向和预算项目全生命周期情况。优化政府采购需求管理和交易制度，强化政府采购政策功能。

（五）增强财政可持续能力，筑牢风险防范制度机制

防范化解政府债务风险。坚持高压监管，坚决遏制隐性债务增量，妥善化解存量，逐步实现地方政府债务按统一规则合并监管。加强地方政府融资平台公司治理，打破政府兜底预期。保持县区财政平稳运行，足额保障“三保”支出。强化基层财政运行监测预警，对风险隐患早发现早处置。建立健全财政承受能力评估机制。加强跨年度预算平衡。强化跨周期、逆周期调节，科学安排赤字、债务规模，将政府杠杆率控制在合理水平。对中长期支出事项、跨年度项目等纳入中期财政规划管理，与年度预算加强衔接。健全预算稳定调节基金机制，防止形成顺周期调节。

（六）强化财经纪律约束，优化财会监督体系

履行财会监督主责，发挥财会监督在党和国家监督体系中的重要作用。健全监督机制，形成财政部门主责监督、有关部门依责监督、各单位内部监督、相关中介机构执业监督、行业协会自律监督的财会监督体系。突出监督重点，强化重大财税政策落实情况监督，加强部门预算闭环监管，对转移支付实施全链条监督，做好对地方政府债务、财政运行、“三保”等方面的持续监控。提高监督效能，做好财会监督与各类监督贯通协同，探索运用“互联网+监

管”、大数据等现代信息技术手段，实现信息共享、成果共用，推动实施联合惩戒。

资料来源：

1. 刘昆. 健全现代预算制度［N］. 人民日报，2022-12-12（07）.

2. 陆毅，欧阳洁. 深入理解建立现代预算制度的逻辑［N］. 人民日报，2022-08-23（11）.

3. 马海涛，肖鹏. 健全现代预算制度 持续提升政府治理效能［N］. 光明日报，2023-01-17日（11）.

4. 席鹏辉：以健全现代预算制度推动更好发挥政府作用［EB/OL］. 中国社会科学网，2023-02-06. https：//www.cssn.cn/skqns/202302/t20230206_5586159.shtml.

思考与讨论：

1. 从理论、历史、现实三个维度分析建立现代预算制度的逻辑。

2. 现代预算制度的人民性如何体现？

3. 推进现代预算制度改革的重点任务有哪些？

案例二：

人大预算监督视域下的全过程人民民主
——基于乳山市人大常委会民生实事项目“代表全程问效制”的调研

【案例导引】

党的二十大报告指出，全过程人民民主是社会主义民主政治的本质属性，是最广泛、最真实、最管用的民主。全过程民主包括民主选举、民主决策、民主管理、民主监督等过程。全过程人民民主立足于中国历史实践，内生于中国传统文化，紧扣于中国共产党的本质属性，体现在对民主人类共同价值追求过程中，融合选举民主、协商民主的多种形式。威海乳山市人大常委会实施的民生实事项目“代表全程问效制”，在民生实事项目人大代表票决制的基础上，在参与民生实事项目全程监督、全面提升监督效能方面进行了有益尝试。通过健全吸纳民意、汇集民智工作机制，创新民主参与形式，畅通人民群众参与监督的渠道，是对全过程人民民主的生动诠释。

党的二十大报告对发展全过程人民民主和人大监督作出深刻阐述。将全过程人民民主的理念、原则和要求具体落实到人大预算监督中，是体现人大预算监督民主性的重要途径。党的十八大以来，我国政府预算治理体系和治理能力正发生历史性变革，逐步趋向法治化、科学化、透明化目标。作为预算治理体系重要组成部分的人大预算监督亦在制度、机制、实施、效能方面实现重大进步。

实践中，地方各级人大及其常委会尤其是基层人大，如何参与全过程的预算民主监督，这不仅事关人大预算监督改革的深度及成效，而且事关人民代表大会制度推进全过程人民民主的深度及成效。本文以乳山市人大常委会实施的民生实事项目“代表全程问效制”（简称“问效制”）的有益探索为例进行阐释。

一、“问效制”制度设计与实施成效

发展历程。乳山市人大常委会加强政府民生实事项目监督改革经历了两个发展阶段。一是2020—2021年实施的“人大代表票决制”，在项目立项环节征集代表意见建议并实施票决，在项目评价环节实施满意度测评。二是今年实施的“代表全程问效制”，重点解决代表有序参与项目实施过程监督。

制度设计。乳山市人大常委会实施的“问效制”主要包括“三环节两机制”制度体系。

建立全程参与监督制度。通过两个阶段的制度完善，健全包括项目立项代表票决、项目实施全程监督、项目结束全体测评的三环节全员全程监督制度体系。

建立健全代表联系群众和认真履职的激励约束机制。通过制定“两个一遍”“千名代表听民声”制度，建立常委会—代表—群众联系机制，以准确了解人民群众的实际需求，提高民生实事决策的民主性、科学性。通过出台代表述职评议和评优制度，健全代表激励约束机制，促使人大代表认真履行职责。

健全人大监督结果有效运用机制。为进一步强化人大监督刚性，常委会将人大代表民生实事满意度测评结果纳入人大工作考核，“问效制”实现项目立项—项目实施—项目评议—结果应用的闭环管理。

具体实施。今年，乳山市人代会前，政府通过多种公开方式广泛征求代表、群众意见建议，确定候选项目。人代会上，代表从候选项目中，票决选定15—20项民生实事项目。项目实施中，组成以常委会副主任为组长的若干专项监督小组，按季度实地考察、统计民生实事项目进展情况，并与相关部门及时沟通意见建议。期间，专项监督小组参与实地视察，了解并及时反馈群众意见，发挥督促项目推进作用。年末，常委会组成人员和代表针对项目实施情况进行集中视察并现场投票评议，实时公布评议结果。下年度人代会上，代表针对上年度项目完成情况进行满意度测评，对于满意率较低的项目，深入了解代表对其不满意的原因，在确定下年度项目时，吸取经验教训，进一步提高项目决策的科学性和合理性。

改革成效。政治效能。一方面，对于事关群众切身利益的财政支出重点投资项目，乳山市人大常委会积极作为，人大代表充分行使建议权、表决权等，实现项目全过程民主监督，增强人大预算重点项目监督的深度和刚性，提高人大监督的权威性和严肃性；另一方面，“问效制”通过人大的全程监督，增强项目决策的严肃性、预算工作的科学性，督促政府转变工作作风，政府公信力进一步提升。再者，“问效制”通过组织代表全程监督问效，进一步丰富代表履职的内容和形式，代表的使命感、责任感增强，积极性明显提高。经济社会效能。“问效制”在科学决策、推动实施中突出重点、形成合力，较好地解决了“如何办群众需要的事”“如何集中力量办大事”等问题。民生实事项目的完成率、群众满意度明显提高，财政资金使用效率进一步提升。

二、“问效制”的要义与普遍价值

（一）“问效制”的对象范围：群众所盼所愿的民生实事项目

现阶段，乳山市财政是典型的民生财政，除民生性消费支出外，投资性民生实事项目因事关群众利益、投资额度大、影响广泛深远而备受关注，做得好可提升城乡品质、提高人民群众生活质量，做不好也易成为焦点问题。乳山市人大常委会“问效制”改革正是针对民生实事项目而开展的。在党委领导、政府依托的基础上，常委会将民生实事项目聚焦人民群众所思所盼所愿，拓展代表履职内容及形式，有效推动解决了以往民生实事项目落实率不高、绩效不高等问题。

（二）“问效制”的主体特征：人大代表全体参与

人大代表来自社会各界，了解民意，熟悉市情。在政府重要项目决策和实施过程中，乳山市人大常委会创造性地设计制度，代表充分参与多环节活动，依法依规行使审议权、建议权和表决权等。这是让代表权利行使实起来、活起来的创新实践，也是代表工作服务大局、突出重点、深化改革的具体体现。因代表的充分参与，民生实事项目形成多元治理格局，这是项目绩效明显提升的重要因素。

（三）“问效制”的路径特征：构建机制全程参与

乳山市人大常委会针对代表全员全程参与难、监督结果应用难的现实问题，特别重视顶层设计，注重制度体系和机制建设，建立健全“三环节两机制”制度体系，以健全机制保证“问效制”有序有效实施。一方面，设计全体代表参与三环节监督的制度，规范了全过程参与活动。另一方面，制定常委会负责同志联系代表、代表联系群众制度，代表考核评价制度，代表评优制度等，构建人大代表履行职责的激励约束机制，保障代表积极有序地参与监督；建立常委会与市委、市政府之间的信息沟通制度、人大工作考核制度等，构建常委会及时反馈、政府重视落实人大监督意见的机制，保障人大有效监督。以“三环节两机制”的制度体系为基础，加之周密细致的组织管理，使该项改革得以破解难点有序开展，实现人大参与民生项目绩效监督的闭环。

（四）“问效制”的改革目标：提高政府支出综合绩效

“问效制”是一场目标导向的改革，其目的是规范行使人大及其常委会重大事项决定权，充分发挥人大监督政府工作的重要作用，实现民生实事全过程民主监督，改善民生实事项目决策和执行绩效。其一，实现提升人大监督权威性、政府公信力，密切党委政府与群众关系的政治效果；其二，提高财政效能，提升预算编制科学性、预算执行规范性和预算信息透明度；其三，提升经济社会效能，包括提升政府资金的使用效益，提升政府公共服务满意度，提升群众的归属感安全感幸福感。

乳山市人大常委会在依法依规充分发挥人大代表作用，参与民生实事项目全程监督、全面提升监督效能方面进行了有益尝试。目前，尽管民生实事项目“人大代表票决制”在地方各级人大普遍开展，且呈现常态化趋势，但“重票决轻监督”现象仍较为突出。民生实事项目“代表全程问效制”则为解决此问题提供了参考路径。

资料来源：

1.樊丽明，史晓琴.人大预算监督视域下的全过程人民民主——基于乳山市人大常委会民生实事项目“代表全程问效制”的调研与思考［J］.山东人大工作，2022（12）：58–59.

2.樊丽明，史晓琴，石绍宾.我国地方人大预算监督评价：理论、指标及应用［J］.管理世界，2022（2）：100–115.

思考与讨论：

1.“代表全程问效制”与“人大代表票决制”相比有哪些改进？

2.乳山市人大常委会实施的“问效制”如何提高政府支出绩效？

3.如何对人大预算监督进行评价？

第十二章
财政体制

<table>
<tr><td rowspan="3">课程思政具体设计</td><td>思政导航</td><td colspan="2">如何认识并深化我国的分税制改革？如何划分基本公共服务领域中央与地方共同财政事权的支出责任？我国的政府间转移支付发挥了哪些功能？如何认识中国的对口支援现象？如何立足中国式现代化的要求推进财税体制改革？</td></tr>
<tr><td>课程内容</td><td>第一节
第二节</td><td>财政体制概述
我国财政体制改革</td></tr>
<tr><td>课程思政案例</td><td>案例一
案例二</td><td>立足中国式现代化的财税体制改革
约14万亿元中央财政资金怎么花？中央转移支付首次突破10万亿元</td></tr>
</table>

第一节　财政体制概述

一、财政体制的含义及内容

（一）财政体制的含义

财政体制是处理中央财政和地方财政以及地方财政各级之间的财政关系的基本制度。核心是各级预算主体的独立自主程度以及集权和分权的关系问题。

（二）财政体制的内容

财政体制的内容主要包括确定预算管理主体和级次、预算收支的划分原则和方法、预算管理权限的划分、预算调节制度和方法等方面。

二、分级财政体制

（一）分级财政体制的内容

分级财政体制是市场经济国家普遍采取的一种财政体制，在西方财政学中称为财政联邦主义，其内容包括：（1）一级政权，一级预算主体，各级预算相对独立，自求平衡。（2）在明确市场经济下政府职能边界的前提下划分各级政府职责（事权）范围，在此基础上划分各级预算支出职责（支出责任）范围。（3）收入划分实行分税制。（4）实行转移支付的预算调节制度，包括纵向转移支付和横向转移支付。

（二）收支划分的基本理论依据

1.支出的划分依据。支出的划分依据是公共物品的层次性和外溢性。公共物品根据受益范围可分为不同的层次：全国性公共物品、地方性公共物品、交叉性公共物品。全国性公共物品应由中央政府提供，地方性公共物品由地方政府提供，交叉性公共物品由各级政府共同提供。这种划分既体现受益公平原则，也符合资源配置的效率原则。

理论基础包括蒂布特模型、斯蒂格勒的最优分权理论、奥茨分权定理等。

蒂布特模型（Tiebout，1956）认为，消费者通过流动来显示他们对地方性公共产品的偏好，即“用脚投票”。居民“用脚投票”引发地方政府间的竞争，使地方性公共产品得到有效的供给。奥茨（Oates，1969）进一步指出，理性消费者在选择社区居住时，将对地方公共服务带来的收益与税收负担的成本进行权衡。学校和赋税是消费者选择居住地时考虑的重要因素。

2.收入的划分依据。收入的划分依据是各税种的税源的覆盖范围和各税种调节功能的大小。凡税源普及全国而且流动性大的税种以及调节功能大的税种，应划为中央税；凡税源比较固定而且税基较为狭窄的税种，则应划为地方税。另外，为了保证地方有足够的固定收入，可设置共享税，即中央和地方按税率或按收入的一定比例共享。

（三）政府间转移支付制度

政府间转移支付是指政府间财力的无偿转移，一般是指上级政府对下级政府的无偿补助或拨款，而财政无偿转移的方法、规则和程序则构成政府间转移支付制度。

1.政府间转移支付的功能：

一是弥补纵向财政缺口。纵向财政缺口，是指中央政府在初次收入分配中所占比重高于在财政支出中所占比重，形成财力剩余；而地方政府的收入比重低于支出比重，存在财力缺口。这种缺口要靠中央通过对地方的转移支付形式弥补。

二是弥补横向财政缺口。横向财政缺口是指由于规范统一的收支划分方法，形成了一些地方的收入能力不能满足支出需要的缺口，转移支付是为了保证各地区间具有大体均衡的最低公共服务水平。

三是弥补地区性公共产品辖区间的外部效应。地方政府提供地方性公共物品，可能存在外部效应问题，需要上级政府或其他地方政府给予一定的补助或补偿，弥补正面外溢的成本。

四是支持落后地区的经济发展。为了均衡地区间的发展，通过转移支付支持落后地区和少数民族地区经济的发展，如老少边穷地区转移支付。

2.政府间转移支付的形式。

（1）无条件拨款（一般性转移支付）。无条件拨款是指一旦确定拨款数额以后，无附加条件地归受补助地区自主使用。无条件拨款通常运用规范化的公式根据地区标准支出与标准收入的差额来确定。具体公式如下：

某地区应得的转移支付拨款＝该地区标准支出－标准收入

标准收入＝该地区的经济税基×标准税率

某地区的标准支出＝该地区人口数×全国人均标准支出水平×该地区的服务成本差异系数

某地区实际可得的转移支付拨款

＝（中央实际可用于转移支付的资金总额/各地区应得的转移支付相加的总额）×某地区应得的转移支付拨款

（2）专项拨款（专项转移支付）。专项拨款是一种与无条件拨款相对应的有条件的指定用途的拨款，是转移支付的辅助形式。专项拨款分为配套拨款和非配套拨款。

两种形式的功能及特点比较，如表12-1所示。

表12-1　一般性转移支付和专项转移支付的特点比较

特征　程度　形式	一般性转移支付	专项转移支付
体现中央政府意图	中	强
行政干预成分	弱	中
影响地方政府的决策	弱	中
地方政府运用资金的自由度	强	弱
促进特定效果的提高	弱	强

第二节　我国财政体制改革

一、我国财政体制改革的进程

（一）我国财政体制的演变

大体分为四个阶段：一是新中国成立初期，实行统收统支、高度集中的财政体制；二是1953—1978年，实行统一领导、分级管理的财政体制；三是1980—1993年，实行划分收支、分级包干的财政体制；四是1994年以来，实行分税制财政体制。

（二）分税制改革的指导思想

一是正确处理中央与地方的利益关系，促进国家财政收入合理增长，逐步提高中央财政收入的比重，增强中央财政的宏观调控能力。二是合理调节地区之间财力分配。三是坚持“统一政策与分级管理相结合”的原则。四是坚持整体设计与逐步推进相结合的原则，通过渐进式改革，先把分税制的基本框架建立起来，在实施中逐步完善。五是抓住重点，分步实施。把主要税种划分好，通过“存量不动，增量调整”的方法，逐步提高中央财政收入的比重，逐步调整地方利益格局。

二、分税制改革的主要内容

中央和地方分税制，是指在划分中央与地方事权的基础上，确定中央与地方财政支出范围，并按税种划分中央与地方预算收入的财政管理体制。

（一）确定预算管理主体和级次

我国实行一级政府一级预算，设立中央，省、自治区、直辖市，设区的市、自治州，县、自治县、不设区的市、市辖区，乡、民族乡、镇五级预算。

全国预算由中央预算和地方预算组成。地方预算由各省、自治区、直辖市总预算组成。

（二）中央与地方的事权和支出责任划分

1.划分原则：

（1）**体现基本公共服务受益范围。**体现国家主权、维护统一市场以及受益范围覆盖全国的基本公共服务由中央负责，地区性基本公共服务由地方负责，跨省（区、市）的基本公共服务由中央与地方共同负责。

（2）**兼顾政府职能和行政效率。**结合我国现有中央与地方政府职能配置和机构设置，更多、更好发挥地方政府尤其是县级政府组织能力强、贴近基层、获取信息便利的优势，将所需信息量大、信息复杂且获取困难的基本公共服务优先作为地方的财政事权，提高行政效率，降低行政成本。信息比较容易获取和甄别的全国性基本公共服务宜作为中央的财政事权。

（3）**实现权、责、利相统一。**在中央统一领导下，适宜由中央承担的财政事权执行权要上划，加强中央的财政事权执行能力；适宜由地方承担的财政事权决策权要下放，减少中央部门代地方决策事项，保证地方有效管理区域内事务。要明确共同财政事权中央与地方各自承担的职责，将财政事权履行涉及的战略规划、政策决定、执行实施、监督评价等各环节在中央与地方间作出合理安排，做到财政事权履行权责明确和全过程覆盖。

（4）**激励地方政府主动作为。**通过有效授权，合理确定地方财政事权，使基本公共服务受益范围与政府管辖区域保持一致，激励地方各级政府尽力做好辖区范围内的基本公共服务提供和保障，避免出现地方政府不作为或因追求局部利益而损害其他地区利益或整体利益的行为。

（5）**做到支出责任与财政事权相适应。**按照“谁的财政事权谁承担支出责任”的原则，确定各级政府支出责任。对属于中央并由中央组织实施的财政事权，原则上由中央承担支出责任；对属于地方并由地方组织实施的财政事权，原则上由地方承担支出责任；对属于中央与地方共同财政事权，根据基本公共服务的受益范围、影响程度，区分情况确定中央和地方的支出责任以及承担方式。

2.“1+1+15”的改革框架：

一是出台指导意见。2016年8月国务院印发了《关于推进中央与地方财政事权和支出责任划分改革的指导意见》，明确了财政事权和支出责任划分的基本原则、主要任务和要求。

二是率先实施基本公共服务领域共同财政事权和支出责任划分。2018年1月国务院办公厅印发了《基本公共服务领域中央与地方共同财政事权和支出责任划分改革方案》，明确了八大类18项共同财政事权事项的支出责任及分担方式、保障标准等，为推进分领域改革提供了引领。

三是加快推进15个领域的中央与地方财政事权和支出责任划分改革，已经出台了应急救援、自然资源、公共文化、生态环境、交通运输、教育、科技、医疗卫生等领域方案。

3.具体内容。

（1）推进中央与地方财政事权划分：

适度加强中央的财政事权。坚持基本公共服务的普惠性、保基本、均等化方向，加强中央在保障国家安全、维护全国统一市场、体现社会公平正义、推动区域协调发展等方面的财政事权。逐步将国防、外交、国家安全、出入境管理、国防公路、国界河湖治理、全国性重大传染病防治、全国性大通道、全国性战略性自然资源使用和保护等基本公共服务确定或上划为中央的财政事权。

保障地方履行财政事权。加强地方政府公共服务、社会管理等职责。将直接面向基层、量大面广、与当地居民密切相关、由地方提供更方便有效的基本公共服务确定为地方的财政事权。逐步将社会治安、市政交通、农村公路、城乡社区事务等受益范围地域性强、信息较为复杂且主要与当地居民密切相关的基本公共服务确定为地方的财政事权。

减少并规范中央与地方共同财政事权。根据基本公共服务的受益范围、影响程度，按事权构成要素、实施环节，分解细化各级政府承担的职责，避免由于职责不清造成互相推诿。逐步将义务教育、高等教育、科技研发、公共文化、基本养老保险、基本医疗和公共卫生、城乡居民基本医疗保险、就业、粮食安全、跨省（区、市）重大基础设施项目建设和环境保护与治理等体现中央战略意图、跨省（区、市）且具有地域管理信息优势的基本公共服务确定为中央与地方共同财政事权，并明确各承担主体的职责。

建立财政事权划分动态调整机制。财政事权划分要根据客观条件变化进行动态调整。

（2）完善中央与地方支出责任划分：

中央的财政事权由中央承担支出责任。属于中央的财政事权，应当由中央财政安排经费，中央各职能部门和直属机构不得要求地方安排配套资金。中央的财政事权如委托地方行使，要通过中央专项转移支付安排相应经费。

地方的财政事权由地方承担支出责任。属于地方的财政事权原则上由地方通过自有财力安排。

中央与地方共同财政事权区分情况划分支出责任。

（3）加快省以下财政事权和支出责任划分。省级政府要参照中央做法，结合当地实际，按照财政事权划分原则合理确定省以下政府间财政事权。省级政府要根据省以下财政事权划分、财政体制及基层政府财力状况，合理确定省以下各级政府的支出责任，避免将过多支出责任交给基层政府承担。

（三）中央与地方的收入划分

按税种划分中央与地方的收入，将维护国家权益、实施宏观调控所必需的税种划分为中央税；将同经济发展直接相关的主要税种划分为中央与地方共享税；将适合地方征管的税种划分为地方税。现行中央与地方的收入划分情况如表12–2所示。

表12–2　　中央与地方的收入划分情况

项目	内容
中央固定收入	关税，海关代征的消费税和增值税，消费税，船舶吨位税，车辆购置税，未纳入共享范围的中央企业所得税，证券交易（印花）税，中央企业上交的利润等
中央与地方共享收入	增值税（中央分享50%，地方分享50%）； 纳入共享范围的企业所得税和个人所得税（中央分享60%，地方分享40%）； 资源税按不同的资源品种划分，海洋石油资源税作为中央收入，其他资源税作为地方收入
地方固定收入	城镇土地使用税，城市维护建设税，房产税，车船税，印花税（不含证券交易印花税），耕地占用税，契税，烟叶税，土地增值税，环境保护税，地方企业上缴利润，国有土地有偿使用收入等

2019年9月，国务院印发《实施更大规模减税降费后调整中央与地方收入划分改革推进方案》。方案明确了三项主要改革措施，保持增值税“五五分享”比例稳定、调整完善增值税留抵退税分担机制、后移消费税征收环节并稳步下划地方。

（四）政府间转移支付制度的建立与发展

1994年分税制改革后，我国先是建立了以税收返还和体制补助与上解、财力性转移支付和专项转移支付为主的转移支付制度。2009年起，为进一步规范转移支付制度，将中央对地方的转移支付，划分为税收返还、一般性转移支付和专项转移支付三类。其中，一般性转移支付包括原财力性转移支付，原一般性转移支付改为均衡性转移支付。2019年再次调整，将中央财政整合设立共同财政事权转移支付，暂列入一般性转移支付，集中反映中央承担的共同财政事权支出责任，并将中央对地方税收返还与一般性转移支付中的固定数额补助合并，不再单独列示。

1.中央对地方的税收返还。中央对地方的税收返还是指1994年分税制改革、2002年所得税收入分享改革、2009年成品油税费改革后，对原属于地方的收入划为中央收入部分，给予地方的补偿。包括增值税、消费税“两税返还”，所得税基数返还，以及成品油税费改革税收返还。2019年后与一般性转移支付中的固定数额补助合并，不再单独列示。

2.一般性转移支付。一般性转移支付是指为弥补财政实力薄弱地区的财力缺口，均衡地区间财力差距，实现地区间基本公共服务能力的均等化，中央财政安排给地方财政的补助支出，由地方统筹安排。

目前，一般性转移支付包括均衡性转移支付、县级基本财力保障机制奖补资金、老少边穷地区转移支付、共同财政事权转移支付、税收返还及固定补助等。

3.专项转移支付。专项转移支付指中央政府为实现特定的经济和社会发展目标无偿给予地方政府，由接受转移支付的政府按照中央政府规定的用途安排使用的预算资金。

建立健全专项转移支付定期评估和退出机制。市场竞争机制能够有效调节的事项不得设立专项转移支付。上级政府在安排专项转移支付时，不得要求下级政府承担配套资金。但是，按照国务院的规定应当由上下级政府共同承担的事项除外。

（五）省以下财政体制的改革

在省以下地方财政体制改革方面，推进了省直管县和乡财县管改革。

三、现行财政体制存在的主要问题

（一）政府间的事权和支出责任划分有待完善

现行中央与地方财政事权和支出责任划分还不同程度存在不清晰、不合理、不规范等问题，主要表现在：政府职能定位不清，一些本可由市场调节或社会提供的事务，财政包揽过多，同时一些本应由政府承担的基本公共服务，财政承担不够；中央与地方财政事权和支出责任划分不尽合理，一些本应由中央直接负责的事务交给地方承担，一些宜由地方负责的事务，中央承担过多，地方没有担负起相应的支出责任；不少中央和地方提供基本公共服务的职责交叉重叠，共同承担的事项较多；省以下财政事权和支出责任划分不尽规范；有的财政事权和支出责任划分缺乏法律依据，法治化、规范化程度不高。

（二）政府间收入划分不够规范

政府间的税收划分不尽合理，有些税收的划分与税种的内在属性不相吻合，对一些重要税种多采取共享的方式进行划分。地方税体系不健全，特别是“营改增”后，地方缺少主体税种，地方政府对土地财政依赖严重，地方债务增长较快，地方政府间存在不良的财政税收竞争现象。

（三）政府间转移支付制度存在的问题

受中央和地方事权和支出责任划分不清晰的影响，转移支付结构不够合理；一般性转移支付项目种类多、目标多元，均等化功能弱化；专项转移支付涉及领域过宽，分配使用不够科学；一些项目行政审批色彩较重，与简政放权改革的要求不符；地方配套压力较大，财政统筹能力较弱；转移支付管理漏洞较多、信息不够公开透明等。

（四）省以下财政体制亟待进一步优化

从地方财政体制情况看，呈现出中央与地方关系相同的特点，即财权集中、事权下移。省以下的财力纵向和横向分布格局不合理，相当一部分地区对下转移支付的力度不足。从纵向财力分布看，省、市、县人均财力差距悬殊；从横向财力分布看，部分省份县级财力水平差距较大。

四、深化财政体制改革的思路

一是，完善以“分税制”为基础的分级财政体制。二是，以清晰划分事权为切入点，全面推进财政体制改革。三是，实施财政扁平化改革，适当减少财政管理层级。四是，形成合理、协调的中央与地方财力分配格局。五是，充分发挥省级财政的调节能力。六是，坚持渐进性改革的原则。

案例一：

立足中国式现代化的财税体制改革

【案例导引】

党的二十大报告提出以中国式现代化全面推进中华民族伟大复兴，明确中国式现代化既有各国现代化的共同特征，更有基于自己国情的五大中国特色：人口规模巨大的现代化、全体人民共同富裕的现代化、物质文明和精神文明相协调的现代化、人与自然和谐共生的现代化、走和平发展道路的现代化。中国式现代化的五个特征对财税体制改革提出了新的要求，如何谋划新一轮财政体制改革？

财政作为国家治理的基础与重要支柱，在中国式现代化进程中发挥着引领与保障发展的关键作用。中国式现代化的五个特征对财税体制改革提出了新的要求。立足新时代新征程，我们需要以把握中国式现代化的内在要求为根本遵循，在财税体制改革的重点领域久久为功，为中国式现代化道路贡献财税力量。

一、中国式现代化背景下财税体制改革的新要求

财税制度内嵌于治国理政各领域，只有不断地适应新时代的主题和使命，才能更好地实现全面建成社会主义现代化强国的目标。党的二十大报告深刻阐述了中国式现代化的深刻内涵，分别是人口规模巨大的现代化、全体人民共同富裕的现代化、物质文明和精神文明相协调的现代化、人与自然和谐共生的现

代化、走和平发展道路的现代化，进而对我国财税体制改革提出了新的要求。

财税体制改革需要立足中国基本国情。人口规模巨大的现代化要求财税体制改革始终聚焦民生福祉，优化支出结构，重点保障基本民生，健全社会保障体系，这不仅是财税体制改革的内在要求，也是实现中国式现代化的必要条件。这就需要持续加大对基本公共服务领域的投入力度，在支出结构上优先考虑满足人民群众基本需求和利益最大化的项目，注重财政支出的公平性和效率性，并加强对社会弱势群体的扶持和帮助。加大财税政策支持实体经济发展的力度，着力推进助企纾困。加快健全覆盖全民、统筹城乡、公平统一、可持续的多层次社会保障体系。

财税体制改革需要立足社会主义本质。实现全体人民共同富裕，既是中国特色社会主义的本质要求，也是中国式现代化的重要特征。全体人民共同富裕的现代化要求财税体制改革充分发挥财税制度在收入分配方面的调节作用，完善收入分配制度，协调城乡区域发展。从税收端来看，一方面，借助企业所得税优惠政策，对重点扶持行业实行免征、减半征收等优惠。另一方面，通过个人所得税改革，缩小劳动所得与资本所得的税率差距，提高个人所得税免征额，减轻中低收入人群税负压力。从财政支出端来看，在教育、医疗、社会保障等仅依靠市场无法实现资源有效配置的领域，发挥财政资金引导作用，通过收入分配制度及转移支付制度，缓解中低收入人群支出压力，促进城乡协同发展及区域均衡发展。

财税体制改革需要立足社会主要矛盾。我国社会主要矛盾已经转化为人民日益增长的美好生活需要和不平衡不充分的发展之间的矛盾，中国式现代化也表现为物质文明和精神文明相协调的现代化。这就要求财税体制改革必须牢牢把握当前我国社会主要矛盾，聚焦关键领域和实体经济，助力经济高质量发展。同时，要保障公共文化教育资源供给，促进基本公共文化服务标准化、均等化，不断丰富人民精神文化生活。全面贯彻党的教育方针，全面提升公共文化服务水平，推进基础教育由全面普及向优质均衡跨越，为经济社会高质量发展储备人才。

财税体制改革需要立足人与自然的关系。人与自然和谐共生的现代化要求财税体制改革助力解决资源稀缺、环境污染、生态破坏等一系列现实问题，满足人民日益增长的优美生态环境需要。在税收优惠、转移支付和资金介入等方面不断优化财政政策，积极探索绿色发展新路径。不断优化绿色税收体系，深化资源税改革，完善环境保护税政策，扩大消费税绿色化调控范围，落实环境保护、节能减排、新能源和清洁能源等方面的税收优惠。改进重要生态功能区域的转移支付补偿机制，提高转移支付规模，扩大政策覆盖范围。完善政府绿色采购政策，加大对高效节能产品的政府采购支持力度，发挥生态保护财政资金的引导作用，撬动更多社会资本进入绿色低碳领域。

财税体制改革需要立足国内国际格局。走和平发展道路的现代化要求财税体制改革服务构建新发展格局，积极为国际社会提供公共产品，主动融入国际税收治理。其一，利用财税政策进一步推动高水平对外开放，促进国内国际两个市场中生产要素的自由流动，提升产业链供应链现代化水平。其二，制定财税政策要以“双碳”目标为契机，以构建“多税共治”的绿色税制体系为抓手，在全球气候治理、生态环境保护等方面提供惠及全人类的国际公共产品。其三，财税政策要服务于国际税收治理，在国际税收治理的规则制订、机制运行、工具创新、秩序重构中发出中国声音、提供中国方案、贡献中国智慧，提升我国在全球重大议题上的话语权和影响力。其四，以“一带一路”国际合作、亚投行和丝路基金为基础，构建符合和平发展道路的现代化财税体制，推动构建人类命运共同体。

二、财税体制改革的重点领域

一是完善现代预算制度。持续深化预算管理制度改革、健全现代预算制度是确保国家战略实施和政府政策落实的重要保障。推进中国式现代化，需要增强重大决策部署财力保障，健全财政资源统筹机制。深化预算管理制度，积极推进预算管理一体化，完善全过程监管机制。全面实施预算绩效管理，提升资金使用效率。不断拓宽预决算公开范围，提高预决算透明度。加强中期财政规划管理，完善跨年度预算约束机制。强化风险防控意识，增强财政可持续性。

二是优化现代税收制度。党的二十大报告明确提出了要“优化税制结构”，应稳步推进税制改革，建立与现代化国家治理相匹配的税收制度。加快税收法定进程，设立税收基本法，有序推进税收立法。推进地方税体系改革，培养地方税源；健全直接税体系，完善综合与分类相结合的个人所得税制度；深化增值税改革，合并税率级次，完善抵扣链条，健全增值税留抵退税制度。同时继续完善以共同富裕为目标的现代税收制度，建立合理有序的收入分配格局。不断提高数字经济征税效率，提升税收治理现代化水平。

三是建立健全现代财政体制。规范中央与地方的财政事权和支出责任的划分，有序推进中央与地方财政事权和支出责任划分改革，逐步建立财政事权划分的动态调整机制，确立符合我国国情、助力中国式现代化进程的现代财政体制模式。继续完善财政转移支付制度体系，充分发挥其在收入分配中的调节作用。完善、优化省以下财政体制改革，更好发挥财政在资源配置、财力保障、统筹调控等方面的关键作用。

四是建立现代财政金融体制。这是推动高质量发展的内在需要，也是构建新发展格局的重要内容。财政金融的宏观调控政策要在目标和内容上紧密配合，加强财政部门与央行在货币创造及调控方面的协调，提高政策的精准性和有效性，合理把握财政政策和金融政策的优势与短板，提高二者在调控时机、力度方面的协同性，取长补短，建立常态化的磋商和交流机制。

五是健全财政监管制度。财政监管是推进中国式现代化的重要保障，也是现代财政制度的关键环节。这就要求将监督与管理紧密结合起来，实现财政监督价值最大化，打造规范、透明、高效的财政监管体系，深化财政税收监督机制，提升税收监督效能，完善财会监督透明机制，加强财会管控力度。

资料来源：

1. 马海涛.推进中国式现代化进程中的财税体制改革［N］.中国社会科学报，2023-05-08（002）.

2. 马海涛，姚东旻.成就与方向：立足中国式现代化的财税体制改革［J］.人民论坛，2022（22）：56-59.

思考与讨论：

1. 中国式现代化对我国财税体制改革提出了哪些新要求？

2. 如何优化现代税收制度？

3. 如何健全现代财政体制？

案例二：

约14万亿元中央财政资金怎么花？中央转移支付首次突破10万亿元

【案例导引】

政府间转移支付制度是分级财政体制的重要内容，主要用来解决纵向和横向财政失衡问题。《中华人民共和国预算法》第十六条规定：国家实行财政转移支付制度。财政转移支付应当规范、公平、公开，以推进地区间基本公共服务均等化为主要目标。转移支付分为纵向转移支付和横向转移支付、一般性转移支付和专项转移支付，以中央对地方的一般性转移支付为主。2022年中央对地方转移支付97144.75亿元，占中央一般公共预算支出的73.2%，占地方一般公共预算收入的47.2%。此外，对口支援横向转移支付也是中国转移支付制度的一大特色。党的二十大报告提出完善财政转移支付体系，我国财政转移支付体系存在哪些问题？如何完善？

2023年3月底，财政部公布了2023年中央财政预算，97个中央部门（单位）公开了部门预算，今年约14万亿元财政资金分配轮廓已经清晰。我国中央预算是中央政府未来一年的收支计划，体现的是中央政策及其重点安排，反映的是中央政府提供的全国性公共产品和服务的规模和种类及其成本，同时也通过转移支付反映中央对地方政府行为的支持和控制力度。根据中央财政预算，2023年中央一般公共预算支出预计为13.9万亿元，其中中央本级支出3.8万亿元，其余约10万亿元用于对地方转移支付（具体见图12-1）。

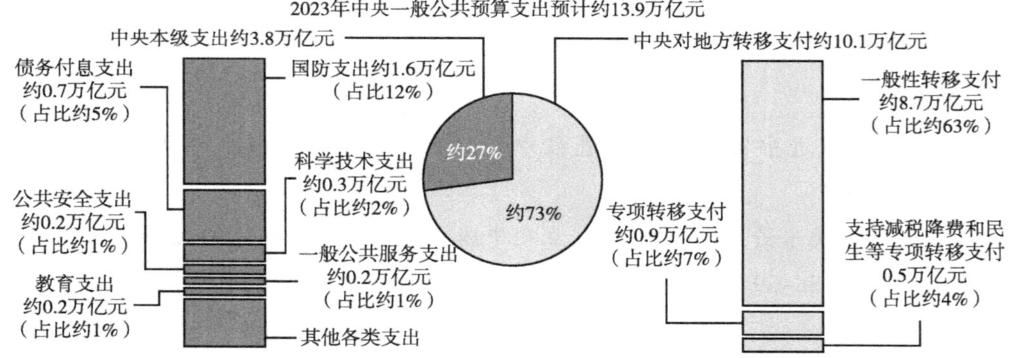

图12-1　2023年约14万亿元中央一般公共预算支出这样花

资料来源：财政部网站《2023年中央财政预算》、第一财经整理。

中央本级3.8万亿元这样花

政府支出一种是按功能分类，主要反映政府的各项职能活动，即政府的钱“干了什么”，如教育、外交、国防、社保、卫生等领域，起到了什么样的社会作用。中央财政主要承担国防、外交、国家安全等财政事权方面的支出。根据今年的预算，中央本级3.8万亿元支出中，国防、债务付息、科学技术、公共安全、一般公共服务和教育六大类支出规模居前，占中央本级支出超八成。

按功能分类的支出更加细化。例如，今年中央财政在科学技术领域的支出约3280亿元，其中应用研究支出约1493亿元，基础研究支出约863亿元等；在基础研究中，又细分为自然科学基金（342亿元）、专项基础科研（102亿元）等。

看政府花钱方向除了上述功能分类外，还需要看按经济性质分类支出，这反映了政府各项支出的具体用途，即这笔资金多少用于公务员工资福利、办公经费、会议费、公务接待费等。

根据今年中央预算报告，3.8万亿元中央本级支出中，基本支出约1万亿元，其他则用于项目支出。在基本支出中，最大一类是用于机关工资福利性支出（约4443亿元），预算数预算数比上年执行数增长3.7%。其中工资奖金津补贴约3370亿元，同比增长1.8%；第二大类是机关商品和服务支出（约2813亿元），同比增长1.5%。其中主要是维修（护）费、办公经费、委托业务费、公务用车运行维护费、培训费等支出。值得注意的是，今年会议费支出约3亿元，比去年执行数增长约185%。另外，今年公务接待费（约2亿元）、因公出国费（约0.6亿元）也出现大幅增长。

财政部有关负责人在解读中央部门预算时称，今年中央本级"三公"经费预算64.96亿元、比上年有所增长，主要是前两年受疫情影响因公出国（境）费预算压减较多、基数较低，今年恢复性增加，主要用于支持中国特色大国外交，保障中央部门开展对外交往、参加重要双边多边会议等，同时继续严控一般性出国团组；公务用车购置及运行费、公务接待费从严控制，均不超过上年水平。与疫情前的2019年相比，2023年中央本级"三公"经费预算减少约16亿元。

10万亿元转移支付给谁了

中央财政支出大头其实是对地方的转移支付。根据今年中央财政预算，2023年中央对地方转移支付预算数为10.06万亿元，比去年执行数增长3.6%。这也是中央对地方转移支付规模首次突破10万亿元关口。中央对地方转移支付中，一般性转移支付预算数为8.71万亿元，同比增长7.6%，专项转移支付预算数为0.85万亿元，同比增长11.6%。另外，今年还设有支持基层落实减税降费和重点民生等专项转移支付预算数0.5万亿元，主要用于清算2022年增值税留抵退税转移支付资金。

中央对地方一般性转移支付中，资金继续向中西部财力薄弱地区倾斜，向革命老区、民族地区、边疆地区、欠发达地区以及担负国家国防、粮食、能源、生态等安全职责的功能区域倾斜，促进财力分布更加均衡。比如，为了增强基层"保基本民生、保工资、保运转"，2023年一般转移支付中的均衡性转移支付（约2.4万亿元）同比增长10.3%，县级基本财力保障机制奖补资金同比增长8.7%，老少边穷地区转移支付同比增长7%。

根据中央预算报告，除了约1.4万亿元尚未落实到具体地区，剩余约9.6万亿元中央对地方转移支付额度已经分配至31个省份。从具体规模来看，今年（2023年）四川拿到中央转移支付预计为5883亿元，居首位；河南也以5095亿元位居第二；湖南、湖北获得的转移支付规模超4000亿元位列三、四。

近些年受疫情等冲击，地方财政收入增长乏力，而刚性支出不减，不少省份对中央财政转移支付依赖度越来越高。

中国人民大学财政金融学院教授吕冰洋指出，中国的地区差异大，保持比较大的规模转移支付是合理的，对缩小地区差距、实现共同富裕、推动高质量发展均有着重要作用。不过，任何一种财政手段均有利有弊。一般性转移支付以平衡为主，容易产生财政理论所说的逆向激励问题，即地方发展得越好得到的转移支付越少。由于我国政府层级多，区域差异大，专项转移支付容易因为信息传递链条长、信息不对称性强而降低资金配置效率。

2015年，国务院印发《关于改革和完善中央对地方转移支付制度的意见》，一大关键是调整转移支付结构，总体上是增加一般性转移支付，减少专项转移支付，取得成效。党的二十大报告要求，完善财政转移支付体系。这意味着未来要进一步对转移支付体系进行改革，实现公平和效率的统一。

资料来源：

1. 陈益刊. 约14万亿中央财政资金怎么花？中央转移支付首次突破10万亿［N］. 第一财经日报，2023-04-07（A10）.

2. 2023年中央财政预算［EB/OL］. 财政部网站，2023-03-27. http：//yss.mof.gov.cn/2023zyczys/.

3. 吕冰洋. 如何完善财政转移支付体系？［EB/OL］. 人大重阳网，2023-04-15. http://rdcy.ruc.edu.cn/zw/jszy/lby/lbygrzl/e9d6e9a35a294e85b796464eff5dee9d.htm.

思考与讨论：

1. 14万亿元中央财政资金是如何分配的？

2. 如何进一步完善中央对地方的转移支付？

第十三章

财政平衡与财政政策

<table>
<tr><td rowspan="3">课程思政具体设计</td><td>思政导航</td><td>财政赤字有益还是有害？如何认识中国、美欧国家的财政赤字？为推动高质量发展，财政政策应如何发挥作用？当社会出现重大疫情时，财政政策如何发挥作用？财政政策与货币政策应如何配合发挥作用？</td></tr>
<tr><td>课程内容</td><td>第一节　财政平衡与财政赤字
第二节　财政政策</td></tr>
<tr><td>课程思政案例</td><td>案例一　我国积极财政政策的实践
案例二　惠誉调降美国主权信用评级　预计未来3年美国财政状况恶化</td></tr>
</table>

第一节　财政平衡与财政赤字

一、如何理解财政平衡与财政赤字

（一）财政平衡的含义

财政平衡是指预算年度财政收入与支出在量上的对比关系。收支对比无外乎三种结果：一是收大于支，形成财政盈余；二是支大于收，出现财政赤字；三是收支相等，实现财政平衡。

就现代市场经济国家而言，财政赤字已经是一种世界性经济现象。

（二）树立科学的财政平衡观

第一，财政平衡是相对的或大体的平衡，不存在绝对的平衡。第二，应树立动态平衡的观点，不拘泥于静态平衡或一个预算年度内的收支平衡。第三，财政平衡只是一种局部平衡，它应该服从或服务于宏观经济总体平衡。第四，不仅要关注中央政府的收支平衡，也要研究各级地方政府的收支平衡。第五，应该注意将真实平衡与虚假平衡区分开来。第六，预算赤字、决算赤字和赤字政策完全不同。

预算赤字是指在编制预算时在收支安排上就有赤字。决算赤字是指预算执行结果支大于收，出现赤字。赤字政策则完全不同，是国家有意识地运用赤字来调节经济的一种政策，即通过财政赤字扩大财政支出，实行扩张性财政政策。

二、从预算平衡论到功能财政论

（一）大衰退以前的正统预算原则：年度预算平衡论

古典经济学家反对国家干预，反映在政府财政预算行为准则上，主张实行平衡的预算，而且要实行严格的年度预算平衡。其基本观点如下：政府对私人经济部门发行公债会延缓后者的发展，因为这会造成原可为私人部门用于生产投资的资本，被挪作政府花费；政府支出是非生产性的，政府的赤字支出会造成巨大的浪费；政府的赤字支出必然导致通货膨胀；年度预算平衡是控制政府支出增长的有手段。

（二）大衰退的产物：周期预算平衡论

周期预算平衡论主张政府财政发挥反经济周期的作用，同时也实现预算平衡。不过，这种平衡不是以12个月作为一个预算年度的年度平衡，而是在控制经济周期波动的条件下做预算平衡。其基本观点如下：在经济衰退时期，为了消除衰退，政府应该减少税收，增加支出，有意识地使预算产生赤字。在经济繁荣时期，政府应该增加税收，紧缩开支，有意识地使预算产生盈余。在上述情况下，政府财政将发挥其反经济周期乃至“熨平”经济周期的巨大威力。而且，政府仍可使预算保持周期平衡。

（三）功能财政论

美国经济学家勒纳在20世纪40年代发表的《经济舵轮》和《功能财政与联邦债务》两篇文章中，明确提出了“功能财政论”的预算准则。认为财政预算应从其对经济的功能上来着眼，而不应仅注重其收支是否平衡。其基本观点如下：平衡预算——无论是年度的还是周期的，只具有第二位的重要性。政府财政的基本功能是稳定经济，这才是至关重要的。政府预算的首要目的，是提供一个没有通货膨胀的充分就业，即经济平衡而不是预算平衡。不应为达到预算平衡而置经济平衡于不顾。如果为达到经济稳定的目的，必须长期坚持盈余或大量举债，那就不应有任何犹豫。政府预算盈余或赤字的问题本身与严重的通货膨胀或持续的经济衰退相比是不重要的。

三、财政赤字（或结余）的计算口径和分类

（一）财政赤字的计算口径

根据是否将债务收支作为正常的财政开支，计算财政赤字（或结余）有两种口径：

硬赤字：赤字或结余=（经常收入+债务收入）-（经常支出+债务支出）

软赤字：赤字或结余=经常收入-经常支出

为保持预算的稳定性，我国从2006年起建立中央预算稳定调节基金。预算稳定调节基金是指各级一般公共预算按照国家法律法规规定通过超收收入和支出预算结余安排的具有储备性质的基金。视预算平衡情况，在安排下年度预算时调入并安排使用，或用于弥补短收年份预算执行的收支缺口。基金的安排使用接受同级人大及其常委会的监督。预算稳定调节基金单设科目，补充基金时在支出方反映，调入使用基金时在收入方反映。

（二）财政赤字的分类

根据财政赤字产生的经济背景和原因，财政赤字可分为结构性赤字和周期性赤字。现实的财政赤字由结构性赤字和周期性赤字两部分组成。

周期性赤字是由于经济周期波动决定的，体现经济运行对财政平衡的决定作用，是一种内生变量，随着经济周期的波动而增减。如经济陷入衰退时，税收收入减少而财政支出增加，财政赤字增加。

结构性赤字是经济处于充分就业时所出现的赤字，也称充分就业赤字。是由政府财政政策决定的，是一种外生变量，体现财政政策变量对经济的影响。如经济衰退时期，政府要实行以充分就业为目标的扩张性财政政策，增支或减税，财政赤字增加。

四、财政赤字的规模

（一）财政赤字规模的衡量指标

1.赤字比率。赤字比率是指财政赤字占GDP的比例，说明一国当年以赤字方式动员了多大比例的社会资源。欧盟《马约》的参考值是3%。

2.赤字依存度。赤字依存度是指财政赤字占财政支出的比例，说明一国在当年的总支出中有多大比例是依赖赤字支出实现的。

（二）财政赤字规模的国际比较

自主学习任务：收集美国、欧盟、中国等世界主要国家财政赤字的数据，观察各国财政赤字的变化趋势，思考财政赤字产生的原因及经济影响。

五、财政平衡与社会总量平衡的关系

在国民经济核算中，总量平衡有如下恒等式：

$$C+S+T+M \equiv C+I+G+X$$

可得，$G-T \equiv (S-I)+(M-X)$

结论：（1）财政平衡是社会总供求平衡中的一个组成部分，必须从国民经济的整体平衡研究财政平衡。（2）国民经济整体平衡的目标是社会总供求的大体平衡，财政平衡本身不是目的，而是社会总供求平衡的一种手段。（3）财政收支平衡是政府进行宏观调控的手段。

六、财政赤字的弥补方式及经济效应

（一）财政赤字的不同融资机制

债务化融资和货币化融资是弥补财政赤字的两种常规方法。

政府发行公债为赤字融资被称为债务化融资或赤字债务化。

通过货币创造方式弥补财政赤字被称为货币化融资或赤字货币化。货币化融资又有两种方式：一种是直接的方式，即财政部直接向中央银行借款或透支；另一种是间接的方式，即财政部向公众出售国债，随后中央银行在公开市场上购入国债，即中央银行将债务货币化。

（二）不同融资机制的经济效应

1.债务化融资的经济影响，重点关注三个方面：是否会导致通货膨胀？是否产生债务危机？是否存在挤出效应？

2.货币化融资对经济的影响。货币化融资最主要的经济影响是容易引发通货膨胀。

思考：关于“财政赤字货币化”的争论

2020年4月27日，中国财富管理50人论坛（CWM50）与中国财政科学研究院联合举办“当前经济形势下的财政政策”专题会议，就当前如何实施好积极财政政策、更好地发挥稳定经济的关键作用进行研讨。中国财政科学研究院院长刘尚希做主题发言，指出“新的条件下，财政赤字货币化具有合理性可行性和有效性”，引起学界热议。

第二节　财政政策

一、财政政策的概念及分类

（一）财政政策的概念

财政政策是指一国政府为实现一定的宏观经济目标，而调整财政收支规模和收支平衡的指导原则及其相应的措施。财政政策是由支出政策、税收政策、预算平衡政策、国债政策等构成的一个完整的政策体系。

财政政策作为一种重要的宏观经济政策正式提出和利用，是20世纪30代凯恩斯主义的出现和罗斯福新政的推行。

（二）财政政策的分类

1. 根据财政政策具有调节经济周期的作用来划分，分为自动稳定的财政政策和相机抉择的财政政策。自动稳定的财政政策是指政策本身具有内在的调节功能，能够根据经济波动情况，无须借助外力而自动地发挥稳定作用。相机抉择的财政政策是政府有意识地干预经济运行的行为，政府根据经济形势采用不同的财政措施调节社会经济。

2. 根据财政政策在调节国民经济总量方面的不同功能划分，分为扩张性财政政策、紧缩性财政政策和中性财政政策。积极的财政政策即理论上的扩张性财政政策，指财政通过减少税费或增加支出，扩张总需求，避免经济衰退的情况下实施的一种财政政策。稳健的财政政策即理论上的中性财政政策，指财政政策对总需求既不扩张也不收缩的情形，是介于扩张性和紧缩性财政政策之间的一种中间状态，是在经济总量基本平衡、物价比较稳定、结构性问题相对突出情况下实行的一种财政政策。

3. 根据经济社会活动的两个侧面划分，分为需求侧财政政策和供给侧财政政策。

二、财政政策目标

西方发达国家普遍把经济适度增长、充分就业、物价稳定、国际收支平衡作为财政政策目标。

我国财政政策的目标包括经济适度增长、充分就业、物价稳定、国际收支平衡、收入合理分配、生态环境质量改善等。

三、财政政策乘数

（一）什么是财政政策乘数

财政政策乘数是指不同的政策手段的变动引起国民收入或国民产出（即GDP）变动的倍数。包括税收乘数、购买性支出乘数、转移性支出乘数、平衡预算乘数。

（二）财政政策乘数的推导

根据国民收入的决定收式

$$Y=C+I+G \tag{13-1}$$

上式中，Y代表国民收入，C代表消费支出，I代表私人投资支出，G代表政府购买性支出

其中，$C=C_a+bY_d$ （13–2）

C_a为必不可少的自发消费，b为边际消费倾向，Y_d为可支配收入，即扣除税收（T）并加上转移性支出（T_r）后的收入，则

$$Y_d=Y-T+T_r \tag{13-3}$$

将式13–2、式13–3代入式13–1，可得

$$Y=C_a+b（Y-T+T_r）+I+G$$

整理可得

$$Y=\frac{C_a-bT+bT_r+I+G}{1-b} \tag{13-4}$$

1.税收乘数。式（13–4）对T求导，可得税收乘数，表明税收的变动（包括税率、税收收入的变动）对国民产出的影响程度。

$$\frac{\partial Y}{\partial T}=\frac{-b}{1-b}$$

2.购买性支出乘数。式（13–4）对G求导，可得购买性支出乘数，表明购买性支出的变动对国民产出的影响程度。

$$\frac{\partial Y}{\partial G}=\frac{I}{1-b}$$

3.转移性支出乘数。式（13–4）对T_r求导，可得转移性支出乘数，表明转移性支出的变动对国民产出的影响程度。

$$\frac{\partial Y}{\partial T_r}=\frac{b}{1-b}$$

4.平衡预算乘数。政府在增减购买性支出的同时，等量增减税收（维持财政收支平衡），反映这种变化对国民产出的影响程度的是平衡预算乘数。

$$\frac{\partial Y}{\partial T}+\frac{\partial Y}{\partial G}=\frac{-b}{1-b}+\frac{I}{1-b}=I$$

四、我国财政政策的实践

1993年以来，我国的财政政策逆经济风向而行，财政政策实践经历了四个阶段（见表13-1），体现了相机抉择财政政策的运用。

表13-1　　1993年以来的财政政策

时期	财政政策类型
1993—1998年	适度从紧的财政政策
1998—2004年	积极的财政政策
2005—2008年	稳健的财政政策
2008年以来	积极的财政政策

一年一度的中央经济工作会议是国内级别最高的经济工作会议。它的主要任务是：总结一年来的经济工作成绩，应对当前国际国内经济情况的变化，制定宏观经济发展规划，部署明年的经济工作。中央经济工作会议是判断当前经济形势和定调第二年宏观经济政策最权威的风向标。2022年12月召开的中央经济工作会议提出，明年要坚持稳字当头、稳中求进，继续实施积极的财政政策和稳健的货币政策。

（一）“适度从紧”的财政政策

1.宏观经济背景。从1992年起，作为推动我国经济增长主要因素的固定资产投资高速增长，1992—1993年增速分别为42.6%和58.6%，大大超过以往的增长速度。投资需求带动了消费需求，投资需求与消费需求的双膨胀，加剧了商品供给的短缺状况，造成1993年和1994年全国商品零售价格指数分别上升了13.2%和21.7%，产生了较为严重的通货膨胀。

2.政策目标。遏制通货膨胀是首要目标，保持国民经济适度增长是另一重要目标。

3.政策特点。一是政策着眼点是实现经济增长的“软着陆”。二是总量从紧，结构调整。三是“适度从紧”的财政政策与“适度从紧”的货币政策搭配。

4.实施效果。实现经济增长的“软着陆”，并积累了治理经济过热的丰富经验。

（二）1998年积极财政政策

1.宏观经济背景。从外部环境来看，1997年发生的亚洲金融危机对我国产生了严重冲击，出口需求锐减，外商直接投资明显下滑。从内部环境来看，宏观经济由短缺经济转变为有效需求不足，消费需求增长缓慢，投资需求增长乏力。而且，实施的货币政策效果不明显。

2.政策特点。一是以国债为“发力点”。二是扩大财政支出“唱主角”。三是需求管理与供给管理相结合。

3.政策效果。政策产生了明显的经济社会效益，拉动了经济增长，促进了经济结构的调整，改善了居民生活质量，推动了科教兴国战略，支持了社会保障体系的建设和扩大了就业，促进了公共财政框架的构建，丰富了宏观调控经验。

但同时也产生了一些问题，一是成本高昂——债务规模扩大。二是国债资金投资效益递减。三是存在体制复归倾向。四是实现经济公平增长的力度不够。

（三）稳健财政政策

1.宏观经济环境。国内外经济环境发生了变化，亚洲金融危机的影响逐渐消除，2001年加入WTO为我国的经济发展带来了巨大红利。同时在经济运行中出现了局部过热。财政作为重要的调控手段，顺应宏观经济形势的要求，适时由积极的财政政策转向稳健的财政政策。

2.政策思路。稳健的财政政策的着力点，从扩大需求和拉动经济增长逐步转向加强薄弱环节和调整经济结构，有保有控。实施以“控制赤字、调整结构”为核心的财政支出政策，同时启动新一轮税制改革。

（四）2008年以来积极财政政策

1.经济形势。由美国次贷危机引发国际金融危机，全球经济增长明显放缓，外部需求显著减少。伴随国际经济形势恶化，2008年我国经济增长出现了一定程度的下滑。

2008年11月5日，国务院总理温家宝主持召开国务院常务会议，研究部署进一步扩大内需促进经济平稳较快增长的措施。新措施中提出，财政政策从稳健转为积极，货币政策从从紧转为适度宽松。随着国务院关于拉动内需十项新举措的公布，新一轮的宏观经济政策调整拉开了序幕。

拉动内需的十项举措包括：一是加快建设保障性安居工程。二是加快农村基础设施建设。三是加快铁路、公路和机场等重大基础设施建设。四是加快医疗卫生、文化教育事业发展。五是加强生态环境建设。六是加快自主创新和结构调整。七是加快地震灾区灾后重建各项工作。八是提高城乡居民收入。九是全面实施增值税转型改革，鼓励企业技术改造。十是加大金融对经济增长的支持力度。初步匡算，实施上述工程建设，到2010年底约需投资4万亿元。

2.政策措施：一是加大投资力度，优化投资结构。二是推进税制改革，实行减税政策，减轻企业税收负担，促进企业投资和居民消费。三是调整国民收入分配格局，增加财政补助规模，促进提高居民收入特别是农民和城乡低收入群体收入。四是进一步调整优化财政支出结构，推进社会事业加快发展，促进保障和改善民生。五是大力支持科技创新和节能减排，推进经济结构优化。

案例一：

我国积极财政政策的实践

【案例导引】

1992年党的十四大以后，随着建立社会主义市场经济体制改革目标的确立，我国财政政策的运作进入新阶段。1993年至今，我国逆经济风向而行，先后实行了适度从紧的财政政策（1993—1998）、积极的财政政策（1998—2004）、稳健的财政政策（2005—2008）、积极的财政政策（2008至今）。本轮积极的财政政策从2008年11月到现在，已实施了16个年头。特别是2020年新冠疫情发生以来，积极的财政政策对经济社会稳定发展作出了重要贡献。同样是积极的财政政策，但每年的侧重点和着力点不同。财政政策除了促进宏观经济稳定目标的实现之外，还应在国家治理体系和治理能力现代化中扮演重要角色。

2008年11月，国务院常务会议提出财政政策从稳健转为积极。此后，我国一直实施积极的财政政策。特别是疫情发生以来，积极的财政政策在统筹疫情防控和经济社会发展、统筹发展和安全、推动高质量发展方面发挥了重要作用。

2020年积极的财政政策要更加积极有为

2020年积极的财政政策要更加积极有为，围绕做好“六稳”工作、落实“六保”任务，以更大的政策力度对冲疫情影响，真正发挥稳定经济的关键作用。

一是加大减税降费力度。强化阶段性政策，与制度性安排相结合，重点减轻中小微企业、个体工商户和困难行业企业税费负担。前期出台的6月前到期的主要减税降费政策，执行期限延长到今年年底，支持市场主体纾困发展，努力稳企业保就业。预计全年为市场主体新增减负将超过2.5万亿元。

二是多渠道筹集资金。在特殊时期采取特殊举措，将赤字率从2.8%提高至3.6%以上，财政赤字规模比去年增加1万亿元，积极对冲疫情造成的减收增支影响，稳定并提振市场信心。同时发行抗疫特别国债1万亿元。加大各类结转结存资金盘活使用力度，努力增加可用财力，弥补财政减收增支缺口。

三是调整优化支出结构。基本民生支出要只增不减，重点领域支出要切实保障，一般性支出要坚决压减，严禁新建政府性楼堂馆所，严禁铺张浪费。中央政府部门带头过紧日子，中央本级支出下降0.2%，其中非急需非刚性支出压减50%以上。地方财政也要大力压减一般性支出，继续压减“三公”经费，严控会议差旅、咨询培训、论坛展会等经费。各类结余、沉淀资金要应收尽收，重新安排。财政资金要大力提质增效，务必精打细算，把钱用在刀刃上。

四是缓解地方财政困难。新增加的财政赤字和抗疫特别国债全部安排给地方，要不折不扣用在落实“六保”任务和减税降费等方面。建立特殊转移支付机制，资金直达市县基层，直接惠企利民，主要用于保就业、保基本民生、保市场主体，包括支持减税降费、减租降息、扩大消费和投资等，强化公共财政属性，决不允许截留挪用。

五是扩大政府投资规模。抗疫特别国债主要用于地方公共卫生等基础设施建设和抗疫相关支出，并预留部分资金用于地方解决基层特殊困难。安排地方政府新增专项债券3.75万亿元，比去年增加1.6万亿元，有效支持补短板、惠民生、促消费、扩内需。

2021年积极的财政政策要提质增效、更可持续

一方面，保持宏观政策的连续性、稳定性，保持对经济恢复的必要支持力度，兼顾稳增长和防风险需要，合理安排赤字、债务、支出规模，不急转弯，把握好时度效。另一方面，政策操作上更加精准有效，以更大力度调整优化支出结构，进一步完善政策实施机制，切实提升政策效能和资金效益。

一是保持适度支出强度。加大资金统筹力度，强化四本预算衔接，今年全国一般公共预算支出安排超过25万亿元，增长1.8%，财政支出总规模比去年增加，重点仍是加大对保就业保民生保市场主体的支持力度，着力保障国家重大战略任务资金需求，促进经济运行保持在合理区间。

二是优化和落实减税降费政策。继续执行制度性减税政策，延长小规模纳税人增值税优惠等部分阶段性政策执行期限，实施新的结构性减税举措。将小规模纳税人增值税起征点从月销售额10万元提高到15万元。对小微企业和个体工商户年应纳税所得额不到100万元的部分，在现行优惠政策基础上，再减半征收所得税。取消港口建设费，将民航发展基金航空公司征收标准再降低20%。

三是增加中央对地方转移支付规模。在实际新增财力有限的情况下，中央财政压减本级、调整结构，增加对地方转移支付规模。对地方转移支付安排83370亿元，比2020年略有增加，其中一般性转移支付增长7.8%，增幅明显高于去年。

四是合理确定赤字率。考虑到疫情得到有效控制和经济逐步恢复，赤字率按3.2%左右安排、比去年有所下调，赤字规模为3.57万亿元、比2020年减少1900亿元，其中中央和地方分别为2.75万亿元和8200亿元。这样安排，既体现了财政政策的积极取向，又释放出我国不搞“大水漫灌”式强刺激、推动高质量发展的明确信号，并为今后应对新的风险挑战留出政策空间。

五是适度减少新增地方政府专项债券规模。新增专项债券安排3.65万亿元，比上年减少1000亿元。主要是已发行的专项债券规模较大，政策效应在今年仍会持续释放，适当减少新增专项债券规模也有利于防范地方政府法定债务风险。

六是不再发行抗疫特别国债。发行抗疫特别国债是特殊时期的特殊举措，目前抗疫等一次性支出大幅减少，地方公共卫生等基础设施建设、保基本民生等支出可以通过正常渠道给予保障，因此不再发行抗疫特别国债。相应地，不再实行特殊转移支付，回归执行正常转移支付制度。

七是落实政府过紧日子要求。节用为民，坚持过紧日子，确保基本民生支出只增不减。中央本级支出继续安排负增长，进一步大幅压减非急需非刚性支出，重点项目和政策性补贴也按照从严从紧、能压则压的原则审核安排。地方财政也要进一步压减一般性支出，把更多宝贵财政资源腾出来，用于改善基本民生和支持市场主体发展。

八是更加突出绩效导向。进一步完善财政资金直达机制，使资金管得严、放得活、用得准，力求“精准滴灌”到需求终端。加快建立全方位全过程全覆盖的预算绩效管理体系，将绩效管理实质性嵌入预算管理流程，强化绩效目标管理，提高绩效评价质量，加强绩效结果应用，把有限的财政资金用好用到位。同时，促进财政、货币政策同就业、产业、区域等政策形成集成效应。

2022年积极的财政政策要提升效能，更加注重精准、可持续

一是加大减负纾困力度，增强市场主体活力。坚持阶段性措施和制度性安排相结合，减税与退税并举。延续实施部分2021年到期的阶段性减税降费政策，巩固拓展减税降费政策成效；研究出台新的政策举措，精准实施对中小微企业、个体工商户减税降费；显著加大增值税留抵退税力度，精准支持增加制造业和小微企业现金流。跟踪政策实施效果，及时研究解决企业反映的突出问题。预计全年退税减税约2.5万亿元，其中留抵退税约1.5万亿元，资金直达企业。中央财政将加大对地方财力支持，补助资金直达市县。

二是保持适当支出强度，优化财政支出结构。今年赤字率拟按2.8%左右安排、比上年有所下调。预计今年财政收入继续增长，加之特定国有金融机构和专营机构依法上缴近年结存的利润、调入预算稳定调节基金等，全国一般公共预算支出安排26.71万亿元、比上年扩大2万亿元以上，增长8.4%，可用财力明显增加。优化财政支出结构，优先支持已纳入国家“十四五”规划纲要、重点专项规划等的重点项目，适度超前开展基础设施投资，加大对科技攻关、生态环保、基本民生、现代农业等领域及区域重大战略的支持力度。

三是合理安排地方政府专项债券，保障重点项目建设。按照保持政府总体杠杆率基本稳定要求，2022年安排新增地方政府专项债券额度3.65万亿元，与上年持平。经报全国人大常委会备案，已提前下达新增专项债券额度1.46万亿元。坚持“资金跟着项目走”，做深做细专项债券项目储备，用好用足专项债券作为重大项目资本金政策，优化专项债券投向领域，严格资金使用监管，不撒“胡椒面”，重点支持在建和能够尽快开工的项目，扩大有效投资。

四是推动财力下沉，支持基层做好“三保”工作。较大幅度增加中央对地方转移支付特别是一般性转移支付规模，向困难地区和欠发达地区倾斜。中央一般公共预算对地方转移支付安排近9.8万亿元、增加约1.5万亿元，增长18%、比往年大幅提高，地方财政支出增长达到8.9%。省级财政也要最大限度下沉财力，支持基层落实助企纾困政策和保基本民生、保工资、保运转。完善常态化财政资金直达机制，进一步扩大范围，推动资金快速精准下达和使用。

五是坚持党政机关过紧日子，建设节约型机关、节约型社会。中央部门带头过紧日子，重点保障刚性支出、急需支出，从严控制一般性支出，强化“三公”经费预算管理，努力降低行政运行成本，2022年中央部门支出下降2.1%。地方各级政府也要从严从紧，把更多财政资源腾出来，用于改善基本民生和支持市场主体发展，切实做到节用为民。健全财政支出约束机制，盘活财政存量资金和闲置资产，推进行政事业单位资产共享共用，不断完善过紧日子的制度体系，加强落实情况评估。

六是严肃财经纪律，坚决制止违规使用财政资金、偷逃税款、财务造假等行为。严格执行财经法律法规和管理规定，扎紧制度“笼子”，坚决维护制度严肃性。管好用好财政资金，规范收支行为，不得违规建设楼堂馆所，不得搞政绩工程、形象工程。完善税收征管制度，依法严厉打击偷税骗税等行为。进一步规范财务审计秩序，遏制财务造假行为。组织开展地方财经秩序专项整治行动，对违规行为严查重处，让财经纪律成为不可触碰的“高压线”。

2023年积极的财政政策要加力提效，注重精准、更可持续

积极的财政政策要加力提效，在合理增加和优化支出上再下功夫，注重与货币政策、产业政策、科技政策、社会政策等协同发力，更直接更有效地发挥积极财政政策作用。

加力主要是加强财政资金统筹，优化组合财政赤字、专项债、贴息等工具，扩大财政支出规模，保持必要的支出强度，全国一般公共预算支出安排275130亿元、增长5.6%。一是适当提高财政赤字率。赤字率按3%安排，比上年提高0.2个百分点。全国财政赤字38800亿元，比上年增加5100亿元，其中，中央财政赤字31600亿元，增加5100亿元；地方财政赤字7200亿元，与上年持平。二是适度增加地方政府专项债券规模。新增专项债务限额38000亿元，比上年增加1500亿元。适当扩大投向领域和用作项目资本金范围，支持地方正常融资需求。三是加大中央对地方转移支付力度。中央对地方转移支付安排100625亿元、增长3.6%（剔除一次性安排的支持基层落实减税降费和重点民生等专项转移支付后增长7.9%）。其中，一般性转移支付87125.71亿元，增长7.6%；专项转移支付（包含中央预算内投资）8499.29亿元，增长11.6%。此外，一次性安排支持基层落实减税降费和重点民生等专项转移支付5000亿元。

提效主要是通过深化改革、加强管理，提高财政资源配置效率、财政政策效能和资金使用效益。一是持续优化财政支出结构。围绕推动高质量发展，加大对经济社会发展薄弱环节和关键领域的投入，积极支持科技攻关、乡村振兴、区域重大战略、教育、基本民生、绿色发展等重点领域。中央本级支出优先保障中央储备支出、中央国债发行付息支出等刚性和重点支出，中央部门支出在连续多年严格控制基础上按总体持平安排。二是增强税费优惠政策的精准性针对性。全面评估分析现行减税降费退税缓税等政策措施，考虑当前经济发展中企业实际需求，强化年度间政策衔接，分类采取延续、优化、调整、加强等举措，防止出现政策断档或急转弯。阶段性措施和制度性安排相结合，体现重点导向，突出对制造业、中小微企业、个体工商户以及特困行业的支持，促进企业转型升级和提升创新能力。三是提高财政资金使用效益。强化预算绩效管理，更加注重结果导向、强调成本效益、硬化责任约束，做到花钱要问效、无效要问责。进一步完善财政资金直达机制，强化预算执行监控，切实把宝贵的财政资金用好、用在刀刃上。

同时，要保障财政更可持续。更好统筹当前和长远，尽力而为、量力而行，合理安排财政收支政策，出台涉及增加财政支出的重大政策和实施重大政府投资项目前，按规定进行财政承受能力评估，防止过高承诺、过度保障。严格落

实党政机关过紧日子要求，厉行节约办一切事业。硬化预算约束，加强对财经制度执行、重大财税政策落实、财政资金使用情况的监督检查，进一步严肃财经纪律。防范化解地方政府债务风险，保障基层财政平稳运行，压实各方责任，牢牢守住不发生系统性风险底线。

资料来源：

1. 关于2019年中央和地方预算执行情况与2020年中央和地方预算草案的报告［EB/OL］. 财政部网站，2020-05-30.http：//www.mof.gov.cn/gkml/caizhengshuju/202005/t20200530_3523307.htm.

2. 关于2020年中央和地方预算执行情况与2021年中央和地方预算草案的报告［EB/OL］. 财政部网站，2021-03-14.http：//www.mof.gov.cn/zhengwuxinxi/caizhengxinwen/202103/t20210314_3670203.htm.

3. 关于2021年中央和地方预算执行情况与2022年中央和地方预算草案的报告［EB/OL］. 财政部网站，2022-03-14.http：//www.mof.gov.cn/zhengwuxinxi/caizhengxinwen/202203/t20220314_3794760.htm.

4. 关于2022年中央和地方预算执行情况与2023年中央和地方预算草案的报告［EB/OL］. 财政部网站，2023-03-16.http：//www.mof.gov.cn/gkml/caizhengs huju/202303/t2023 0316_3872867.htm.

思考与讨论：

1. 同为积极的财政政策，2020年、2021年、2022年、2023年财政政策的侧重点有什么不同？为什么？

2. 2023年积极财政政策的“加力提效”是如何体现的？

案例二：

惠誉调降美国主权信用评级　预计未来3年美国财政状况恶化

【案例导引】

美国财政部数据显示，在2023年9月30日结束的2023财年，联邦政府财政赤字达到近1.7万亿，比上一财年增加23%。为有纪录以来最大缺口，相当于美国该财年国内生产总值的6.3%。基于对美国未来财政状况恶化和高额且不断增长的政府债务负担的担忧，以及反复出现的债务上限危机及拖延到最后时刻的解决方案反映出美国财政治理能力的削弱，2023年8月国际评级机构惠誉下调了美国主权评级。美元作为世界货币，美国主权评级的下调将对国际投资和美元资产价值等产生重要影响。美国财政状况的恶化和不断增长的政府债务对其他国家具有警示作用。

时隔12年美国评级再度被下调

当地时间2023年8月1日，国际评级机构惠誉（Fitch）将美国长期外币发行人违约评级（IDR）从“AAA”下调至“AA+”，“负面评级观察”调整为“稳定展望”。惠誉预计美国政府总体赤字将从2022年的3.7%上升至2023年的6.3%。而上一次美国主权评级被调降，发生在2011年，当时由于债务上限问题僵持不下，标普在2011年8月5日下调美国主权评级。目前在三大国际评级机构中，仅有穆迪还对美国保持AAA评级，惠誉和标普都已经将美国的信用评级下调至AA+，美国AAA的主权信用级别受到挑战。此前，中国本土最大的评级机构中诚信国际于2023年5月25日，将美国的主权信用级别由AAAg下调至AA+g，主要基于美国债务上限问题、政府债务水平、银行业危机等因素。

财政恶化和债务负担是主因

根据惠誉发布的公告，降调评级的直接理由有三方面：第一，未来3年预计财政情况恶化；第二，高额且不断增长的政府债务负担；第三，过去20年来（美国财政）治理能力相对于“AA”和“AAA”评级同行的削弱，特别体现在反复出现的债务上限危机以及拖延到最后时刻的解决方案。

惠誉对美国财政赤字率的预测高于美国国会预算办公室（CBO）在今年（2023年）2月给出的预测。惠誉预期美国财政赤字将在2023年、2024年和2025年分别达到GDP的6.3%、6.6%和6.9%，而CBO此前给出的预测分别为5.3%、6.1%和6.1%。惠誉认为，疲软的经济增长、更高的利息负担以及州和地方政府更高的赤字是主要背景。此外，考虑到美联储在通胀约束下可能在更长时间里保持高利率，惠誉认为美国财政部利息和收入比率将在2025年达到10%（“AA”的中位数在2.8%，“AAA”的中位数在1%）。

惠誉认为，美国一般政府债务与GDP的比率预计将在预测期内上升，到2025年将达到118.4%。债务与GDP的比率高出同类型主体2.5倍以上。惠誉预测，长期而言，债务与GDP的比率将进一步上升，美国财政状况应对未来经济的冲击能力仍较为脆弱。此外，美国中期财政挑战尚未解决。在未来十年，更高的利率和不断上升的债务存量将增加利息负担，而人口老龄化和医疗成本上升将在没有财政政策改革的情况下增加美国政府对老年人的支出。

不过惠誉认为，美国仍有部分结构性优势支撑其主权评级，其中包括其庞大、先进、多元化和高收入的经济体系，并有充满活力的商业环境作为支撑。

至关重要的是，美元是世界上的储备货币，这给了美国政府融资灵活性。

惠誉调降将产生如何影响?

中诚信国际主权与国际评级部高级分析师王家璐指出，美国主权信用等级的下调将影响国际投资者信心，对美元相关资产价格带来负向影响。短期内，美元的走势将受到市场信心、美联储货币政策的影响，长期来看，仍将取决于美国经济的基本面。

但中国银河证券首席经济学家章俊认为，惠誉降调美国信用评级的事件自身影响较为有限。首先，美国短期经济依然保持韧性，企业和消费者信心趋于改善，这些事实不会被信用评级公司的行为所改变。其次，惠誉选择降调评级的时间距离美国债务上限危机已经较久，市场恐慌性在6—7月美国财政部顺利增发国债以及不弱的经济数据下明显降低。最后，虽然本次降调时美国处于货币紧缩周期且缩表在大规模进行，但市场间流动性短期仍较为充裕，且加息周期虽然拉长但也仍接近尾声，难以导致政府融资成本再度大幅上升。

招商证券首席宏观分析师张静静认为，短期内，美国政府或不得不控制财政成本的上升。无论约束财政赤字还是降低利息率都指向10年期美债收益率中枢终将下行。本次下调评级警示了美国财政压力问题，因此美国政府需要控制其财政赤字快速上升的预期。一方面，美国财政部在当前高利率的环境下大量发债、推进大规模财政支出将受掣肘；另一方面，美联储9月不再加息的概率上升。回看2011年8月下调评级后，美联储鸽派立场强化，10年期美债利率下行。换言之，往后看美国要么降低财政赤字、要么需要通过降息等方式控制支出成本，这也是今年美联储必然转向的主因。但该事件只表明美联储“不应该”继续加息，不等于美联储“一定不”加息。当然，第二季度美国经济仍强劲（实际GDP环比折年率2.4%），其中有1个百分点的贡献来自制造业投资，换言之，若美国财政受约束，经济下行压力也将增加，最终亦将指向10年期美债收益率中枢下移。

中信建投证券首席经济学家黄文涛认为，长期来看，若经济的名义增速和税收不及预期，财政扩张干预经济的模式面临系统风险。债务可持续性的讨论，依赖经济的增长和税收的走势，长期来看，若未来1—2年美国赤字继续提升，而经济的表现不及预期，市场可能逐步重估美元资产的价值，赤字担忧的时代或真正开启序幕。

资料来源：

1. 吴婧. 惠誉调降美国主权信用评级 预计未来3年美国财政状况恶化［N］. 中国

经营报，2023–08–14（A02）.

2.张晓翀.时隔11年美国主权评级再度被调降 美国政府信用级别受到挑战?［EB/OL］.新京报，2023–08–02.https：//www.bjnews.com.cn/detail/1690952290129981.html.

思考与讨论：

1.惠誉为什么调降美国主权信用评级?

2.如何认识美国主权信用评级下调?

第十四章

国际财政

<table>
<tr><td rowspan="3">课程思政具体设计</td><td>思政导航</td><td>国际公共产品如何提供？结合人类命运共同体理念，认识中国在国际财政关系中的地位变化。中国作为发展中国家，应如何参与国际援助？如何避免国际重复征税和税基侵蚀？中国应如何参与国际税收体系改革？</td></tr>
<tr><td>课程内容</td><td>第一节　国际财政概述
第二节　国际财政支出
第三节　国际税收协调</td></tr>
<tr><td>课程思政案例</td><td>案例一　全球财经治理体系变革对中国财政的挑战
案例二　携手构建人类命运共同体：中国的倡议与行动</td></tr>
</table>

第一节　国际财政概述

一、国际财政的界定

关于国际财政的概念，主要有两种观点：一种是把国际财政视为世界或全球视角的财政，即世界财政或全球财政；另一种是把国际财政视为国际关系中各国政府财政行为的相互交往。

国际财政活动包括各种类型的国际财政协调与合作，国与国之间签订国际税收协定、国与国之间在税收征管上的合作、财政政策的国际协调、全球共同事务的国际联合应对、国际财政援助等，都是国际财政活动的具体内容。国际财政活动还包括国家与国际组织之间的财政关系。虽然国际财政活动中没有统一的“世界政府”来负责征税并安排相应支出，但一些国际组织，如联合国、国际货币基金组织、世界银行、欧洲联盟等，已经建立了相对比较成熟的收入和支出体系，构成了国际财政的重要内容。

二、国际财政的理论分析

（一）国际资源配置

1. 国际资源配置职能的含义。国际财政活动应该能促进全球性公共产品的最优配置，重要的国家之间就全球性公共产品的供及成本分摊机制的决策问题。

根据成本和收益对称的原则，全球性公共产品应该由受益方共同出资。这类公共产品包括世界和平、永续的环续、统一的世界商品和服务市场、全球人类健康、基础知识的全球普及等。

2. 全球性公共产品提供的难题与破解。公共产品的国际合作提供的难题之一是政府存在“搭便车”心理。无政府状态下的公共产品的联合提供很容易出现“囚徒困境”。难题之二是成本合理分担标准的确定。大国和小国、不同经济发展的国家如何分担全球性公共产品的提供成本更为合理。

国际双边或多边对话、谈判、协调、国际组织活动等成为破解全球性公共产品提供难题的重要途径。

（二）国际收入分配

1. 国际收入分配职能的含义。国际收入分配职能旨在促进国际的收入公平，是通过国际税收、国际财政支出以及其他国际财政活动来实现的。分为两个层次：一是国家层面的收入公平，主要是指国际财政权益在国家之间根据公平的规则进行分配。二是泛国际层面的收入公平，主要是指超越国界的人们之间的公平问题。

2. 国际税收。国际税收是在一定规则约束下，国家（或地区）处理涉及国与国之间税收利益分配关系活动的总称。

国际税收利益的冲突需要国家（或地区）间的协调。协调的基础是各国的税收管辖权。由于各国税收管辖权的适用原则不同，不可避免地会出现国际重复征税问题。

3. 对外援助。对外援助是国际惯例，多表现为发达国家对发展中国家的援助。对外援助在很大程度上是国际收入分配差距所致。经济实力较强的国家，在正常的贸易投资和经贸交往中获利较多，有义务对经济实力较弱的一方给予补偿。对外援助是维护全球稳定的需要，是维护国家利益和安全的需要，是落实国际人道主义的需要。

（三）国际经济稳定与发展

1.国际经济稳定与发展职能的含义。国际财政的经济稳定与发展职能旨在促进国际经济的稳定与发展，实现这一职能的目标手段主要是国际财政政策的协调与合作。

2.国际财政政策的协调与合作。在开放经济条件下，财政政策的运作不能只考虑一国的自身因素，否则容易出现“以邻为壑”现象。在全球经济治理体系中，各国特别是大国之间财政政策的协调尤为重要。

三、中国的国际财政关系

（一）中国与全球治理

全球治理是国家（也包括非国家行为主体）通过谈判协商，在国际资源配置、收入分配、经济稳定与发展上，权衡各自利益，为解决各种全球性问题而建立的自我实施性质的国际规则或机制的总和。

当前，全球治理的重要目标是“共同构建人类命运共同体”。中国作为一个负责任的大国，正在并将继续为全球治理贡献自己的力量。首先，中国作为全球大家庭的一员，始终注意处理好中国与世界的关系。其次，中国通过联合国、世界银行、国际货币基金组织等现有的国际组织以及各类区域性国际组织平台参与全球治理，并根据需要发起新的组织以更好地发挥自身作用。最后，完善国际规则秩序，是中国参与全球治理的重要内容。

（二）中国在国际财政关系中的地位

在全球性公共产品的提供中，中国立足国情，在全球气候变化、国际安全秩序等全球性公共产品的提供方面，尽己所能履行责任。

在国际收入分配方面，中国参与国际税收活动从最初的被动接受规则，到逐步参与国际税收秩序的制定，影响力与日俱增；中国持续进行对外援助，国际财政支出规模不断扩大。

在国际经济稳定与发展方面，中国与世界经济的联系越来越密切，在世界经济中占的份额越来越高，成为全球经济稳定与发展的重要力量。特别是提出“一带一路”倡议以来，推动亚洲基础设施投资银行的成立与运作，成立丝路基金，让中国与共建国家共同受益。

第二节　国际财政支出

一、对外援助支出

（一）对外援助支出概述

从财政支出方式来看，对外援助可分为项目援助和现金援助。出于援助方和受援方双赢的考虑，一般情况下，援助方倾向选择项目援助，以保证援助目标的真正落实。

对外援助按照援助的条件分为无偿援助、无息贷款和优惠贷款三种类型。

（二）中国的对外援助支出

自主学习任务：查阅相关资料，了解中国的对外援助支出状况，对外援助的规模、形式、对象，分析存在的问题及改进措施。

二、对国际组织的支出

中国参加全球性国际组织、区域性国际组织，同时还牵头发起新的区域性国际组织，并按照规则承担各类组织运作的相应经费（或注入资本）。

全球性国际组织缴款，包括联合国会费、世界银行股金、国际货币基金组织股金、世界卫生组织会费及捐赠等。

区域性国际组织缴款，包括亚洲开发银行股金、亚投行股金、新开发银行出资等。

第三节　国际税收协调

一、国际税收问题的成因

国际税收问题的成因主要有三个方面：国际经济交往的增加，国家间税收主权的冲突和各国税制的差异。

二、国际税收协调的方法

（一）消除国际重复征税的方法

消除国际重复征税的方法主要包括免税法、扣除法和抵免法。

（二）国际税收协定

签署国际税收协定一般依据两个范本。一是经济合作与发展组织的《关于避免对所得和财产双重征税的协定范本》（OECD范本）。该范本强调居民税收管辖权，更加符合作为资本净输出国的发达国家的利益，故多为发达国家所接受。二是联合国《关于发达国家与发展中国家间避免双重征税的协定范本》（UN范本）。该范本注重收入来源地的税收管辖权，更符合发展中国家的利益，因此，发展中国家更多参照UN范本。

（三）自由贸易协定

自由贸易区内，各成员国（地区）取消关税，相互之间往往还有其他税收优惠待遇。关税同盟除了成员国之间取消关税，对外还征收统一的关税。

三、中国积极国际税收治理

自主学习任务：收集相关资料，了解中国在参与国际税收治理方面采取了哪些行动？有什么意义？

案例一：

全球财经治理体系变革对中国财政的挑战

【案例导引】

随着国际化、全球化进程的不断加快，各国财政政策的联系越来越紧密。当前全球财经治理体系正在发生深刻变革，大国财政需要不断应对财政主权和税收主权的挑战，在全球治理中提升水平。面对大型跨国公司对国家和政府的俘获、跨国公司在全球范围内进行税收筹划、特朗普税改和贸易摩擦对国际税收秩序的冲击等现实和理论问题，中国应积极参与全球经济治理，推进大国间的协调与合作，扩大中国的影响力和话语权；同时要坚决维护我国发展利益，积极防范和化解全球公共风险，确保国家经济安全。

随着全球化进程的深化，各国财政政策的联系越来越紧密。当前世界经济格局正在发生深刻变化，大国财政需要不断应对全球财经治理体系变革对财政主权和税收主权的挑战，防范和化解全球公共风险，在全球治理中提升水平。

一、全球财经治理体系变革对我国的挑战

（一）大国财政与企业俘获财政

我国在推进大国财政建设的过程中要警惕大型跨国公司对国家、政府的俘获。世界银行专家乔尔·赫尔曼、杰林特·琼斯、丹尼尔·考夫曼在对转型国家的政府和企业关系的研究中详细阐述了国家俘获（state capture）理论。它最早被用于描述苏联解体后转轨中的中亚国家所面临的寡头与腐败问题，即企业向政府官员进行非法的、不透明的私人支付，以期影响政府机构的法律、规则、规章或者命令的制定。事实上，这种情况在发达国家也有发生。2017年12月，美国总统特朗普签署的《减税与就业法案》（the Tax Cuts and Jobs Act）就是其为高收入者攫取利益的典型案例。面对两税并轨，2005年，有54家在华投资的世界500强跨国公司向财政部、商务部和国家税务总局要求延长税收政策优惠期。

（二）跨国公司在全球范围内进行税收筹划

随着时间的推移，科学技术和各国经济状况发生重大变化，传统的国际税收规则已经不能完全适应新的经济和投资发展变化，跨国企业利用各国税制差异和征管漏洞，最大限度地减少其全球总体的税负。在数字经济时代，传统居民身份认定规则受到挑战，与数字化产品有关的所得的来源地难以认定、数字化产品销售所得的性质难以确定以及数字化产品的利润归属地难以确定等，都迫切需要各国协调进行国际税制改革。以苹果、谷歌、亚马逊、脸书为代表的互联网科技巨头利用互联网、数字经济研究出新的避税工具，在全球范围内进行税收筹划。2013年，OECD出台了《BEPS行动计划》（Base Erosion and Profit Shifting）并得到了G20国家的背书。2014年“中国反避税第一大案”，我国向微软补征了8.4亿人民币税款。

在我国开放型经济水平不断提高的今天，我国作为全球化的重要参与者，在面对“税基侵蚀与利润转移”的时候，也要进行相应的改革以促进国际税制建设。我国应该更加主动地参与BEPS行动计划，重视BEPS成果在国内层面的转化，建立符合中国国情的税收法规和理论体系，修订相应的国内税法，深化国际税收征管协作，加强各国之间税收情报交流，建立一个有效的税收协定网络。

（三）美国减税计划对国际税收秩序的冲击

2017年12月22日特朗普总统签署了自1986年以来美国最大的减税法案。这项减税法案主要集中于所得税方面，企业所得税和跨境所得税改革最大。它是特朗普"美国优先"逻辑的体现，意在重振美国制造业，增强美国经济的长期竞争力。税改后美国企业所得税率从35%降至21%。此外，美国的整体税制也发生重大变化，把美国19世纪60年代创立的"全球型"税制改为"属地型"税制。美国企业取得的源于境外企业的股息红利可享受100%免税，美国企业的海外利润只需要在利润产生的国家缴税，而无须再向美国政府缴税。这两方面的改革使美国从一个高企业所得税率的国家转变为税收洼地，再叠加美联储"加息+缩表"的政策组合，不仅有利于吸引其本国资本和巨额海外利润回流美国，还有利于吸引别国资本增加在美投资。美国企业所得税的改革有利于增强其税制在国际上的竞争力，并使其他国家的现行税率在竞争中处于不利位置，引发全球新一轮的减税竞争。

在现在的时代背景下，我国作为世界上第二大经济体，应该牢固树立大国税务理念，积极展现大国担当。我国应引导各国就税收问题进行积极协调，共同抵制有害的税收竞争，建立互利共赢的国际税收秩序，这需要各国共同发力。

二、直面国际挑战，积极参与全球经济治理

面对全球财经治理体系的变革，我国应积极参与全球经济治理，讲好中国财政故事，发挥负责任的大国作用。第一，大力推进企业"引进来""走出去"战略，加快培育本土大型跨国公司，警惕企业特别是西方跨国公司俘获财政，提升我国财政在世界范围内汲取收入的能力，为实现大国战略提供财力支持。第二，加强全球税收合作，打击国际逃避税。我国应积极参与BEPS行动计划，在国内完善相关税收法律法规，在国际上加强与其他国家的税收协调，增强在国际规则制定中的话语权、主动性和引领性，维护国家税收权益。第三，建立互利共赢的国际税收秩序，抵制有害税收竞争。客观认识并积极应对美国税改对我国的外溢效应，积极推动OECD"双支柱"国际税改方案的落地实施，加强税务协调与合作，抵制恶意税收竞争，规范国际税收秩序。

资料来源：

1. 白彦锋，贾思宇. 全球财经治理体系变革下中国特色社会主义财政学的构建[J]. 财政研究，2018（11）：17-22.

2. 朱青，白雪苑. OECD"双支柱"国际税改方案：落地与应对[J]. 国际税收，2023（7）：3-10.

思考与讨论：

1. 如何加强国际反避税？

2.OECD“双支柱”国际税改方案对我国有什么影响？

案例二：

携手构建人类命运共同体：中国的倡议与行动

【案例导引】

2013年3月，习近平主席在出访俄罗斯期间提出构建人类命运共同体理念，为应对全球挑战、共创人类美好未来提供中国方案。在倡议提出十周年之际，2023年9月，国务院新闻办公室发布了《携手构建人类命运共同体：中国的倡议与行动》白皮书。10月，国务院新闻办公室10日发布《共建“一带一路”：构建人类命运共同体的重大实践》白皮书。10多年来，构建人类命运共同体已从中国倡议扩大为国际共识，从理念转化为行动，从美好愿景转化为丰富实践。中国积极推动共建“一带一路”，落实“三大全球倡议”（全球发展倡议、全球安全倡议、全球文明倡议），加强卫生健康、气候变化、网络安全等领域国际合作，主动履行大国责任，提供国际公共产品，充分发挥财政在全球治理中的重要支撑作用，体现了新时代的大国财政思维。

今年（2023年）是习近平主席提出构建人类命运共同体理念十周年。2023年9月26日，国务院新闻办公室发布《携手构建人类命运共同体：中国的倡议与行动》白皮书。

10年前，面对“世界怎么了，我们怎么办”这一深刻的世界之问、历史之问、时代之问，习近平主席以大国大党领袖的宽广战略视野、卓越政治智慧和强烈使命担当，创造性地提出构建人类命运共同体。

10年来，构建人类命运共同体的理念不断丰富和发展。从习近平主席2013年在莫斯科国际关系学院首次提出，到2015年在第七十届联大一般性辩论上提出“五位一体”总体框架，再到2017年在联合国日内瓦总部提出建设“五个世界”的总目标，人类命运共同体理念的思想内涵不断深化拓展。10年来，构建人类命运共同体的实践稳步推进。从双边到多边，从区域到全球，这一理念取得全方位、开创性的丰硕成果，共建“一带一路”倡议、全球发展倡议、全球安全倡议、全球文明倡议落地生根，给世界带来的是繁荣稳定的巨大红利，创造的是扎扎实实的民生福祉。

一、世界发展面临四大赤字挑战

当今世界正处于百年未有之大变局，各种新旧问题与复杂矛盾叠加碰撞、交织发酵。人类社会面临前所未有的挑战，不稳定、不确定、难预料成为常态。

和平赤字不断加深。第二次世界大战结束以来，人类社会维持了70多年的总体和平，但威胁世界和平的因素仍在积聚。欧亚大陆战火重燃，局势持续紧张，热点问题此起彼伏，军备竞赛阴霾不散，核战争的“达摩克利斯之剑”高悬，世界面临重新陷入对抗甚至战争的风险。

发展赤字持续扩大。全球经济复苏乏力，单边主义、保护主义肆虐，一些国家构筑“小院高墙”、强推“脱钩断链”、鼓噪供应链“去风险”，经济全球化遭遇逆流。新冠疫情吞噬全球发展成果，南北差距、发展断层、技术鸿沟等问题更加突出。人类发展指数30年来首次下降，世界新增1亿多贫困人口，近8亿人生活在饥饿之中。

安全赤字日益凸显。国际战略竞争日趋激烈，大国之间信任缺失，冷战思维卷土重来，意识形态对抗老调重弹，恃强凌弱、巧取豪夺、零和博弈等霸权霸道霸凌行径危害深重，恐怖主义、网络攻击、跨国犯罪、生物安全等非传统安全挑战上升。

治理赤字更加严峻。世界正面临多重治理危机，能源危机、粮食危机、债务危机等不断加剧；全球气候治理紧迫性凸显，绿色低碳转型任重道远；数字鸿沟日益扩大，人工智能治理缺位。新冠疫情像一面镜子，折射出全球治理体系这台机器越来越滞后于时代，甚至在一些问题上运转失灵，亟待改革完善。

面对全球性危机，各国应携起手来，开展全球合作，共同构建人类命运共同体，才能共渡难关、共创未来。

二、中国既是倡导者也是行动派

（一）推动高质量共建“一带一路”

共建“一带一路”倡议是构建人类命运共同体的生动实践，是中国为世界提供的广受欢迎的国际公共产品和国际合作平台。

共建“一带一路”倡议提出10年来，“五通”不断加强。**政策沟通不断深化。**截至2023年7月，全球超过3/4的国家和30多个国际组织签署合作文件。中国分别于2017年、2019年成功举办第一届和第二届“一带一路”国际合作高峰论坛，今年（2023年）将举办第三届“一带一路”国际合作高峰论坛，凝聚起携手推动高质量共建“一带一路”的最大合力。**设施联通不断加强。**“六廊六路多国多港”的互联互通架构基本形成，以新亚欧大陆桥等经济走廊为引领，以中欧班列、陆海新通道等大通道和信息高速路为骨架，以铁路、港口、管网等为依托的陆、海、天、网“四位一体”互联互通布局不断完善。**贸易畅通不断提升。**世界银行发布的《“一带一路”经济学》报告认为，“一带一路”倡议的全面实施将使参与国间的贸易往来增加4.1%。到2030年，“一带一路”倡议每年将为全球产生1.6万亿美元收益。**资金融通不断扩大。**亚洲基础设施投资银行、丝路基金等相继成立，已为数百个项目提供投融资支持。**民心相通不断促进。**一条条“幸福路”、一座座“连心桥”、一片片“发展带”在共建国家不断涌现，菌草、水井、杂交水稻等“小而美、见效快、惠民生”项目扎实推进，不断增进共建国家民众的获得感和幸福感。

（二）落实“三大全球倡议”

中国从发展、安全、文明三个维度提出全球发展倡议、全球安全倡议、全球文明倡议，成为推动构建人类命运共同体的重要依托。

——中国提出全球发展倡议，发出了聚焦发展、重振合作的时代强音。全球发展倡议，最根本的目标是加快落实联合国2030年可持续发展议程，倡导共建团结、平等、均衡、普惠的全球发展伙伴关系。中国坚定推动建设开放型世界经济。中国已经成为140多个国家和地区的主要贸易伙伴，同28个国家和地区签署了21个自贸协定。高质量实施《区域全面经济伙伴关系协定》，积极推进加入《全面与进步跨太平洋伙伴关系协定》和《数字经济伙伴关系协定》，扩大面向全球的高标准自由贸易区网络。推动人民币国际化，提升金融标准和国际化水平，更好实现中国和其他国家利益融合。

——中国提出全球安全倡议，倡导走出一条对话而不对抗、结伴而不结盟、共赢而非零和的新型安全之路。全球安全倡议是国际公共产品，维护的是全世界人民的安宁。2023年2月，中国正式发布《全球安全倡议概念文件》，进一步阐释了倡议核心理念与原则，明确了倡议重点合作方向，并就倡议合作平台和机制提出建议设想，展现了中国对维护世界和平的责任担当。中国忠实履行安理会常任理事国职责和使命，是联合国第二大会费国、联合国第二大维和摊款国和安理会常任理事国中第一大维和行动出兵国。

——中国提出全球文明倡议，共同倡导尊重世界文明多样性，共同倡导弘扬全人类共同价值，共同倡导重视文明传承和创新，共同倡导加强国际人文交流合作。为推动构建人类命运共同体注入了精神动力。中国召开中国共产党与世界政党高层对话会、中国共产党与世界政党领导人峰会、亚洲文明对话大会等，广泛开展双多边政党交流合作活动，推进形式多样的民间外交、城市外交、公共外交。持续深化与联合国教科文组织、联合国世界旅游组织合作，中国列入联合国教科文组织非物质文化遗产名录、名册项目达43个。

（三）与越来越多的国家和地区共同行动

中国提出一系列构建地区和双边层面命运共同体倡议。中非命运共同体是早提出的区域命运共同体，成为中国与地区国家构建命运共同体的典范。中阿、中拉、中国—太平洋岛国等命运共同体建设蹄疾步稳，成为发展中国家团结合作、携手共进的生动写照。周边命运共同体不断落地生根，中国—东盟命运共同体建设持续推进，澜沧江—湄公河国家命运共同体建设不断取得新进展。上海合作组织命运共同体成果丰硕，中国—中亚命运共同体建设迈出坚实步伐，成功召开首届中国—中亚峰会、成立中国—中亚元首会晤机制，为地区和世界持久和平、共同繁荣作出积极贡献。

在双边层面，中国正在同越来越多的友好伙伴构建不同形式的命运共同体。中国同老挝、柬埔寨、缅甸、印度尼西亚、泰国、马来西亚、巴基斯坦、蒙古国、古巴、南非等国家就构建双边命运共同体发表行动计划、联合声明或达成重要共识，同中亚五国双边层面践行人类命运共同体全覆盖，实践成果喷涌而出。

（四）为各领域国际合作注入强劲动力

人类命运共同体理念直指当今世界面临的和平赤字、发展赤字、安全赤字、治理赤字，在卫生健康、气候变化、网络安全等领域提出丰富主张，转化为具体行动，为解决世界性难题作出了中国的独特贡献。

面对肆虐的新冠疫情，中国提出构建人类卫生健康共同体。中国站在国际抗疫合作“第一方阵”，开展全球紧急人道主义救援，向150多个国家和国际组织提供力所能及的援助和支持。秉持疫苗公共产品“第一属性”，最早承诺将新冠疫苗作为全球公共产品，最早支持疫苗研发知识产权豁免，最早同发展中国家开展疫苗合作生产。担当疫苗公平分配“第一梯队”，以自己的坚定承诺和实际行动为人类健康事业贡献中国力量。

面对混乱失序的网络空间治理，中国提出构建网络空间命运共同体。积极参与联合国网络安全进程，支持联合国在网络空间全球治理中发挥核心作用。举办世界互联网大会，成立世界互联网大会国际组织，为全球互联网共享共治搭建平台。发起《全球数据安全倡议》，分别同阿拉伯国家联盟、中亚五国发表《中阿数据安全合作倡议》及《“中国+中亚五国”数据安全合作倡议》，推动全球数字治理规则制定。推动完善深海、极地、外空等新疆域的治理规则，确保各国权利共享、责任共担。在制定新疆域治理新规则时，充分反映新兴市场国家和发展中国家的利益和诉求。

面对核安全全球治理的根本性问题，中国提出打造核安全命运共同体。坚定维护国际核不扩散体系，促进和平利用核能，秉持理性、协调、并进的核安全观。为应对不断上升的核冲突风险，中国推动五核国领导人共同发表联合声明，重申“核战争打不赢，也打不得”。积极倡导全面禁止和彻底销毁核武器，是唯一公开承诺不首先使用核武器、不对无核武器国家和无核武器区使用或威胁使用核武器的核国家。

面对日益复杂的海上问题，中国提出构建海洋命运共同体，始终致力于通过对话协商和平解决领土主权和海洋权益争端。同东盟国家签署和全面有效落实《南海各方行为宣言》，持续推进“南海行为准则”磋商。提出共建蓝色经济伙伴关系，加强海上互联互通建设。坚持走搁置争议、共同开发的合作之路，同海上邻国积极探讨资源共同开发。

面对日益严峻的全球气候挑战，中国先后提出构建人与自然生命共同体、地球生命共同体等重要理念。中国积极推动经济发展转型，承诺力争2030年前实现碳达峰、努力争取2060年前实现碳中和，构建完成碳达峰碳中和“1+N”政策体系。积极参与全球环境治理，倡导国际社会全面有效落实《联合国气候变化框架公约》及其《巴黎协定》，坚持“共同但有区别的责任”原则。尽己所能帮助发展中国家提高应对气候变化能力，大力支持发展中国家能源绿色低碳发展，与39个发展中国家签署46份应对气候变化南南合作谅解备忘录，为120多个发展中国家培训约2300名气候变化领域的官员和技术人员。作为《生物多样性公约》第十五次缔约方大会（COP15）主席国，全力推动会议成功举行，率先出资成立昆明生物多样性基金，推动达成“昆明—蒙特利尔全球生物多样性框架”。

资料来源：

1.《携手构建人类命运共同体：中国的倡议与行动》白皮书［EB/OL］. 国务院新闻办公室网站,2023-09-26. http：//www.scio.gov.cn/zfbps/zfbps_2279/202309/t20230926_771203.html.

2.《共建“一带一路”：构建人类命运共同体的重大实践》白皮书［EB/OL］. 中国政府网，2023-10-10. https：//www.gov.cn/zhengce/202310/content_6907994.htm.

3. 刘伟，王文.新时代中国特色社会主义政治经济学视阈下的“人类命运共同体”［J］. 管理世界，2019（3）：1-16.

4. 周天勇.人类命运共同体与“一带一路”供给品安排——一个经济学视角的分析和阐释［J］. 经济研究参考，2018（37）：3-17.

思考与讨论：

1. 世界发展面临哪些全球性挑战？

2. 中国是如何践行“人类命运共同体”理念的？